帝王失格

隋朝的崩坏史

杜若 著

ZHEJIANG UNIVERSITY PRESS
浙江大学出版社

图书在版编目(CIP)数据

帝王失格:隋朝的崩坏史 / 杜若著. —杭州:浙
江大学出版社,2016.11
ISBN 978-7-308-16296-8

Ⅰ.①帝… Ⅱ.①杜… Ⅲ.①隋炀帝(569－618)－
人物研究②中国历史－研究－隋代 Ⅳ.①K827＝41
②K241.07

中国版本图书馆 CIP 数据核字(2016)第 241743 号

帝王失格:隋朝的崩坏史

杜　若　著

责任编辑	张一弛	
责任校对	杨利军	
封面设计	仙　境	
出版发行	浙江大学出版社	
	(杭州市天目山路 148 号　邮政编码 310007)	
	(网址:http://www.zjupress.com)	
排　版	浙江时代出版服务有限公司	
印　刷	临安市曙光印务有限公司	
开　本	710mm×1000mm　1/16	
印　张	16.75	
字　数	207 千	
版 印 次	2016 年 11 月第 1 版　2016 年 11 月第 1 次印刷	
书　号	ISBN 978-7-308-16296-8	
定　价	48.00 元	

浙江大学出版社发行中心联系方式:(0571) 88925591;http://zjdxcbs.tmall.com

写在最前面的唠叨

本书的主人公叫杨广,他是隋朝的第二个皇帝,在中国历史上被称为"隋炀帝"。

一般认为,他是个糟糕透顶的皇帝,事实上,在当时大家也都这么认为,因此他以"渎职罪"被判死刑——他的部下认为他太糟糕,起来造反把他杀了。

柏杨先生统计过,在中国历史上,总共有三百九十七个皇或帝,一百六十二个王,如果给这五百五十九个从事君王职业的人排个排行榜,那么杨广一定会排在最坏的皇帝里面,还能"有幸"跟他并列的,也就只有更久远的夏桀、商纣、周幽王那几位了。

当个好皇帝当然不容易,但是名声能坏到这个地步同样不容易。

古人有给故人上"谥号"的习惯,用一个字或者几个字来概括这个人的一生,盖棺定论。杨广被谥为"炀",《逸周书·谥法解》里说,"好内远礼曰炀,去礼远众曰炀",意思是说,这个人好色荒淫、不遵礼法,品行恶劣、道德败坏,可以算是评价最低的谥号。

在史书上,他从个人品行到临朝理政,可以说一无是处。

他身为次子，却不甘心当老二，花言巧语，装腔作势，骗取了父母欢心，夺得皇太子之位。此其罪状一。

他荒淫好色，在父亲去世后迫不及待地接手后母们，野史中更为他的后宫添加了美女甲乙丙丁……此其罪状二。

他贪图享乐，一上台便大兴土木，修建华丽的都城和皇宫，并四处巡游，流连山水之间，耗费民力无数。此其罪状三。

他荒废法纪，锄诛骨肉，屠剿忠良。不能任人唯贤，做不到赏罚分明，更不能虚心纳谏。此其罪状四。

他穷兵黩武，四处发兵征讨，白白耗费国力，更三次亲征辽东，闹得民不聊生，狼烟四起，天下大乱。此其罪状五。

……

不过所有罪状中最著名的是——运河。

当初，杨广为了下江南而发动了百万人去开掘了一条长达数千里，贯通南北的运河，后人一提到运河，除了对先辈辛劳和智慧的敬慕之外，只怕也少不了立时联想起"白骨""血泪"之类的字眼。

隋王朝末年，生灵涂炭，民不聊生。最后百姓忍无可忍，终于揭竿而起。按照《隋书》的说法，当时"流血成川泽，死人如乱麻"。

乱到极点，也惨到极点。

在隋帝国鼎盛时期，有八百九十多万户，按照一户五口计算，那就是大约有四千五百万人口，这个人口数量相当可观。经过隋末一场动乱，到贞观年间，在册人口只有三百多万户，足足减少了三分之二。唐王朝经历一百多年的时间休养生息，直到唐玄宗天宝年间，才恢复到相当的水平。可见隋末动乱对当时帝国的破坏之严重。

杨广坏吗？实在太坏了。

所以，当时著名的反王李密写了一篇讨伐杨广的檄文，有名句："罄南山之竹，书罪未穷；决东海之波，流恶难尽。"

《隋书》评价他的时候，引用了《尚书》的一句话："天作孽，犹可违；自作孽，不可逭。"

清代的思想家王夫之提起杨广，很简洁，干脆就两个字："逆广。"

在民间他又有怎么样的口碑呢？《隋炀帝艳史》里有一首打油诗很有代表性，是写杨广之死的："上不能保身，下不能保子，试问其故何，荒淫遂至此。"

无论在正史里还是在野史里，隋炀帝的名声都糟糕透顶，昏暴已极，恶名已经是板上钉钉的事情。

可是，上大学的时候，我选修《中国通史》，课上，老师却说："杨广是一个很有才华的人，他的亡国，主要是因为政治上过于激进。"

这句话对于当时的我而言，是何其新鲜！从此之后，我掉进隋史里出不来了。

其实，史书中的杨广，形象并不比民间野史好太多，如果直接读下来，一定还是会认为，杨广就是一个不折不扣的大坏蛋。

但是将诸多史料连贯对比之后，却会发现有很多地方互相矛盾、情理不通。

关于杨广的记载，最主要的史书是《隋书》和《资治通鉴》。由于杨广活活整垮了一个大好帝国，那么作为继任者的唐王朝，总不能说杨广太多好话吧？否则，继任者的正义立场何在？《资治通鉴》的目的更在于"资治"，这本帝王学教科书实在需要树立像杨广这样的完美反面典型。而杨广的个性，也实在让传统史家们排斥：刚愎自用，不纳谏，不肯固守传统，不肯安分守己，太好动，太喜欢革新。

这种事情，在二十四史中十分常见，因为任何史官都做不到完全客观，所有的史书都只是从某一方面看到的情形而已。

那么从另一个角度去看，会看到什么呢？

给历史一面镜子，镜子里的杨广，又会是一个什么样的人呢？

寻找这问题的答案，如同在迷雾中寻找真相，尽管未必会有理想的结果，或许只能收获若干有意思的猜想，但，实在是件很有趣的事情。

例如，那条永远和游玩、荒淫奢侈、劳民伤财、血泪等字眼联系在一起的大运河，如果仔细地分析起来，运河工程是否真的动用了过多的人力？它真的造成过役工的大量伤亡吗？杨广真的是为了游玩而下令开掘大运河吗？大运河真的是引起隋末大乱的主要原因吗？如果对于上述问题的回答都是肯定的话，又如何解释伴随着运河工程，隋帝国的国力达到了盛唐才能企及的顶点呢？——分析这些问题，或许能得出和通常观点不一样的结论来。

但是，八卦杨广，无论如何绕不过去的一个问题是：如果他不是一个不折不扣的大坏蛋，为什么他还会亡国？

这个问题其实很有意思。相当于问既然他是好人，他怎么可能办坏事？或者，既然他是一个坏人，他又怎么可能做好事？

历史真的会这样非黑即白吗？

何况，从历史八卦爱好者的角度来看，是八卦一坨糊不上墙的烂泥最终还是没糊上墙的过程有趣呢，还是八卦一个有理想、有才能的人，却由于必然的、偶然的种种因素，而最终失败的过程有趣？

如果您对隋史的了解不多，那么或许看到这里，您终于忍不住要问了：杨广是一个有理想、有才能的人吗？

是的，他是。

认真读过一点儿隋史的人都会这么肯定地告诉您，包括那些骂他骂得非常狠的史学家也一样。这点或许出乎意料，但正因杨广有才能，所以他的失败也格外让人好奇——探究的乐趣也正在于此。

事实上，在当时杨广就拥有另外一个与"炀"截然相反的谥号：明。照临四方曰明。这是在洛阳的皇泰主杨侗给他上的。这说明即使在当时，对他的看法也有分歧，只是，由于后来话语权握在了最终的胜利者——唐王朝的手里,那么由唐王朝所上的恶谥"炀"也随之成了决定性的评判。

确实,杨广最吸引我的地方,正是他身上集中了太多的矛盾。要知道,一个人能够做到最好很难,要做到最坏其实也不容易,然而,一个人居然能够同时做到最好和最坏……这只能说是个奇迹。但是偏偏,历史上还真就有这么个人。

历史是带有一定主观性的,每个人或许都有各自不同的解读方式。

我也是。

诸位读者也是。

我对杨广生平的解读,借鉴了很多历史学家的看法,但是也有不少是我自己的主张。这一方面,因为我只是票友,不是专业的历史学家,所以我往小书里加入一部分自己的猜测,而不必过分考虑严谨性。这是要说明的。

不过,我所有的猜测都基于正史的记载,所以,虽然是八卦,然而自认为是比较负责任的八卦,这也是要说明的。

最后,如果这本小书不能给诸位读者带来一点新鲜玩意儿,至少希望各位能看得开心。

娱己之外,还能娱人,这始终是我身为作者的最大快乐。

目　录

第一章

大隋王朝

所有的故事都有个开头。

历史总不免让人联想起厚重的大部头，不过，本书既然以八卦为己任，大可以放轻松些。大部头不是人人都读得下来的，帅哥却吸引人多了。

我们的故事从一位北朝大帅哥开始。

侧帽风流

这位大帅哥复姓独孤，单名一个信字。

从他的姓上您大概猜出来了，是的，他是鲜卑人。著名的"六镇"人士。

何谓"六镇"？这要从北魏说起。当年北魏孝文帝执意汉化，将都城由平城（今山西大同）迁到了洛阳。六镇，指的就是当时北方沿长城而建的六个军事要塞。本来驻守边塞是件美差，由贵族子弟担纲，都是精锐部队。但自从都城迁移，渐渐不再像原来那么受重视，地位"呱唧"

一落千丈,由美差变成了苦差事。人员也从贵族子弟,变成了鱼龙混杂。

另一方面,六镇的压力更大了。由于都城南迁,驻扎的部队不如以往精锐,北方的游牧民族又会时不时来骚扰一番。

而都城那边呢,原本马上生活的贵族们进入了汉化的"花花世界",沾染了南朝的清流风气,吃香喝辣之余,甚至耻于提起他们驻守边关的亲戚们。

于是,驻守六镇沦落为地位低、待遇差、风险高的苦差事。

然而,从另外一个角度说,患难见真情。六镇军人们在篝火边喝酒猜拳,在疆场上出生入死,所结下的情谊,远非酒肉宴上的"交情"可比。而且,边镇的聚居,也使得他们的婚姻关系没有太多选择余地,只能够内部解决,友情之外,又加上了更为牢固的婚姻、血缘关系。

这层牢固的关系,即使在他们离开了六镇之后也颠扑不破,像无形的网络,将他们维系在一起。

换句话说,甭管天涯海角,甭管本来究竟是哪个民族,甭管是贵是贱,一提到都是六镇出来的,立马就成了哥们。

这点十分关键,这个同乡会关系决定了北周、隋、唐的皇权传承,决定了这三百余年,尤其是前期的政治格局。

由于待遇越来越差,从北魏正光四年(公元523年)开始,六镇人士起来造反了。

具体过程复杂,我们长话短说,六镇人士中出了两位拔尖人物——东魏的高欢和西魏的宇文泰。

我们要说的这位大帅哥独孤信,就是宇文泰的手下,当时西魏的八大柱国之一。

八柱国可了不得,在当时,他们代表着西魏的权力顶峰。头八把交椅的第一把当然就是宇文泰本人了。一般认为,独孤信坐在第七把交椅上。

而之后，八柱国的后代中，出现了不少赫赫有名的人物。

例如八柱国之一的李虎，其孙子正是唐高祖李渊。

另一位柱国李弼，他的曾孙则是隋末著名反王李密。

独孤信一生都以德信著称，尽管战事非其所长，但凭其德信树立的威望，即使偶有战败，也不损其名。他的功劳多在安抚各方，这使他深得民心，在陇右、荆襄地区都享有很高的声望。

独孤信还是个大帅哥，在军中讲究修饰打扮，不同于一般人，人称"独孤郎"。

某天，独孤信打猎归来，策马迎风，帽子无意中偏到一边。第二天起来一看，满城人都改成侧戴帽子，成为最新时尚。史称"侧帽风流"。

但这位大帅哥的结局不好。宇文泰死后，宇文护把持朝政，宇文泰昔年的哥们心中不服，八柱国之一的赵贵就来找独孤信，想与他联手干掉宇文护，扶持宇文泰的儿子。事情败露，宇文护送了他一杯毒酒。

独孤信的故事就此完结，但历史还在继续。

独孤信留下了三个著名的女儿，应该说，至少其中的两位很著名。这三个女儿在他的总共七个女儿中位列一、四、七。

大女儿婚配宇文泰的长子宇文毓，成为北周明敬皇后。

四女嫁给了八柱国之一的李虎做儿媳妇，后来生了个儿子，叫李渊，于是被追封为唐元贞皇后。

七女嫁给了十二将军之一的杨忠做儿媳妇，老公名叫杨坚，谥号为隋文献皇后。

也就是说，独孤信的三个女儿都是皇后，还是不同的三个王朝的皇后，这点与其说他嫁女儿的眼光很准，倒不如说从某个方面反映了六镇人士这个特殊的圈子对南北朝末年直至隋唐时期的政治影响。

现在我们知道了，本书的八卦男主角杨广，就是大帅哥独孤信的外孙。

在初嫁的十几年中,独孤七娘最主要的任务不外乎是当杨坚的妻子,生养一大堆儿女。不过很快,她就迎来了人生的新纪元,和她的丈夫杨坚一起,成为中国历史上举足轻重的人物。

国丈杨坚

北周大象二年(公元 580 年)。

北周都城长安正上演着一场巨大的变故。变故的大导演名叫杨坚,日后他被誉为隋唐盛世的第一位开创者,更多地被称为隋文帝。不过眼下,这位隋朝的开国皇帝还是北周的隋国公。

这个位置虽然显赫,距离皇帝的宝座却还有老远一截。

实际上,北周地位最高的是八大柱国世家,杨家属于稍低的十二大将军世家之一,所以,倘若按资排辈,要篡位本来就轮不到杨坚。

只不过,除了隋国公这个爵位之外,杨坚还拥有另外一个没有正式封号,但是值钱多了的头衔——国丈。

在周武帝建德三年(公元 574 年),杨坚的大女儿杨丽华嫁给了当时的皇太子宇文赟。虽然皇太子妃就是候补皇后,但在当时看来,那极有可能是一桩赔本的政治婚姻。原因无他,因为这位皇太子宇文赟实在算不上一支"绩优股",他似乎生来就为遗传学做反证,以证明像周武帝这样一位英明神武的皇帝确实会生出一个平庸无用的儿子。

但是偏偏,利好来得非常及时。

建德七年(公元 578 年)五月,正值盛年的周武帝突然得了急病,死了。

于是,宇文赟成了皇帝,杨丽华成了皇后,杨坚成了国丈。

这顺理成章的一点,日后对中国历史影响深远。原因其实很简单:一坨糊不上墙的烂泥糊上了皇帝宝座,不提能力大小,当皇帝处理朝政其实也是件既辛苦又无趣的事情,宇文赟不巧最痛恨干这样的事情。幸好,在他的亲朋好友里,倒也有的是人愿意代劳。

杨坚正是其中之一。

国丈杨坚当上了国务总理。

次年二月,东突厥佗钵可汗遣使北周,请求和亲。宣帝将自己的侄女、赵王宇文招的女儿封为公主,远嫁和藩,封号千金。

也就在同一个月,宣帝宇文赟突然当腻了皇帝,把皇位传给了年幼的儿子宇文衍,立为静帝,改元大象。

要说这也算是个创举,年轻的太上皇既躲开了当皇帝的日常繁文缛节,又可以尽情投身声色犬马,也不耽误玩弄权柄。

这里应该特别提一句,糊不上墙的烂泥也分两种:一种是因为太软,另一种是因为太硬。宇文赟属于后一种。他嫌权力麻烦,可是又绝对不能容忍自己失去权力,他维护权力的办法其实很简单,看见苗头不对,就把人砍了。所以,当着国务总理的国丈杨坚不是高枕无忧的,实际上,他和宇文赟之间的对决一触即发,很难说鹿死谁手。

但是,杨坚的利好也来得分外及时。

北周大象二年(公元 580 年)五月,才刚刚二十二岁的年轻太上皇宇文赟突然得了急病,死了。

宇文赟的身后留下了一堆寡妇(他光皇后就有五个)和一个孤儿小皇帝。作为一个皇帝,猝死是件很不负责任的事情。在那个动乱的年代里,换皇帝像走马灯一样,是相当平常的事情。皇帝突然死去,就会给别人乘虚而入的机会。

天赐的良机。

但机会里也同样蕴藏着巨大的危险,因为蠢蠢欲动的人绝对不止一个。而杨坚,除了近水楼台的优势,并无足以服众的家底和功勋,更致命的是,他手无兵权。可以说,这是一个暗藏利刃的陷阱,稍有不慎,反受其害。

但是,杨坚抓住了机会。

他所采取的一系列步骤非常程式化,几乎就是一部篡位教科书:他以最快的速度控制住长安的局势,掌握中央政权,挟天子令诸侯。这些步骤说来简单,其实惊心动魄,足可以写成一部长篇小说。但我们的主角不是杨坚,只好蜻蜓点水地带过。

虽然第一步成功了,但还远远不够。此刻的长安城如同一座孤岛,漂浮在各方势力的夹攻之中,其中的任何一方张张嘴都能吞掉这座小小孤岛。手无兵权的杨坚,目光在各方的夹缝中游移,他必须在这不可能的境地里找出一条生路来。

出头椽子

这条生路其实只有四个字——各个击破。

说来简单,但是要走出这条生路来,杨坚只掌握一半的主动权,他还必须等待对手们露出破绽。幸好,他的对手们并不齐心,各个击破能够成功,这点是必不可少的。想要各个击破,对手就必须各个出手。

在双方紧张的观望中,出头椽子像及时雨一样迅速出现了。

当月,"周氏诸王在藩者,高祖(指杨坚)悉恐其生变,称赵王招将嫁女于突厥为词以征之"。——杨坚担心北周的诸王捣乱,坏了自己的好事,所以假借赵王招的女儿要嫁到突厥去把诸位藩王都召到京城长安来。

按照常理,藩王们的根基都在藩地,一旦离开藩地,那就是龙游浅滩,有劲也无处使。这是个很明显的道理。但更明显的道理是,如果不离开藩地,那么一旦别人到了长安把事情都摆平,自己就只能乖乖地继续当个藩王了。

有意思的是,谁也不愿意放过这个机会,就算当离水的鱼儿,也绝不能放过。

六月,赵王招、陈王纯、越王盛、代王达、滕王逌并至于长安。

杨坚长出一口气。来了就好,不怕你们来,就怕你们不来。

当五王来到长安,距离宇文赟的猝死已经过去了十多天。十多天说短很短,但也足够改变许多事情。实际上,在这段时间里,长安局势已经尘埃落定,留给五王的空间已经很小很小。

五王现在后悔也迟了。何况,即使如此,他们谁也不肯先松口放掉嘴边的肥肉。

当然,他们也不能坐以待毙。

在京师一事无成地空耗了近一个月,赵王宇文招首先按捺不住。既然找不到杨坚的破绽,他决定制造破绽。

他的办法也很简单实用——请杨坚吃饭。

这顿饭当然不会那么单纯,背后藏着一群磨刀霍霍的杀手。

宇文招决定,一不做二不休,只要杨坚敢赴宴,就在宴会上干掉他。

杨坚显然也猜到了宇文招的阴谋,但他还是去了。原因可能是当时双方还没有到撕破窗户纸揭牌的时候,更可能还有另外一个原因,那就是杨坚也正等着这么一个机会。机会送上了门,岂能放过?

赴宴的时候,杨坚只带了两个随从,一个是他的堂弟杨弘,一个是出身北魏皇族后裔的元胄。

人数很少,因为杨坚不想引起对方的怀疑。很多时候,人数并不是决定胜负的关键。后来的事实证明,有时,1确实可以大于N。

这个"1"就是王牌保镖元胄。

这段故事很精彩,就是一场缩减版的鸿门宴:

杨坚他们几个进了赵王府,宇文招迎了出来,亲切地握着杨坚的手说:"来来,我们两个到我卧室里说话,不要别人打扰。"可惜,他实在不是玩弄这些阴谋的老手,脸上笑得虽然灿烂,神态却总有点不大自然。

元胄立刻看出了破绽,就装出一副忽然想起件重要事情的表情,对杨坚说:"丞相,府里还有事情没办完,咱们赶紧回去吧!"

宇文招连忙瞪眼,呵斥:"我跟丞相说话,你插什么嘴?退下退下!"

元胄心想,哪能一来就回去,岂不白来?我只不过试探一下,你小子越气急败坏,越说明确实有鬼。他冷冷哼道:"你叫我走我就走?那我多没面子。我就不走!"于是,他带着刀跟进去,坐在杨坚身边。

这情况完全出乎宇文招的意料,一时之间,他也不知道该怎么应付。

那就先喝酒吧。

喝了一会儿,宇文招装作喝醉了想吐,打算趁机退入内室,指挥行动。

元胄突然变得"体贴入微",亲切说道:"大王,喝醉了可不能乱动啊,越动越难受!"说着,把宇文招给按回了座位。元胄的力气很大,宇文招动弹不得。

宇文招总算明白了,元胄就是存心搅局,只要有他在,自己就甭想得逞。他一琢磨,那就没别的办法,先支开这家伙吧。他想了半天,想了个借口,说要喝水,让元胄给他倒杯水去。

这借口实在不高明,而元胄应付的办法极其简单有效:装暂时性失聪。反正我就是赖着不走,你能咋地?有本事打我啊!——谅你也打不过。

这个情况,宇文招也不知道如何应付。

可见,他实在缺乏应变的能力,根本不是玩花招的料子,出局已经是必然,而整个过程,杨坚甚至没有机会亲自出手。

酒过三巡,外面没有动静,里面的杀手等得不耐烦了,抄家伙准备动手。刀甲的声音被元胄听到,元胄便说:"啊呀丞相,我忽然想起一件大事,再不回去就麻烦大了!"当下拽起杨坚就跑。

赵王在后面想追，元胄堵在门口。赵王看看元胄一身肌肉，再看看自己一身肥肉，想想实在不是对手，恨得将手都掐出血来，却无可奈何，只好让他们去了。

杨坚很高兴。对手的莽撞让他摸到了底——这是个绣花枕头，同时，更送给他一个好借口。

数日后，他以企图谋杀国务总理的罪名，诛杀赵王宇文招、越王宇文盛。

出头椽子被成功地打压，杀鸡儆猴的法子将局势引向明朗，各方势力中开始有人明确地表态支持。

以上是记载在正史里的故事，然而我们都知道，历史虽然是个穿花衣裳的小姑娘，但是这花衣裳也不是随便想穿就能穿上的。有时候看看那衣裳不大合身，就会让人疑心，小姑娘本来不长这个样子。譬如以上的故事，由于记录得太过绘声绘色，反而让人疑心。其实我们能知道的只是杨坚去了一趟赵王府，回来之后，便以企图刺杀执政的罪名，处死了赵王。至于中间到底发生了什么事？真的只有杨坚和赵王知道了！

其后，正如人们所预料的，杨坚在争取到了越来越多的支持之后，也成功地镇压了以大贵族尉迟迥为首的一系列军事反抗。

天下大局已定。

次年（公元581年）二月，轰轰烈烈的篡位大戏演到了最高潮，也是每篡必演的一出戏码——禅让。

其实，禅让一开始是真诚的，因为你的才能比我更好，所以我把这个职位让给你。但自王莽之后，禅让的味儿就变了，变成：你要这个职位？那你就说吧，你不说我怎么知道？你你你磨刀干什么……好吧，你不说我也知道，你知道我知道大家都知道。啊？你还在磨刀？咳，好吧，我知道你不想要，但是我硬要把这个职位塞给你，求求你，为了天下黎民苍生，一定要收下啊！行了，老大，我把你要我念的词儿念完了，一字不错。

很可笑吧？但这已经成为例行公事,凡篡位非得来这么一出。

压轴戏落幕。

北周正式宣告灭亡。

杨坚坐上皇位,改国号为隋。在后世看来,这正宣告了一个辉煌时代的来临。然而对于当时的人们而言,却怀着各异的心情。有人高兴,有人不以为然,有人根本就无所谓,也有人怀着刻骨的仇恨。

隋文帝杨坚其人

从前面的这一段叙述中,我们能看到几件事。

首先,杨广的父亲隋文帝杨坚是个篡位者。

其实这点在当时不算稀罕,因为南北朝是个皇帝轮流做的时代,在前后不足两百年的时间里,南北九个王朝,只有一个北魏"幸存"了超过百年。而短命的如北齐、北周都不过维持了区区二十多年。

但是,杨坚一无充分的资望功勋,靠的最大砝码就是国丈地位,近乎"空手套白狼"就拿下这个皇帝宝座,多少含有几分"侥幸"。

清人赵翼评论说:"得国之易,无有如杨坚者。"

这或许倒是从另外一个角度说明,杨坚是个高超的政治家。

他的确是。

一般人都认为"马上得天下",天下是靠自己本事打出来的,而如杨坚这般欺负孤儿寡妇,自己抢了人家地盘的做法确实颇有些让人侧目,但他这个皇帝当得却实在不差。

他在篡位过程中,就显示了他的政治手段:利用各个利益集团的矛盾,该压的压,该打的打,该抚的抚,以最小代价摆平各方。

因此,恰恰是隋文帝杨坚成了隋唐盛世的奠基人,或者说,他是从南北朝乱世而走向隋唐一统的枢纽人物。这并非巧合。

因为在这个节骨眼上,华夏帝国正好需要这么一位手段高超的人物。

杨坚的篡位从某种意义上说，实际上正是隋王朝所面临的局势的一个缩影。

前面说过，当隋帝国最终统一时，华夏已经经历了近三百年的分裂与动荡，换句话说，已经有十几代人生活在分裂的时代中，即使有过秦汉帝国这个模板，但是经历了这么久的分隔，区域的文化、风俗等差异和隔阂不可避免。恐怕在相当多人的心目中，"分裂"反而是一种更为正常的形态。

杨坚要做的却是统一。

想必他也没那么大的雄心打算统一文化和风俗，但他至少得尝试着将壁垒分明转为求同存异。比如佛教，可能就是从南到北都能够被普遍接受的，因而免不了拿来服务于政治目的。

而他更主要的工作是，既然存在区域的差异，制度上也不可避免地存在差异，因此他需要厘定一套可以用于大一统帝国的制度出来。

这套制度后来成为隋唐盛世的基础和框架。

这项听起来似乎简单，仔细想想很繁杂的庞大工作，实际上也成为今日杨坚得到史学界高度评价的原因——制度的建立对历史影响至深。

历朝历代，不管上位者怎么头疼，拉帮结派都是避免不了的一道风景线，这当然跟不同集团之间的利益冲突有关——和动物夺食一个道理，一旦发觉一群上比单个上容易得手，集团就这么形成了。

关于隋唐时期的贵族集团，历史学家陈寅恪先生首先提出了"关陇集团"这个概念。关陇是个地名，这个集团听起来倒有些像同乡会，开始时的集团主要成员的确都是从关陇一带发家的豪强，自西魏、北周、隋和唐初一路传承，把持了百余年的帝国命脉，北周的宇文家，隋的杨家，唐的李家，杨坚的皇后独孤家等都出自这个集团。

当然，没有对手，也就不存在集团了。

如果粗略地划分,隋王朝的利益集团可以分为关陇集团和非关陇集团,后者由于处于劣势,相当时间里是抱团作战的。

杨坚本人出自关陇集团,包括他的发妻独孤伽罗也一样,根正苗红,没啥可说的,当然是关陇集团的顶梁柱。

但是,作为统一帝国的皇帝,他也不可能把所有好事都留给自家人。杨坚很懂得均衡的道理,因此,在一个刚刚统一不久的帝国,摆平各方就成了他当皇帝的一个重要任务。他在主要任用自家人的前提下,尽力分一杯羹给其他集团的官员。

这件事也贯穿了制度的厘定,很好地体现了杨坚的手段,当然这话题一谈起来我们就需要另外一本书了。总而言之,他以及隋初的政治家们很好地完成了任务。

然而,尽管在史学界得到了很高的评价,但是杨坚在民间的名声却普通,很多人恐怕说不上几件他所做的事情。一方面是受他的那个败家儿子杨广的拖累,另外一方面也是更主要的原因,杨坚作为一个卓越的政治家,他的经历看起来却并不那么"炫目"。

他是靠政治手腕夺得了天下,这就缺乏了惊心动魄的故事,既无楚汉争霸的波折,也没有如唐太宗李世民的军功赫赫,而他治理隋帝国的过程,更是不显山不露水,既没有东征西讨去扩大疆土,也缺乏雷厉风行的改革,除了看起来好像比秦始皇容易太多的一次统一战争,似乎什么也没做。

然而,这正是杨坚身为政治家的卓越之处。"治大国若烹小鲜",杨坚在位期间,充分体现了这句话,他以极大的耐性和弹性的处事交出了一份傲视青史的成就:

一个大一统的帝国。

一套开启隋唐盛世的制度。

一个中国历史上最富足的王朝。

第二章

我梦江南好

现在,让主角登场。

公元 581 年,杨坚篡周,改国号为隋。

杨广那时才是个十三岁的少年,国家大事跟他还没什么关系,只不过之前他是一个普通的贵族公子,之后他成了万众瞩目的皇子。

但也不是最瞩目的,最瞩目的当然是皇太子杨勇。

杨广的封号是晋王,因为他的藩地在并州,也就是山西太原那一带。

这是个很重要的位置,承担西北方向对突厥的防御。但是真正发号施令的当然不会是才十三岁的小皇子,杨广在那里不过是接受教育。

他的导师叫王韶,是个非常严厉的人,如果小皇子犯了错,他会把自己锁起来,吓得小皇子连连认错。

于是,在这样的教导下,晋王长大成人,才学、举止、待人处事都非常出众。他变得越来越瞩目。而终于,在某个契机的帮助下,他的风头压过了在京师的太子杨勇。

这个契机,就是两个字——江南。

前面说过,杨广的父母杨坚和独孤伽罗都是根正苗红的关陇集团人士,因此杨广的关陇集团出身也就无可置疑。

然而,他的一生,却偏偏都与江南纠结在一起,这段缘分使得他的关陇贵族身份稍稍地出现了一点偏差,然而这点偏差却可能改变了中国历史。

从头说起。开皇九年(公元589年),二十一岁的晋王杨广作为统帅参与了平陈之战。其后,在开皇十年(公元590年)末,江南大乱之际,他又被紧急调往江南,开始了为期十年的驻江南行政长官生涯,直到咸鱼翻身取代长兄杨勇成为皇太子。

毫无疑问,前后十一年间,应该是发生过很多事情的。

但是,杨广作为一个亡国之君,有义务也有责任成为一个彻头彻尾的大坏蛋,以便让后世在忆苦思甜的时候,有一个可以痛贬的反面教材。

这么说,倒不是说他不是一个大坏蛋,而是如此彻底地,可以排进最恶劣皇帝前三甲的形象,还是需要一些技巧性的塑造工作的。

比如说,关于他早年在江南做过的一些可能不那么符合大坏蛋形象的事情,史书的态度是能不记载就不记载,所以,对于他的少年时代、青年时代,尤其是平陈至坐镇扬州担任江南地区行政长官的经历,我们知道得很含糊。

只好从含糊里拣些相对看得清轮廓的来八卦一番。

三只烂苹果

公元569年,北周隋国公府诞生了一个小婴儿。

他是杨家的第二个儿子,日后被称为隋炀帝。大家都知道他的名字叫杨广,但其实,那会儿他叫杨英。更准确说,在北周时代,因为父亲被赐姓"普六茹",所以他的名字叫"普六茹英"。这名字用了十几年,直到他父亲杨坚当了皇帝,忽然发觉原来老二的名字倒过来念谐音"嬴殃"(英杨),大不吉利,于是改名为杨广。

按照史书记载,这是个长相漂亮的孩子,从这点推断,杨广应该长得更像他母亲独孤伽罗。理由是他老爸杨坚的长相是非常典型的开国之君——有异相。这也是历史传统,圣君临世,相貌总有些特异,杨坚也不例外,"为人龙颔,额上有五柱入顶",长着像龙一样的撅起的下巴,脑门也是像龙角一样凸起……固然尊贵,但是从审美角度来看,跟帅哥距离甚远。称得上帅哥的是杨广的外公独孤信。从遗传的规律来看,"美姿仪"的杨广应该更多继承了母亲这一方的基因。

杨广出生在乱世。那一年的华夏,同时存在着三个年号:

北周武帝天和四年;

北齐后主天统五年;

南陈宣帝太建元年。

既然一分为三,就免不了小则磕磕碰碰,大则鱼儿吃虾的交战,此时也不例外。这里可以套上烂苹果理论:最烂的苹果最先被吞掉。

在当时,北周武帝不失为一位有作为的明君,南陈宣帝是浑浑噩噩的昏君,北齐后主高纬则是烂到了登峰造极的水平。所以,在杨广八岁那年,也就是公元577年,最烂的苹果——北齐首先为北周所灭。

按照烂苹果理论,接下来就该轮到南陈了。可是,正如前面已经说过的,正当北周武帝筹划灭南陈的行动时,突然病死了。他那个"糊不上墙"的儿子宇文赟当仁不让地抢过了最烂苹果的荣誉称号,北周反而先灭亡了。

南陈因此多苟延残喘了近十年,直到开皇九年(公元589年),杨坚下令五十万大军南渡平陈。

五十万大军统帅,正是晋王杨广。

当时,他年仅二十一岁。

如此重要、如此显赫的位置会属于一个如此年轻的人,当然不是因为他有多么辉煌的才能,而是因为他的皇子身份:这等功劳,很懂得猜忌臣下的杨坚是肯定不能让给随便张三李四,等着让他们来功高震主的,如果没儿子他也得考虑自己上,更不用说他确实有几个成年的儿子;老大杨勇是皇太子,古有云"君之嗣适不可以帅师",候补皇帝的主要职责是等着当皇帝,所谓国本,要求安全;那么轮下来,当然就是老二杨广了。

杨广就这么被历史扔下的馅饼砸中了脑袋。

天下称贤

开皇六年(公元 586 年)秋天,踏着萧萧的落叶,晋王杨广应召回到京师。

整座都城大兴落成未满五年,他的父亲杨坚急于要用一座新的都城来确证新的王朝建立,大概,也为了尽快摆脱自己在旧都城里始终无法甩开的叛臣影子。新都城气势磅礴,由大工程师宇文恺设计,格局清晰而实用,节俭的风格正合杨坚的务实作风。

尽管已经是两个儿子的父亲,十八岁的杨广仍未脱尽年轻飞扬。当他从父亲口中听到即将由自己来完成的使命时,眼睛里顿时放出了光芒。

其后两年多的时间,一个完善的作战计划在反复商讨和修改中制定下来,配套的交通工程山阳渎也按期完工,军需源源不断地运往前线。一切只等号令。

曾看到过有人说,隋文帝统一中国太容易,因为当时南北军事力量相差悬殊。言下之意,这算不上什么丰功伟业。这话多少有点儿站着说话不腰疼。当初,符坚率领那支投鞭断流的百万大军,踌躇满志地来到长江边,又有几个人能预料他的失败?

当杨广率领大军面对那滚滚东逝的江水,不知他是否想到过苻坚?

但是这一次不同,杨坚不是苻坚,他已用了几年时间做出周密计划,也许更重要的是,南朝也已没有了谢安。

人的心理更向往传奇的故事,以少胜多,眼花缭乱的智谋,血染沙场的悲壮……然而,一边倒的战况虽然缺乏激烈搏杀那种可以事后用来津津乐道的趣味,却更有实效。

容易,更说明事先准备的严密和充分。

中国历经二百七十年分裂之后,再次统一。

对于年轻的统帅杨广而言,这场名垂青史的战争其实更像是一出早已经写好剧本的大戏,他绝非导演,而只是一个按部就班的演员。

但这绝不等于说,杨广就只能无所事事地当一个牵线木偶。角色不能够改变,但是演得好不好,却全都在于他自己能不能够抓得住这个机会。

他抓住了。

平定江南是杨广一生政治生涯的真正起点。

没有人会相信年轻的统帅在整个军事行动中起了什么决定性的作用。但是年轻的统帅也不可能全凭别人发号施令。实际上,进了建康城(今南京)之后,杨广就发了一次威:以"违军令"的罪名把功勋显赫的大将贺若弼给逮捕了。从后来的记载看,与其说贺若弼真的违反了什么军令,倒不如说是因为什么事情得罪了年轻气盛的元帅。

既然不是摆设,那么单单是能够顺利完成"南平吴会"这一桩大行动,已经足够让年轻的全军统帅得到一片赞誉。如果不是演变为大坏蛋杨广,这辉煌的一笔肯定会被史书大书特书。但是……现在我们都知道"但是"后面是什么了。因此,这件事在史书上只是一笔带过。

虽然鲜少记载,但是零星的也还有些。比如说,杨广进入建康后的第一件事就很有意思。他迫不及待地做了什么呢?

杨广下令,立刻接收南陈国家图书馆。

那个时候,经济军事力量是北方占据绝对优势,但文化却是南方更发达。其实道理也很简单,之前的几百年动乱岁月里,原来在北方的那些士人们(也就是有钱读书玩风雅的大爷们)一溜烟跑去了南方,把北方扔给了一帮"胡夷"折腾。

杨广好读书。

他一生都热爱读书,并且持之以恒地致力于整理图书。从攻下南陈,接收图书馆,史书有了第一次关于此方面的记载,其后始终没有中断过,甚至到了大业末年,天下大乱的时候,他也仍然在坚持做这件事情。那还是一个没有印刷术没有电脑的时代,所有的书籍文献整理要靠人一笔一笔地誊抄。延续数百年的战乱中,无数人的心血在战火中散失,当杨坚继位的时候,国家图书馆仅仅只有一万五千卷图书,到杨坚过世,经过二十年的时间整理,增加到三万余卷,而经过杨广在位时的大力扶持,这个数目飞跃性地增加到三十七万卷。这个数字蕴含的是华夏文化的传承。

除了搜罗图书,其实杨广还搜罗了更重要的——人才。后来成为他左右手的那些人物,宇文述、郭衍……无不是平陈时他的手下。只不过,培植自己的力量,这是暗棋。

另外,他还下令清查并且封存南陈国库,金银财物无所取,都不动。更让江南百姓感到大快人心的是,杨广下令杀了南陈遭人痛恨的五个奸臣。

这些举动,为他招来了一片赞美之声,一时间,"天下称贤"。

张丽华事

然而,一片赞美中,也混进不同的色彩。

——桃色。

有桃色当然有女人,这个女人名叫张丽华。

她算得上是中国历史上名列前茅的一个大"祸水",当然也就是一位大美女,否则哪有资本当祸水呢？据说她发长七尺,光可鉴人,迷得陈后主天天给她梳头也不嫌腻,连见大臣都把她抱在腿上。

当杨坚厉兵秣马的时候,陈后主也在建康皇城里忙作一团。他正忙着废皇后、废太子,改立美女张丽华和她所生的儿子。

事儿还没忙完,隋军已经攻破了建康城。

据说,"废物点心"陈后主吓得一手抱着张丽华,一手搂着孔贵嫔,躲进了井里,可惜最后还是被隋兵抓了出来,自己也成了千古一大笑话。这里插一句,据今人考证,彼时水井甚狭,要让陈后主左拥右抱地躲进去,除非他们仨会缩骨功。不过,这故事颇合一位亡国怂货的形象,因此也就被津津乐道到如今。

我们都知道,古时有个传统,凡举昏君亡国,别人的责任总比他本人的大,尤其身边有美女的话,那就更是现成的替罪羊,比如妺喜、妲己、褒姒……陈后主也不例外,等陈朝亡了国,大家不盯着陈后主,只在他身边找,左看右看,齐刷刷瞄准了张丽华。所以,陈后主可以被隋室好好地供养起来,吃吃喝喝直到寿终正寝。美丽的张丽华就成了亡国的罪魁祸首,就地咔嚓,陈尸青溪桥下。

但是这里,在一个细节上,史书的记载出现了分歧。

那就是,究竟谁才是下令杀死美女张丽华的人？

版本一：

杨广早闻张丽华的美貌,垂涎已久。当他听说前锋已经攻下建康城的时候,连忙派人去传话："留下张丽华！"

这时候在建康主持事务的人是高颎,他是当时隋的左仆射,也就是国务总理。八卦隋史,是不能不提高颎的。此人文韬武略,为隋朝立下过无数功劳,通读《隋书》,他几乎是唯一受到无保留的全面褒奖的人,据说唐太宗看了他的传记之后,口水横流,恨不能把他搜来给自己干活。可惜,实在可惜,这个人于大业三年(公元 607 年)被杨广杀了。

高颎听到晋王的命令,冷冷地回答:"这怎么可以?这妖女简直就是妲己,不杀了她怎么平人心?"不由分说,把张丽华杀了。

多情的杨广怀恨在心,暗下决心:高某人你给我记着!早晚有一天跟你算这笔账!

这段记载很符合杨广的形象,一个荒淫好色的亡国昏君。

民间口碑,称他"色中饿鬼"。从唐代开始,杨广就成为无数内容香艳的传奇小说主角,像《开河记》《隋炀帝海山记》《迷楼记》《南部烟花录》,到了明清更有《隋史遗文》《隋炀帝艳史》《隋唐演义》等。在这些传奇小说里,杨广在皇帝这个职位上几乎就没干什么别的事,主要就是到处寻访美女,整天寻欢作乐,其他的事情,包括修建东都洛阳,开大运河这些事,也是紧紧围绕着这个目的进行的。

更何况,这段八卦白纸黑字记录于正史——《隋书》。

这件事本来可以成为铁案的,无奈半路杀出了程咬金,同时代的另一部史书《陈书》给出了另一种完全不同的说法。

版本二:

张丽华是被"天下称贤"的五好青年杨广下令砍头的。

这真是一个不懂得怜香惜玉的煞风景说法,顿时破坏了《隋书》为杨广苦心经营的"美好"形象。而且还说杨广进城之后,秋毫无犯,深受百姓拥戴云云,当然,关于这些,《隋书》用两个字就高度概括了:"矫饰"。

《南史》和《北史》,不偏不倚,一家傍一家,《南史》从《陈书》,《北史》从《隋书》,于是二比二平,这事儿顺利成为糊涂公案。直到几百年后,有一个重量级人物出来说话,这个人就是司马光。

《资治通鉴》从《隋书》。

两种迥然不同的记载,使得迄今为止,围绕这件事依旧争议纷纷。

痛贬杨广的史学家自然继续引用《隋书》和《资治通鉴》这两部极有分量的史书。

有为杨广说话的则提出,对于杨广而言,争夺储位才是最重要的事情,当时他正忙着"形象包装",一再"矫饰",就会矫饰到底,连琴瑟蒙尘这种细节都不会放过,哪会因为一个张丽华就破戒,露出"色鬼"本相呢?

何况,高颎本就是杨坚的心腹重臣,这件事只要一对高颎开口就不可能瞒过杨坚。杨广甚至还没进城,也就是说他连张丽华到底长什么样都没见过,可能为一个声名狼藉的女人轻易自毁形象吗?

而有一个重要事实是:在平陈那年,张丽华的儿子陈深已经成年了,而那年杨广才二十一岁。唉……虽然猜想其实张丽华还是有可能未满三十,但自从知道了这个不幸的事实,美感立失。

倒是宁愿设想,杨广当时就看上了那位陈朝公主,也就是后来的宣华夫人。

空梁落燕泥

在平陈过程中,跟晋王杨广结下梁子的,还不止高颎一个人。

另一个在这事儿里被杨广记恨上的,是书呆子薛道衡,这人就是著名的"空梁落燕泥"典故里的主角。

这也算是桩小八卦:据说隋炀帝好诗文,不愿有人能超过自己。薛道衡作《昔昔盐》,里面有两句:"暗牖悬蛛网,空梁落燕泥",被杨广嫉妒,因而杀了他,还酸溜溜地说道:"哼!我看你还能作'空梁落燕泥'这样的诗句吗?"

这事儿《隋书》没有记载,原出自《隋唐嘉话》,而入《资治通鉴》。

《隋书》的记载,薛道衡其人,是当时的文坛泰斗,做的官大概相当于是隋文帝的秘书。彼时杨广还礼贤下士,很想结交他。有一次薛道衡被人参了,罢官发配岭南,杨广当时坐镇江南,便写信给他,让他从扬州过,这样就可以上奏皇帝留他在身边。可是薛道衡不领这个情,从别处绕路走了。这也就罢了,要命的是,绕路这主意是杨广的小弟弟汉王谅给出的,典型的靠错了边。

不过那时杨广矫饰也罢、真心也罢,还是出了名的"贤王",因为爱惜薛道衡的才华,还是很敬重他的。到大业初年,也还勉强做出广用人才的样子,可惜这样子不是那么好做的,不久便不耐烦,至大业三年,杀了高颎和贺若弼。到大业五年(公元 609 年),轮到老书呆子薛道衡倒霉。

在隋文帝仁寿年间,薛道衡被外调去做地方官,杨广登基后召他回来,本来是要他做秘书监的,这位子相当亲信,所以看起来杨广原意也还是很看重他。无奈书呆子就是书呆子,认死理,回来后上了洋洋洒洒一大篇文章,名为《高祖文皇帝颂》,将隋文帝的功绩好好地歌颂了一番。当时杨广的执政已经与他老爸隋文帝背道而驰,看了这篇文章,当然很不痛快,认为他是借着抬高隋文帝而贬低自己。因此也就不再给他秘书监的位子,而换了一个是非很多的官给他,意思就是要找机会整他。老书呆子却仍没感觉,该说啥说啥,一点不知道夹起尾巴做人的道理。

有一次修改律令,讨论了很久仍没有结果,薛道衡私下里跟人说:"要是高颎还在,早搞定了。"高颎作为曾经的反杨广派领导人,始终是杨广的痛脚。因此话传到杨广耳朵里,杨广顿时大怒,说:"你还想高颎啊?"便抓他起来。

薛道衡那时还想,不过也就说了一句话,能怎么样呢?于是吩咐家人准备好酒菜,等他出狱了好压惊。结果杨广的一个亲信大臣裴蕴挑拨说:"薛道衡这糟老头子,仗着自己有才学,整天非议朝政。虽然看起来他是没什么罪,可是他肠子里全是坏水!"杨广深表同意,连带少年时的旧怨全想起来了，说："没错，这家伙当初就伙同高颎、贺若弼欺负过我，到现在还不老实，杀！"于是真的将七十岁的老书呆子薛道衡给杀了。

　　注意，这里有句耐人寻味的"伙同高颎、贺若弼"，这三个人聚头"伙同"那会儿是什么时候呢？可能最能让人直接联想到的，就是平陈期间了吧。

　　今人有为杨广辩护的，说为了"空梁落燕泥"一句话而杀人，是太夸张了，何况平心而论，杨广的诗文就算没比薛道衡高出一截，也是半斤对八两，实在没必要吃这个干醋。

　　然而说实在的，即便不是为一句诗文，杀薛道衡仍是近乎"莫须有"的罪名。推究起来，杨广的不能容人，当是其亡国的一大主因。

　　附：

昔昔盐

薛道衡

垂柳覆金堤，蘼芜叶复齐。

水溢芙蓉沼，花飞桃李蹊。

采桑秦氏女，织锦窦家妻。

关山别荡子，风月守空闺。

恒敛千金笑，长垂双玉啼。

盘龙随镜隐，彩凤逐帷低。

飞魂同夜鹊，倦寝忆晨鸡。

暗牖悬蛛网，空梁落燕泥。

前年过代北，今岁往辽西。

一去无消息，那能惜马蹄？

庭草无人随意绿

与"空梁落燕泥"事同出《隋唐嘉话》,而入《资治通鉴》的,还有另一件同样性质的公案:

"炀帝为《燕歌行》,文士皆和,著作郎王胄独不下帝,帝每衔之。胄竟坐此见害,而诵其警句曰:'庭草无人随意绿',复能作此语耶?"

——炀帝作了一首《燕歌行》,文士都和了诗,其中唯独王胄的那首水平可以和杨广的平起平坐,杨广因此怀恨在心,找机会把王胄杀了,还恨恨地说:"看你还写不写得出'庭草无人随意绿'这等诗句来?!"

就是说,这王胄也因为"庭草无人随意绿"一句,而被害了性命。

但王胄的生平,在《隋书》中记得相当明白。他本是杨广藩邸旧人,因为文才而被杨广看重,大业年间任著作郎。这不算是个大官。不过杨广很喜欢他,作诗常要他和,并且称赞他的诗"气高致远"。

王胄为人恃才傲物,常常抱怨自己官小,觉得怀才不遇,所以对别人爱搭不理。他因此也跟杨广喜欢的另一个文人诸葛颖不合。这诸葛颖是出了名的嘴碎,因为得宠,老是在杨广面前说这个不好,说那个不好。这时便在杨广面前说王胄的坏话,但杨广看重王胄的才华,所以也没有理会过。

宠信延续到大业九年(公元 613 年)。在这年里,发生了杨玄感叛乱。王胄因为跟杨玄感关系很好,常在一起吃饭谈诗,便受到株连,被发配了。路上,王胄偷偷逃跑,但被抓住,杀了。

这段记载看起来实在没有什么可怀疑之处。但《资治通鉴》偏偏却舍《隋书》而取《隋唐嘉话》。要知道《隋唐嘉话》的作者刘餗毕竟是唐玄宗时代的人,距离杨广的年代已经有一百多年了。司马光在史料取舍上曾经说过,正史未必可靠,野史未必不可靠。这当然很有道理,但在有些细节上,不得不说,他确实有着很明显的倾向性。

其实，在《隋书·庾自直》中，还另有一段关于杨广为文的记载："帝有篇章，必先示自直，令其诋诃。自直所难，帝辄改之，或至于再三，俟其称善，然后方出。"——杨广每次写了文章，都先请庾自直挑毛病，凡是庾自直说不好的地方，杨广立刻就会修改，而且这样反复再三，直到庾自直说好，杨广才会拿出手。

看得出，尽管杨广个性刚愎自用，但为文的态度还算虚心。否则以杨广已经身为帝王的地位，如果真是一个为了一句诗就会杀人的人，居然还能做到这个地步，岂非太矛盾了？

南北之战

平定江南之后，杨广的使命完成，又回去原来的藩地并州，负责对西北的边境防御，驻守江南的首任行政长官是他的三弟秦王杨俊。但是很快，情势的发展就表明：杨广和江南的缘分还远远未尽。

实际上，这段缘分延续了他的终生。

平陈的军事行动很快就尘埃落定。由于陈后主和南陈朝廷不得民心，所以江南老百姓对他的倒台也不怎么同情，再加上隋军在平陈过程中，尤其是进建康城之后，军纪整齐，秋毫无犯，所以百姓甚至是欢迎他们的。可惜，好景不长。

过于顺利的一切让杨坚忘记了军事上的统一仅仅只是第一步。当时，南北分裂已经快三百年，隔阂可想而知——只要看看今日，在长期的统一和各种发达的沟通条件下，南方人和北方人还是有很大地域差异和隔阂，就可以想象当初的情形。作为征服者，北方贵族从上到下地歧视南方人，这里主要是指南方士人，也就是当初从北方渡江南下已被"南化"的那些，而非原来的南方"土著"，后者即使有才能也很难打进官僚圈子，承担重要的职责；南方人则自恃中华文化正统，大概北方人在他们眼里也就是一群被五胡乱过的大老粗。

刚平陈那会儿的新鲜劲过去后,江南百姓发现天下乌鸦一般黑,而且这乌鸦似乎更黑。杨坚当时将北方的政策强行推广到南方,罢黜原有的官员,改而任命北人。最让江南人反感的是为了"教化民心",弄了一个语录叫《五教》,命令全江南的男女老幼都得背诵,还得定期抽查,否则便获罪。兔子急了也咬人,这些强制性的洗脑行动终于把南方人惹毛了。

开皇十年(公元590年)末,也就是平陈之后不到两年,江南大乱。

乱到什么程度呢? 当时平陈的时候,统计江南户口是五十万户,一般按照一户五到六口计算,当时江南人口大约三百万,在开皇十年末的动乱中,参与造反的人数达到惊人的三十万!

隋军忽然发现,当初面对南陈正规军势如破竹、所向披靡的他们,现在对着一群手拿破铜烂铁的非正规军,却艰难了许多。五十万大军在短短一个月内就拿下了江南,可是这一场战争,却零零碎碎足足延续了一年多。

因为,他们陷入了一场人民战争。

无论他们到了哪里,无论他们遇到什么人,老人、女人、孩子,都可能是他们的敌人。这些人攻城略地,被抓的北方官员甚至可能被他们抽筋剥皮:"看你们这帮混蛋还能让我们背《五教》?!"

如果说平陈是隋文帝实力所然的话,那么这次平定江南,确实显示出他高超的政治手腕。首先,他派出军事天才杨素率军南下平定动乱,大约在同时或者稍后,他又对调了并州总管杨广和扬州总管杨俊。这次人事任命是战略性的,标志着杨坚开始在江南果断实行区别化管理。

这是一句简单的话,但是做起来却并不容易。因为这意味着在取得军事上的胜利之后,必须退让出在江南的一部分巨大利益。在"普天之下,莫非王土;率土之滨,莫非王臣"的高度集权中,容许两种不同体制的存在。

这才是杨坚最令人佩服的地方。

他在最短的时间内就反思了自己的错误,并且立刻做出正确的调整——这才是明君所为。错误并不可怕,可怕的是一意孤行。在才华上,在政治眼光上,杨广比起他的父亲有过之而无不及,但是,他的个性却远远不如其父有弹性,所以这也是他们一个能成为明君,而另一个身败名裂的原因。

江南总管

为什么选择杨广去江南呢?因为杨坚要变"铁腕"为"怀柔"。

杨广曾经是平陈主帅,当时军纪良好,而且杨广入城后"斩五佞、收图籍、封府库","天下称贤",所以江南百姓对他印象不坏;同时,杨广还有一个大砝码——萧妃。啊,女主角终于有机会露面了。萧妃的曾祖父是中国历史上著名的文学家昭明太子萧统。娶了一位西梁公主的杨广,可算是江南女婿了,理所当然地去江南做了亲善大使。

开皇十年隆冬,杨广又一次来到江南。

上回他来去匆匆,这回不同了,他面对着一个千疮百孔的局面和失却的民心。他必须慢慢地挽回一切,不能操之过急。这需要巨大的耐心和相当的手段。

军事上的镇压当然是必要的,但是杨广更喜欢非军事的手段,"不战而屈人之兵",他更倾向于用外交和威慑手段来解决动乱和争端问题。他写信,言辞诚恳,招降了不少人。日后他越来越痴迷于这种方式,以至于演变出灾难性的后果……后话,暂且不提。

眼下,他必须让江南人接受自己,让他们相信,过去的噩梦不会重现,北方人也会对他们怀着善意,给他们带去美好的生活。

年轻的晋王开始努力接触和学习江南的一切,文化、风俗……他甚至学会了说江南的方言。渐渐地,他真心迷恋上了这方水土。

从二十二岁到三十二岁,杨广在江南度过了整整十年。当初飞扬的年轻人,渐渐成长为老谋深算的政治家。

除了每年回家(都城大兴)一趟,其余的时间杨广都在江南度过。无疑,这段时间无论对杨广本人,还是对历史而言,都太重要了。那么十年间,杨广都干了些什么呢?这问题的答案……不知道。

史书没有记载。

但是,也许结果就是最好的答案:其后江南风平浪静,在安宁中休养生息,渐渐恢复了昔日的繁华。其后百余年,江南更逐步取代关中,成为经济重心。

江南生涯

坐镇江南是一柄双刃剑。

有句俗话叫作"朝中有人好做官"。做皇子的也是如此。"一个篱笆三个桩",没有哪个光杆司令能够成为成功的政治家。在杨坚时代,隋帝国的政治核心是一群来自西北的贵族,也就是所谓的关陇贵族。这些人互相扶持,形成了一张由利益、友情、婚姻、血缘等各种复杂关系构成的大网,也阻隔了其他势力的深入。

来到江南,也就远离了这个核心。

所以,杨广意识到,他必须培植自己的势力。

人数不必多,但必须有用。好在杨广有的是时间慢慢地选择这样的人。另一方面,他还必须塑造自己的形象。因为这也是一个双向选择,良禽择木而栖,如果你不是好 BOSS,有才能的人为什么要跟着你呢?

年轻时代的杨广很会作秀。比如有一次出去狩猎,忽然下起大雨,手下给他送上蓑衣,但是杨广推开了。

"士兵们都在淋雨,为什么唯独我要穿上蓑衣?"

于是，大家一起淋成落汤鸡。

这当然可以赢得印象分。但是，对于那些在"政治大学"里修炼多年，早已目光如炬的"老姜"们，光有印象分是不够的，他还必须亮出实实在在的才能。

必须得说，此时的杨广，形象塑造得非常美好。当时的言论，提到晋王杨广的时候，不约而同地用了八个字："允文允武，多才多艺。"当然不免有拍马屁的嫌疑，但是拍马屁也有技巧，不能瞎拍，所有人都这样恭维，那就说明多少是有些依据的。

真是"五好青年"。

但是具体说到"五好青年"杨广在江南究竟做了什么？前面已经回答了，史书鲜少记载。将能够知道的列举一下：

其一，"置王府学士至百人，常令修撰（图书）"——招募了上百名文人当门客，干什么呢？整理图书。

不知道为什么我们的古人那么喜欢拿书出气，从秦始皇焚书坑儒开始（据说当时留了副本，不过就算留了后来也让项羽一把火烧了个干净），到梁元帝就比较夸张了，他自己是博学多才的人，亡国却怨读书，"焚古今图书十四万卷"。天！那时候印刷术还没发明呢，十四万卷聚起来要费多少力气！想想都让人心疼。

而杨广在江南整理图书这事儿，还是得记成功劳的。为什么这么说呢？首先是当时南朝因为连年动乱，书籍散失特别厉害，再不整理很多书就没指望了；其次就得刨根，从杨坚说起。杨坚确实是一个厉害角色，但他的文化水平，尤其他的文学审美趣味，那就有点……这里有首他写的诗：

红颜诓几，玉貌须臾；一朝花落，白发难除；明年后岁，谁有谁无。

唉，就是著名大老粗刘邦写的"大风起兮云飞扬"，那也是何等气派！杨坚虽然也发展了一定的文化事业，但是总体来说，文化事业在他手上不是很受重视，晚年他更是关闭了学校，理由居然是觉得养活学校那区区几百号人是浪费纳税人的钱。另外，他认为文风轻薄是南朝亡国的祸端，当然这也不能不说有他的道理。不过在他执政期间，文学这玩意儿当然就没有什么出头的机会了，连薛道衡这等大才子也就是替他写写文书。所以，杨广在江南笼络文人，并且整理书籍，未必是出于杨坚的授意，而更可能是出于他自己的意愿。

其二，笼络江南佛教人士。

实际上，杨广当时大力笼络的应该远不止佛教人士，但是不幸别的没有被记载下来，而佛教方面的资料随着佛教文献留存下来。

这里面主要的，是杨广和天台宗智者的交往。天台宗是什么呢？笔者对佛教的了解很浅，根据极有限的知识归纳成一句话，天台宗就是佛教在中国由舶来品发展为国产化的转折点，换而言之，天台宗被认为是中国的第一个本土佛教宗派。而这个本土宗派的产生，跟杨广的大力扶持很有关系。

"南朝四百八十寺，多少楼台烟雨中。"彼时南朝佛教发达，在当时影响力甚大，亲善大使晋王杨广极力笼络佛教人士，是很容易理解的。当然，我们还应该看到，杨家本身跟佛教渊源甚深，比如杨坚就是庙里长大的，另外最明显的是他们一大家子人的小名都是佛教用语，杨坚的小名叫那罗延，独孤皇后名叫伽罗，老大杨勇字睍地伐，杨广小名阿㦡等。插一句，要说有个性还是老四蜀王杨秀的儿子，小名"爪子"。

作为天台宗创始人的智者大师（智顗），在中国佛教史上地位尊赫。就当时而言，他是一个比较有活动能力的僧人，在陈朝时，就被尊为国师。他生前与一些显赫人物往来的书信以及碑文等编为《国清百录》（杨广后为智者建国清寺，以寺命书名）。《国清百录》中就有智者与陈后主以及陈朝其他重要人物如宰相等的来往书信。陈朝灭亡后，首任行政长官秦王杨俊也曾写信给他，并有所捐赠，但杨俊远不如杨广那么拉得下脸来。

杨广写给智者的第一封信，是封邀请信，请智者过来坐坐，联络联络感情。那封信的措辞那叫一个客气，文采那叫一个斐然，当时的杨广确实很拉得下脸来。

仅仅几个月之后，开皇十一年（公元591年）十一月，杨广便受菩萨戒，算是正式拜到智者门下。

关于这件事，就看怎么说了，贬的人说他这是"伪善"，褒的人说他这是高明的政治手段，一则笼络佛教人士，二则讨好他身为佛教徒的老爸老妈。总而言之，好像没人相信他是因为信佛而这样做。最直接的证据就是他登基之后，就不再像杨坚在位时那样全力支持佛教了。

对于杨广的为人，笔者个人持有这样的看法：他的策略很明显是佛道并重；他让道士潘诞炼丹，予取予求，但是潘诞一提出要童子胆髓，他就立刻把潘诞杀了；他禁谶纬一禁到底，彻底得可算是斩草除根；他一生从未想过要给自己修建陵墓（至少没记载他提过）；按照《资治通鉴》的说法，他最后的日子里甚至为自己准备了毒药，可是从他死后情形来看，他又从未交代过丧葬的问题。以上种种所描述的为人，似乎已决定了他不可能真正信仰佛教，或者任何一种其他宗教。

这里插述一个细节，杨广禁谶纬的事。这是他当上皇帝以后干的事情，把东汉以来流行了好几百年的谶纬类图书从民间搜集来，然后一把火烧得干干净净。谶纬是什么呢？"谶"比较简单，就是预言，"纬"解释起来复杂些，纬本来指织布机上的横丝，相对于纵丝而言。纵为经，横为纬，所以，所谓"纬"就与"经"相对，把经学神学化。因此，用神学的观点比较来穿凿附会地解释经书的书，就叫作"纬书"。说白了，谶纬就是一种神神道道的玩意儿，一般带有预言性质。举个例子说，陈胜、吴广从鱼肚子里剖出来的"大楚兴，陈胜王"就是很典型的玩谶纬。人对未来总是怀有好奇和敬畏，所以谶纬这套很有市场，我国历史上最著名的谶纬大概可算是传说中的《推背图》了吧。

《推背图》的作者之一李淳风,在《旧唐书》里留下了这么一段八卦:"初,太宗之世有《秘记》云:'唐三世之后,则女主武王代有天下。'太宗尝密召淳风以访其事,淳风曰:'臣据象推算,其兆已成。然其人已生,在陛下宫内,从今不逾三十年,当有天下,诛杀唐氏子孙歼尽。'帝曰:'疑似者尽杀之,如何?'淳风曰:'天之所命,必无禳避之理。王者不死,多恐枉及无辜。且据上象,今已成,复在宫内,已是陛下眷属。更三十年,又当衰老,老则仁慈,虽受终易姓,其于陛下子孙,或不甚损。今若杀之,即当复生,少壮严毒,杀之立雠。若如此,即杀戮陛下子孙,必无遗类。'太宗善其言而止。"

——唐太宗时有本书叫作《秘记》,里面说:唐三世之后,会有个姓武的女人篡夺李家天下。太宗于是密召李淳风,让他查访此事。李淳风说,据臣推算,这个女人已经在陛下宫中,从今起不出三十年就会拥有天下,届时李唐子孙会被诛杀殆尽。太宗说,那就把疑似的人都杀了,如何?李淳风回答,天命不可违,那女人既然有王者之命,就不会被杀,被杀的多半是无辜之人。何况,她如今已是陛下的眷属,三十年后年纪也大了,年纪大的人总会仁慈些,就算夺了天下,对陛下的子孙可能也不会太过分,而今陛下要是杀了她,她也会再次转生,那么三十年后她还年轻,性情严毒,陛下的子孙就真的在劫难逃了。太宗听了觉得有道理,就罢手了。

这段故事神乎其神,撇开真实性不谈,倒是把谶纬的意思说得很明白。谶纬古已有之,就算今日也不乏踪迹,不过,在东汉以及之后的数百年里,谶纬曾经一度格外兴盛,直到终于撞上了一个看这类玩意儿特别不顺眼的皇帝,当然,就是杨广。

正如后面会提到的,做了皇帝的杨广做事讲究的是一步到位,于是,快刀斩乱麻,谶纬之风就那么狠狠地被压了下去。至于春风吹又生,那又是后代的事了。

以此为始,杨广对智者执弟子礼,至少从书信上看,始终态度谦恭。当然他对这位佛教领袖也是始终有戒心的,所以总想用各种借口把他留在自己身边。由于文献较多,这段话说来就太长了,就此打住。另外杨广所支持的,也不止智者一派。他的这种扶持的确为他在佛教徒中赢得了声誉。

佛教中人对杨广的溢美之词不少,甚至有"至德光被于亿兆,神化罩洽于黎元"的话(隋唐之际的著名僧人法琳说的,就是传说中唐太宗李世民说"和尚你不是法力强到杀不死吗?拿你试试刀怎么样"的那位)。

所以陈寅恪先生有"中国佛教徒以隋炀帝比于阿阇世王(佛教的恩人),则隋炀帝在佛教中,其地位之尊,远非其他中国历代帝王所能并论,此点与儒家之评价适得其反"的说法,被认为是佛教的另一种史观。

总之,至少从书信上反映的晋王杨广和风细雨,体贴细致,不由让人疑惑和感叹之后的隋炀帝杨广的反差。

另外,《国清百录》中记载了开皇十二年(公元 592 年)智者和杨广的一次书信往来,颇有意思:智者写信给杨广,大意是说,最近佛教寺院的木料被拆了好多去,听说是用来修城墙和给政府盖房子,江南竹子木头都多,开采一点就好,何必拆我们的房子?

杨广的回信很有意思,开头洋洋洒洒地写,啊呀,真是的,江南的寺庙真是给糟蹋得不成样子,僧人们都快要无家可归了,可怜啊。毁庙不就跟烧人家宅子一样吗?可恶!放心,绝不让僧人没地方住。然后话锋一转:内院绝不动,拆了也让他们还回去。至于外院的嘛,就先借借用,等过几年民力恢复,我一定让他们还你们新的。

忍俊不禁。

读原文"(廊柱木料)亦贷为府廨,须一二间民力展息,即于上江结筏,以新酬故",不由又想,哎呀,此刻分明知道须让"民力展息"的晋王杨广,为何若干年后就成了不让子民休息的隋炀帝?

在杨广身上,我们会看到很多这样的矛盾,前后的矛盾,同时存在的矛盾。还是那句话,一个人要做到最好很不容易,要做到最坏也很不容易,一个人同时做到最好和最坏……真是个奇迹啊。

其三……

没了,实在想不起什么有确凿记载,又特别可以说的事情了。

如果还有什么可说的话,只有猜想。

可能发生过的事……

开皇年间的某个冬日,曲阿驿馆来了风尘仆仆的一行人。

他们全都穿着布做的黄袍,戴着幞头,身上只佩黄铜和牛角做的饰物。当时的皇帝杨坚大力倡导俭朴,无论朝野,无分贵贱,都是这样俭朴的装束。单从他们的服饰上,无法清楚判断他们的身份。

捉驿(公办旅馆经理)刚刚上任不久,不认识他们,看过他们的介绍信之后,才知道他们是晋王杨广的属官。

"诸位郎君要回江都吗?"

"不,回京师。"为首的人十分年轻,话音温和,眉宇间却带着极深的疲惫,一望可知旅途劳顿。

捉驿有些意外,因为那年轻人操着熟练的吴语,不像是京师的人。但无论如何,捉驿都不敢轻视在驿中下榻的任何一位官员。更何况,那为首的年轻人身上有一种凛然的华贵气度,在他面前,捉驿情不自禁地低垂下头。他毕恭毕敬地安排他们去歇息,又为他们送去热水。正当他安置完一切,想要退出的时候,为首的年轻人又叫住了他,向他询问码头的情形。

"船?"捉驿大感不解,"郎君要坐船?"

"从这里，不是有水路直抵镇江吗？"

捉驿忍不住挠了挠脑袋，笑道："郎君从何处听来的？水路早就废了。"

"方才路过，远远地望见有行船。"

"那都是些小船，大船走不了，再者，只怕多少年都没有人走完过这条水路了。郎君还是……"

"废话少说，明天给我弄条船来。"年轻人身边的一个黑瘦小个子突然插话，颐指气使的态度倒比那年轻人还要张扬几分，"小船就小船，只要曲阿还有水，就是划根木头我也能到镇江去！"

捉驿心中更加奇怪，但他是一个小心谨慎的人，只是看了看几个人的神色，没有追问下去。第二天，他果然找了一条丈余的篷船来，一行人几乎把那小小的船舱塞满了。黑瘦小个子走上船头，指手画脚地吩咐船夫行船的方向。

欸乃声声，小船缓缓前行。黑瘦小个子手搭凉棚，往前方看了一会儿，然后从随身的包裹里掏出一大堆玩意儿来。因为好奇，捉驿还一直站在岸边望着，只见那其中一柄笔直得像是尺子，底下却又多个把手，别的几样更加奇形怪状，越发认不出来，只上面黄铜的包角铆钉在冬日的阳光下灿灿发光。黑瘦小个子手里不住地摆弄这些玩意儿，口中似还念念有词。那个为首的年轻人听到他的话音，走上去，不知说了句什么，那黑瘦小个子顿时来了精神，眉飞色舞，指手画脚。

这到底是在做什么？捉驿心里疑惑着，那小篷船却已越行越远，渐渐地消失在他的视线中。

曲阿是地名（今日的江苏省丹阳），也是一条运河的名字，它由秦始皇下令开掘，因为弯弯曲曲，所以得了这么一个名字。至隋朝时，这条河早已经废弃多年。

可是忽然间，似乎又有人对它产生了浓厚的兴趣。

实际上,不仅仅是曲阿,这行人抵达镇江之后,并没有按照通常的路线沿长江而上,而是继续往北,这回他们寻访的是一条更古远的水道——开通于春秋时的鸿沟。

呃,请千万不要混淆史实,前面纯然只是一段三流小说情节。当然诸位一定猜到了,这段情节里面,那个为首的年轻人正是坐镇江南的晋王杨广。至于那个黑瘦小个子——那就是笔者的猜测:杨广在江南期间,聚到了一位或多位水利专家,并且很可能已经有了那条长沟至少南段(通济渠+邗沟,洛阳到扬州)的施工计划草案。

没有史料支持,只有猜想和推理。

这里,首先说明一件事,杨广后来下令挖的那条沟,一般叫作"南北大运河",或"隋唐大运河",用来区别元代挖掘完成的"京杭大运河"。诚然,今天的大运河是京杭大运河,而不是隋唐时期的南北大运河,但是就像今天的长城也早已不是秦朝的长城,但仍然说秦始皇修了长城一样,含混地说杨广挖了大运河,也没有什么不对。

然后推理。

首先,应该承认,杨广不是神仙,也不是外星人,所以,杨广绝对不可能在地图上随手画两个圈儿,再画根线,就让人去挖那条沟。

后面大运河一章里,参考对照组的史实会发现,大运河工程对于隋朝人来说,可能既不像我们原先想的那么难,也不像我们原先想得那么简单。但不管怎么说,这条河的南段和北段(永济渠)都在一千公里左右,却都是一次完工,可说事先的计划相当完备。且不讨论哪位天才负责了总设计,但是要在一千多公里的路程上进行勘测,并且最后论证出方案来,就算放在今日,也需要相当长的时间吧。

从仁寿四年(公元604年)七月杨坚闭眼,到大业元年(公元605年)三月大运河正式开工,中间只有短短八个月,这期间杨广得料理一大堆善后事务,还包括抽空把他五弟汉王谅的谋反给平定了,不知道有没有时间详细论证如此庞大的工程方案？更何况同时还要营建东都洛阳。按照杨广的行事风格，他又是多半要亲自参与论证的。而营建东都洛阳和开挖运河，对杨广而言，当属一件事的两个分支，所以，从他当年十一月就迫不及待地巡洛阳亲自勘察来看，分明早有预谋。

问题是早到了什么时间？

估计仁寿年后，杨广在大兴他家老爷子眼皮底下，夹着尾巴当太子的那四年，可能性不太大，那么就只有江南时期了。而且，这时期确实有些因素，可能刺激他想到这个方案。

最容易想到的，他每年往返大兴、扬州一趟，车马劳顿，估计累得够呛。他多半是一段水路一段陆路地走，在这一过程中，很可能充分意识到了水运的有利。

第二件，逐粮天子事。

"逐粮天子"的典故是这样的，当时大兴附近的地儿开发得差不多了，人多地少，而且那是京城所在，京城嘛，吃"商品粮"的人多，尽是自己不种地的，需要的粮食当然就更多了。外加大兴运输不便，一到灾年，从皇帝到小民全部大眼瞪小眼。粮食运进来太慢且困难怎么办？那就人跑呗，于是皇帝带着官员百姓，"就食洛阳"。为什么是洛阳呢？因为洛阳交通方便嘛。

开皇十四年（公元 594 年），杨坚就做了一回"逐粮天子"。

一般的现代史家，都认为这是杨广上台后之所以要营建东都洛阳的主要原因之一，这样就免去从洛阳到大兴的一段运输。莫要小看这段运输，花费不得了。比如说吧，唐代依然定都长安，从洛阳到长安要过黄河上的三门峡，这是一段险路，终唐一朝，没有找出完美的解决办法。这段路区区十八里，得用陆运，每年就需要五十万个劳动力。再如元代，从通州到大都，也不过五十里陆路，却也耗资无数，民夫"不胜其瘁"，"驴畜死者，不可胜计"，最后还是挖运河了事。

从"逐粮天子"这档事儿,又让人想到了另一件事。那时候,肯定有南方物资要北运了吧?若有,那肯定是杨广负责的差使,那么,他肯定知道这一路的麻烦。南北分裂时期,没有这个问题,再以前,南方还不太发达,可能运输量也不大。平陈之后,这个问题就出来了。从前面几十里地的运输,可以想象上千里运输的困难,又会造成多少耗费。所以,他想要解决南北运输的问题,就是件很自然的事情。

第三件事,运河的南段特别成功,当然这里有后来历史发展的因素,但是就从当时来看,这条沟的走向,也特别符合,用个现代的高级名词:经济地理学的眼光。猜想,这可能还是跟杨广曾多次往来大兴和扬州之间有关。不管他是有意抑或无意,他应该对这条线路上的城镇分布心里有数。如果那位,或者多位天才设计师当时曾跟他同行,就更为合理。

第四件事,为什么猜想他在南方时聚到了水利专家呢?这当然一方面是因为横看竖看上看下看都觉得杨广本人大概不是一个水利专家,否则史书不会一字不提吧?曾主持山阳渎(隋文帝杨坚为平陈开的一条较短的运河)的隋代大工程师宇文恺,也不太像南段的总设计师,一来史书上也是只字未提,二来他当时应该在负责东都洛阳工程,如果他是运河的总设计师,不大可能在施工的时候抛开这个工程吧?由于先挖的是南段,所以总设计师是一个南方人的设想也许更合理。

再有,从杨坚时代朝臣的言论来看,比如在《隋书·陆知命》当中就曾提到过,在平陈之后,根据统一后的帝国布局,陆知命曾力劝杨坚迁都洛阳,只是史书没有提到杨坚为什么没有同意。所以说,迁都洛阳并非杨广拍脑袋的想法,而是朝野间早就已经有呼声的。而作为洛阳的交通配套设施,大运河的设想同时出现,也是合理的猜想。

总之,杨广在这十年间有了建设洛阳和开挖运河的计划,并不是不可能的。

　　下一个问题也许是,他是否对杨坚提过他的设想？这就不得而知了。我们可以知道的只是,这些事最后都留给了杨广去完成。

　　当然,对于开皇年间坐镇江南,已经积攒了足够名声的晋王杨广来说,他还必须要做到一件事,才能完成这些事——

　　夺嫡。

第三章

血溅屏风

《隋书》认为,隋王朝之所以灭亡是因为隋文帝"溺宠废嫡,托付失所",换句话说,就是杨广这个超级败家子连蒙带骗地夺到了皇太子之位。

这么说倒也不能算错,但这是先有了结果,再回头来看的。

在开皇年间,作为次子的晋王杨广从各方面都表现出了比长兄杨勇更深厚的实力,或许他唯一输给杨勇的只有一点,那就是传统认为的"次不当立"——长幼有序,出生的次序决定了继承权。

这才真叫输在了人生的起跑线上。

宗法制度完善于周朝,一经确立,便牢牢占据了中国古代世袭统治的核心地位。而核心中的核心,则是嫡长子继承制——"立嫡以长不以贤,立子以贵不以长"。第一继承权必须属于正妻所生的儿子,所谓"嫡子",庶子即使年长也不得立,如果有多名嫡子,那么必须由最年长的继承,嫡次子即使更聪明能干也不得立。

挑战这个核心,就等于挑战宗法制度,挑战世袭统治的根本,所以,一旦有皇帝想要废嫡立庶,或者废长立幼,往往会遭到臣下的激烈反对,甚至闹到以死进谏的地步。

从今日我们的眼光看来,或许由年纪决定一切是很不合理的,但是这种游戏规则在那个时代却维护了一种相对稳定的社会秩序。打个不很恰当的比方,就好像买东西排队一样,其实没有哪个法律强行规定非得要排队,但是社会公德(其实也可以说是一种礼制)就成为这件事情里潜在的游戏规则。如果哪个人非要插队,就会引起一些混乱和不满。而在古代,这种游戏规则更细致,约束范围也更广,甚至很多时候比法律更有力量。

长辈也许会犯糊涂,但这不能成为晚辈不孝顺的理由。

皇帝也许不够贤明,但绝大多数情况下,这也不能成为臣下反叛的理由。

同样的,长子也许不如老二老三聪明能干,但这也不能成为废长立幼的理由。

即使大家明白其中有不合理的地方,但是这个游戏规则被打破,带来的后果可能会更严重。

比如,做出一种很不好的表率。我们的古人一贯风格是向更古的人那里寻求合理性,所以一旦有过先例,后辈们就会说,呐,先祖谁谁谁就是这么做的,所以我们也可以这么做。

当然,话又说回来了,以当时而言,连《隋书》也承认杨广在诸兄弟之中,无论军功还是政绩,都格外耀眼,"南平吴会,北却匈奴,昆弟之中,独著声绩"。那时既无人识破晋王的矫饰,更没人有预言能力猜到十几年后的情形。那么,单纯从才能方面,杨坚选择了一个他认为更好的继承人,其实也再正常不过了。

但,正是在夺嫡到继位的整个过程中,杨广犯下了古人道德标准中最严重的几项罪行:欺骗父母,用狡诈的手段夺取本属于兄长的储位;

涉嫌杀害父亲隋文帝杨坚;残杀兄长;霸占继母。全都明文载于史书。

只不过,有些铁案如山,有些却不免叫人生疑,还需一一分剖。

夺嫡

那么,杨广这条"次不当立"的咸鱼到底如何翻身的呢?整件事情的经过包含了很多要素——

独孤伽罗

首先,起了关键作用的是他的母亲独孤伽罗。

正因为独孤皇后坚定地支持废黜老大杨勇,改立老二杨广,才最终促成了此事。

杨坚一共有五个儿子,五个全都是独孤皇后所生。杨坚为此十分自豪,觉得是千古未有的嘉话。五个儿子都是同母所生,一定会相亲相爱,古来那些萧墙惨剧,应该不会发生了吧?他怀着乐观主义精神这么宣称。

当然我们都知道,他错了。

但这里面有个耐人寻味的问题,作为一个母亲,独孤皇后对同样亲生的儿子,为什么会偏心眼呢?

这与她独特的个性有关系。

她的独特,其实只是以当时的标准来看,以今日的眼光,再平常不过了——她只不过认为,夫妻就应该彼此忠诚。从这点上说,她是一位执着于完美爱情的女性。而这种执着,让她成为中国历史上一位著名的女权运动领导人。

她十四岁时,与杨坚新婚宴尔,就让杨坚立下誓言,绝不会与其他女人生孩子。

杨坚也确实做到了。

　　独孤伽罗出身高贵,她的父亲独孤信是北周八大柱国之一。独孤家盛产皇后,独孤信有三个女儿先后成为皇后,还是三个不同朝代的皇后。在独孤伽罗之前,她的大姐成为北周明敬皇后,在独孤伽罗之后多年,她的四姐又被追封为皇后——唐元贞皇后(唐朝开国皇帝李渊的母亲)。

　　前面说过,独孤信是位著名的美男子,从遗传学角度来看,有理由猜测,独孤家的女儿们都很美。

　　但,独孤伽罗绝不是一只花瓶。

　　如果说,当年轻的小夫妻立下誓言的时候,有着新婚的冲动,也许,还因为独孤信是杨坚父亲杨忠的顶头上司。然而就在他们完婚第二年,独孤信就遇害,独孤家也随之一败涂地。其后的独孤伽罗是凭着自己的魅力,牢牢抓着丈夫的心。

　　她聪明。她喜爱读书,手不释卷。她并不过多参与朝政,却对天下情势很有自己的见解。每当杨坚需要建议的时候,她都能提出自己的看法。杨坚对她言听计从,宫中并称他们两人为"二圣"。

　　这二字意味着什么? 这么说吧,下一对获得了"二圣"之称的帝后,便是赫赫有名的唐高宗与武则天了。

　　她坚强。杨坚在篡位夺权的关键时候,必须留宿在宫中,以便随时掌握情况。那个时候,他的手里没有兵权,谁也不知道这一步棋走出去结果究竟如何。那时,独孤伽罗托人带了一句话给杨坚:"郎君,你已经没有退路了,尽管去做吧!"

　　当杨坚听到这句话的时候,仿佛看到妻子正含笑站在眼前,对他说:"你放心!"只有杨坚能够体会得到,这看似平凡的一句话带给他的力量。因为这一刻,不仅仅是他自己身处在不知底线的漩涡中,他也将妻儿全都带进了这个漩涡中。他当然知道独孤伽罗身为妻子和母亲,心中如油烹般的焦虑,可是她却丝毫没有表露出来,她只是平静地告诉他:不必担心我们,尽管去做你想做的事。没有这句话,杨坚也一样会去做,可是,他会有更多的顾虑和牵挂,而不会这样坚定。

有妻如此,夫复何求?

她善良。和丈夫一样,她笃信佛教。每年死刑的犯人最终判决的时候,她都会为了那些素不相识的误入歧途的人而落泪。

她俭朴。突厥与隋交易,曾送来价值八百万钱的明珠,有人要献给她,她却说:"我不需要明珠,前方的将士那么辛苦,还不如奖给他们。"

她明理。她的表兄因为渎职而犯了死罪,杨坚顾及她,准备宽恕她的表兄。她却说:"国法怎么能够徇私情?"她的表兄还是被处死了。

她也重情。她的一个同父异母弟弟因为不能够得到爵位,而对她心怀怨愤,用巫术诅咒她和杨坚,被告发。这是铁定的死罪。然而这一次她却一意求情,甚至不惜绝食三天。杨坚不解,为何她要以德报怨?她含泪道:"如果他是因为残害百姓而获罪,那么我不能求情,可他是因为我……所以,请饶他一命吧!"杨坚叹息不已,他又怎么能拒绝这样的请求?

只有一件事,一条底线,是独孤伽罗绝不肯放弃的,即使背上恶名她也不肯放弃:她要求丈夫对她忠诚,她不能容忍在他们之间存在另一个女人。

她坚持得那么执着,就算为了皇家的体制,后宫中必须设立嫔妃,她也绝对不能容忍那些女人接近她的丈夫。在隋唐时期,女性的地位还不像后来那么低微,但是能够做到独孤伽罗这么绝对的,也很少见。

杨坚很郁闷。在他心目中,没有人能够取代独孤伽罗,但是身为九五至尊的皇帝,空有三宫六院,却只能看着她们干瞪眼,这滋味实在难熬。

终于有一天,当他看到一位美女的时候,他实在忍不住,偷偷地宠幸了她。

　　第二天,他去上朝的时候有些心不在焉,因为他心里怀着愧疚,他知道,独孤伽罗迟早会知道这件事,在宫中没有什么能瞒得过她。他希望能够找到机会跟她解释,希望能够说服她接纳这个女子……但是他万万没有想到,独孤伽罗的反应会那么快,那么激烈。

　　等他散朝回到后宫,看到的是一具血淋淋的尸体——那女子已经被独孤伽罗下令活活打死。

　　杨坚简直不能够相信自己的眼睛,他简直不能够相信那个一向善良明理的妻子能做出这么残忍的事情来。

　　他的愤怒一时完全压过了曾经有过的愧疚。

　　但,耐人寻味的是他生气之后的反应。照一般想来,在那个专制的男权的时代,一个身为皇帝的男人遇到这样的事,都会直接把怒火发向那个女人吧? 就连以窝囊著称的唐高宗李治,一怒之下还找上官仪来写诏书想废了武后呢。可是杨坚呢,他一怒之下,居然离宫出走!

　　他骑上马,独自一人冲出了皇宫,连皇帝也不想做,自个儿跑到山野里去了。

　　这还了得! 宫人连忙向当时的两位国务总理——高颎和杨素汇报这一突发事件。两人扔下手里的公务就骑马去追,终于在山里追上了他。

　　两人拉住杨坚的马,竭力劝说。杨坚长叹了一声:"想不到我当了皇帝,居然还是这么不自由!"

　　这时,一向说话坦直的高颎说了一句很著名的话:"陛下岂以一妇人而轻天下!"——陛下怎么能因为一个女人就忽视天下?!

　　这句话很著名不是因为这句话的意思有多么了不起,而是因为后来"一妇人"这三个字传到了独孤伽罗耳朵里,她认为这是对自己的一种轻视,从此疏远了高颎。而这,也成为杨广最终夺嫡成功的一个重要砝码。

　　至于是谁把这句话传给独孤皇后的呢？明知道独孤皇后会不乐意，也明知道高颎的权势如日中天，是谁想要离间他们之间的关系呢？谁会从中得益呢？……这是个有趣的问题。

　　杨坚闹别扭闹到半夜才终于回宫。独孤伽罗被他这一闹腾吓着了，也觉得自己做得过分，于是前来认错。两人重归于好。

　　破镜重圆。

　　可是重圆的破镜真的能够毫无痕迹吗？在独孤伽罗的心底，终究有一样最珍贵的东西破碎了。她曾以为那是世上最牢不可破的，他们一起经历过那么多风风雨雨，所有的人都会背弃，但他不会。

　　结果，她错了。

　　对她而言，她所失去的，是远比尊荣富贵，远比世上的一切都要珍贵的东西。表面上看起来，一切都和过去一样，就仿佛什么都没有发生过。但宫人们很快发现，独孤皇后变得沉默了，她似乎渐渐失去了往日的风采，眉宇间经常锁着几分萧瑟。

　　她的个性也变得偏激。

　　高颎原本是独孤信的门客，甚至一度赐姓为独孤，与独孤皇后关系极好。在开皇年间的十多年里他的地位稳固，一直是当仁不让的帝国国务总理，为隋朝兴盛立下汗马功劳。杨坚对他长时间的信任，与独孤皇后大有关系，杨坚甚至一直都称呼他"独孤"，而不叫他的名字。

　　然而，自从"一妇人"三个字传进独孤伽罗的耳朵里，事情就悄悄地发生了变化。之后，高颎的妻子过世，独孤伽罗提出为他续弦，但高颎以自己年纪已大，又怀念前妻为理由拒绝了。不料，过了没多久，却又传来消息，高颎的小妾怀孕了。独孤伽罗因此认定高颎"怀念前妻"云云只是扯谎，其人已不值得信任。高颎从此失去了独孤伽罗的好感，之后不久，他便因种种理由被罢免。当然，高颎被罢免还有一个极其重要的原因：他是废太子杨勇，改立杨广的最大阻碍。于公，高颎坚定地支持长幼有序;于私,高颎的儿子娶了杨勇的女儿,他们是儿女亲家。

杨坚当然觉察到了妻子性情的变化,他心里也清楚这一切的缘由。但是他却无从劝慰,也开不了口,他所能做的,只是尽可能地依从她。或许,他想用这种方式让她明白,其实那件事只是一个小岔子,在他心里,她始终是唯一重要的。

这也是事实。杨坚对独孤伽罗的依恋,终生未变,直到生命的最后,他依然怀念着她。其实,从前面我们已经可以看出来,在那样的时代,一个像杨坚那样的男人,他不缺乏胆识和魄力,更有帝王的至尊身份,却心甘情愿地做一个"妻管严",为什么呢?恐怕,唯一能够解释的理由,就是他对独孤伽罗怀有深厚的感情。

然而,独孤皇后始终解不开这个心结。愤懑和忧郁摧残着她的健康,也极大地影响了她对很多人很多事的看法,最终,甚至影响到了皇位继承人的选择。

中国历史也因此发生了转折。

太子失爱

与此同时,太子杨勇渐渐失却了父母的欢心。

毋庸置疑,杨勇的确只是个庸人。

他无大的建树,更无大的过错,更因杨广最后的亡国结局,史家普遍同情他,但也不讳言他的种种不检点。杨勇其人性情坦直仁厚,跟费尽心机的杨广相比,说好听是率性而为,不好听就是缺心眼儿。

作为长子,杨勇本来是深受宠爱的,在他当皇太子最初的那些年头里,他与父母之间也没有出现太大的问题。杨坚夫妇望子成龙,对他教养甚严,然而事实表明,儿女的成长往往不以父母的愿望为转移。

杨勇好文学(杨坚"不好读书",简直藐视文人,五个儿子却文才都很好,不知道是怎么教出来的),且爱好奢丽的衣饰玩物(杨坚以俭朴著称,看见有官员用布袋装姜进贡都会心疼得大发雷霆,他的五个儿子却个个都喜好奢侈,真是……也不知道是怎么教出来的),举止轻浮,经常不顾上下尊卑,跟一些文人侍从亲狎玩闹,放纵手下胡来。

东宫学士刘臻,曾经引巫士入宫。太子的老师柳肃得知,便劝谏杨勇:"殿下您是主上嫡长,身居皇太子之位,您只要好好孝顺主上,不要令父子生疑。那些乱七八糟的事情,您还是远离为好。"细究起来,柳肃的话诚乃金玉良言,一位皇太子的成功要领,不外令父母满意,诚心孝顺才是上上之策。可惜杨勇听不进去,他不曾自省,反倒去责怪刘臻:"都怪你行事不隐秘!让柳肃得知,来批评我。"

诸如此类,都发生在杨坚夫妇眼皮底下。杨坚夫妇都是性情方正古板的人,当然很看不顺眼。种种都是小事,却如白蚁蛀堤般动摇了嫡长继承。

换作更寻常一些的人,这些小事也许未必能起那么大的作用,但从史书上看,大隋的开国帝后似乎有着完美主义倾向。夫妇俩都有着超乎常人的自制力,即使当上了帝后,在相当长时间里,一直坚持过着简朴的生活。他们对自己尚且严苛,更不必说对臣下。在他们挑剔的目光中,优点会被放大,缺点更会被放大。

杨勇失却母亲的欢心,还因在一个关键问题上犯了母亲的大忌——他好色。

杨勇的发妻元氏出身北魏皇族,杨坚夫妇想必也是精挑细选了这么一位长媳——保证未来的皇孙血统高贵。可惜,这段婚姻是强扭的瓜,杨勇对发妻自始至终都不曾动过感情,他甚至在背地里埋怨:"阿娘可恶啊!不曾替我找个好老婆。"

他爱着另外一个女人。

史书上没有说,他是怎么认识那位云姓女子的,只是说,她出身低微,她的父亲云定兴是个匠人,请记住这个名字,他还会再次出现的。

杨勇和她私订终身,之后,他们有了一个儿子。

生米煮成了熟饭,得知事情真相的杨坚夫妇无论怎样吃惊愤怒,却不得不接受这个儿媳,最重要的是,接受皇孙。

孩子的母亲被封为昭训,之后又为杨勇生下了两个儿子。杨勇的后宫规模还远不止于此,他的十个儿子分别由五六个女人所生,和他的父母形成了鲜明对照,气得独孤皇后大骂。而元氏益发备受冷落,当然更不会有子嗣。雪上加霜的是,元氏患有心脏病,不久暴病身亡。杨坚夫妇甚至疑心杨勇与云昭训故意投毒谋害,愤愤之下,大张旗鼓地操办了元妃的丧事,以警告杨勇。可杨勇我行我素,依然整日与宠妾宴乐。

甚至有一次杨勇见到独孤皇后的侍女,指着她们对身边的人说:"瞧见没?将来这些都是我的女人。"杨勇毫无遮拦的个性可见一斑。

他的好色成了他母亲独孤伽罗的一桩心病。他爱云昭训,独孤伽罗却讨厌她,甚至恨她。和多数专制的母亲一样,独孤伽罗也把儿子的过错归结到这个儿媳身上,她认为错在于这个出身低贱的女人。

如果杨勇做了皇帝,这个贱女人迟早会成为皇后,而她所生的儿子,也会成为太子。到了那个时候,自己另外的几个儿子就必须向那个贱女人,还有她生的儿子行跪拜之礼……独孤伽罗不愿意再设想下去,她觉得那一幕实在太令人痛苦了。

不行,这样的事情不能让它发生,否则,我在九泉之下也不会安心的。独孤皇后下定决心,要动用她的影响力,促使杨坚改立太子。

晋王矫饰

在苦心经营之下,晋王杨广的声誉与日俱隆。

在继位之前,杨广的形象包装近乎完美:军功显赫、对江南的治理卓有成效、儒雅、好学、仁孝、举止庄重、生活俭朴、行为检点、感情专一、礼贤下士……

别笑，千真万确，史书上就是这么写的。

同时，史书上也用两个字就解释了这一奇特现象：矫饰。

对比前后的表现，当然是有道理的。杨广生性好动，关于他小时候的一段记载提到：杨坚继位之后，杨广被封晋王，坐镇并州。当时被派在他身边，负责约束和教导这个十三岁小皇子的是名臣王韶。王韶督导得很严格，杨广被管得死死的。有一次王韶去巡视长城，前脚一走，后脚杨广就命人在自家后园里开了池塘，造起假山来玩。王韶回来之后看见，便把自己锁上，说晋王居然这样胡闹，全是我的错啊，把小杨广吓得连连认错才算完。

在这样的约束下，杨广长大后性情"深沉严重"。这点恐怕又出乎很多人的意料，因为在野史里，杨广的形象应该是一上朝就打瞌睡，一见美女就满脸淫笑才对。然而，正史中多处记载，杨广继位之后，在朝堂上始终表现得凝重端方，回到后宫才会玩闹，再对比和他半师半友的柳䛒的传中，可以看出，杨广无论是在江南当晋王，还是在大兴当太子期间，私下里和文人亲狎玩闹也没有多少顾忌。所以，单就这方面来说，可能是他从小养成了这种习惯，做正经事一种态度，玩的时候另一种态度。

至于生活俭朴云云，也可能当时他的确如此后来改变了，也可能确实是刻意装出来的。有一个著名的事例：某天杨坚去他府里，看到他那里乐器上的弦都断了，还蒙了一层灰，认为他不好声色，因此印象大好。

有趣的事情是，尽管在继位之前，杨广刻意装出俭朴的作风，但他的诗作却是华丽浓艳，充满了脂粉味儿，与陈后主之流一脉相承。莫非杨坚不好诗文，所以不曾从中瞧出破绽？这就不好推断了。最古怪的是，在杨广继位之后，他的生活日益奢侈，诗作却一扫铅华，变得朴素雅正。古人所说的"文如其人"在这里来了逆反，真是不可思议的转变。

当杨勇在京师率性而为，让他的父母越看越不顺眼的同时，杨广在江南竭尽所能地包装自己,顾及了每一个细节。

他专情。和长兄杨勇正相反,他对发妻萧氏表现得一往情深,他有姬妾,却从来也不染指。独孤伽罗看在眼里,自然十分满意。

但是这里得插一句,他与发妻的感情,或许不能完全归于"矫饰"。实际上,他对萧皇后依恋终生,自始至终,并没有别的女人能够撼动萧皇后的地位,这是事实。这个历史上名声最荒淫的皇帝,却对发妻有着不可动摇的感情,也是一个不可思议的矛盾。

萧妃也尽全力回报了他。如果说,独孤皇后是对杨广夺嫡起过关键作用的女性,萧妃无疑是另一位至关重要的女性,只不过,她更多地隐身幕后,她的角色更多的是一个演员。然而,没有她的密切配合,杨广必定无法成事。

他仁孝。平时他远在江南,如果父母派宫人去看他,无论来人身份贵贱,他必出城相迎,嘘寒问暖,在来人面前提到不能尽孝膝下,必垂泪,如果来人是女性,则由萧妃出面款待,同桌吃饭,同榻睡觉,全部工作细致到家。想想看那些宫人受宠若惊的心情,再对比杨勇指着侍女说"那是我的女人",会不会来事儿,高下立判。

不止如此,开皇十四年(公元 594 年),杨广率百官上表请泰山封禅,杨坚美滋滋地答应了;杨坚过生日,他巴巴儿地从江南送个长毛龟去,都正中他父亲下怀,可见他花的心思。

但是,必须得说,这一切毕竟还是建立在他已经获得的政治资本基础上的。如果说,单凭装装样儿就能顺利达成夺嫡,未免太小看了杨坚夫妇。换做一个昏君可能蒙混过关,但杨坚夫妇是在政治漩涡里打滚几十年的人,识人如炬。更何况,杨坚夫妇的好感固然重要,朝中官员的支持也不可少。杨广所笼络的杨素、张衡、郭衍等人,也无不是在官场摸爬滚打多年的"老姜",如果杨广拿不出真实的才能和政绩,这些精明透顶的人物是不会上船的。

所以,当时的杨广军功民政都成绩斐然,"朝野属望",这才是他夺嫡成功最关键的砝码。

要想有出色人物跟班,必须要证明自己是个好 BOSS。这点从古至今都没有变过。

最后时机

万事齐备,就等最后时机。

所谓时机,必须恰到好处,不能早也不能晚。就像一个大厨,慢火烹小鲜,火候是最要紧的。可是怎么才能知道火候到了没有呢?杨广很清楚坐等不是办法,他决定试探一下。

在归藩之前,他去向母亲独孤伽罗告别。独孤皇后提起自己的身体每况愈下,这一别又是一年,也不知明年自己还在不在人世,表现得十分伤感。

杨广见缝插针,说出了一番很让独孤皇后震动的话:"母亲,不知道我因为什么事得罪了皇太子,他现在处处看我不顺眼,经常想要整死我。我现在总在担心他有朝一日会杀害我,那我将再不能与母亲相见!"

杨广确实选择了正确的时机,对正确的人说正确的话。在他母亲面前,他的这番话就算引起怀疑,做母亲的也会包容一二,更何况在离别之际,独孤皇后为伤感包围,更容易信以为真。

而从他的话里,也可以推断出另外一点:杨勇和他这个二弟的关系已经破裂了。这点史书上虽没有明说,但如果兄弟感情表面上看起来还很好的话,他这么说立刻就会引起独孤皇后的怀疑。杨勇当时确实已经觉察到了杨广的野心,这个"直筒子"在作秀这方面不是杨广的对手,所以双方发生冲突,恐怕当时旁观者都会更同情杨广。

果然,独孤皇后大怒,将心中对杨勇的积怨一股脑地发泄出来:"如今有我在还好,将来我不在了,你们兄弟几个岂非要任由那畜生,还有他那些个贱女人生的儿子们欺压鱼肉?!"

杨广明白,火候到了!

这锅饭就快煮熟了,再加把柴就行了。那么这把柴在哪里呢?这里有个非常重要的人物——杨素。

他是高颎之外的另一位国务总理,当时的地位仅次于高颎。换句话说,从权力排行榜上看,他也是一位老二。

杨坚是一个老谋深算的政治家,他的政治生涯远比他的皇帝生涯还要长,所以他的用人原则里,也存在着潜在的规则——平衡。如果不平衡,权力过于倾向于某一方,就很可能演变到失控的程度,杨坚当然是不允许的。所以两位国务总理的人选,也必须保持这样的平衡。在这个原则下,杨素和高颎当然不能是一伙的,实际上,他们两人尽管互相都很欣赏对方,但是之间还是存在着微妙的争斗。

现在,杨广要利用这种争斗。他知道自己于公于私都不可能得到高颎的支持,因此,高颎必须被推倒,这锅饭才能最终煮熟。他自己当然不便也不能出面去构陷高颎,他必须借一把刀来达到目的。

而杨素也是不甘心久居人下的,从另外一方面说,如果杨勇登基,那么高颎的地位就更加牢不可破,为了自己和家人的未来,他也必须选择另外的投资方向。

杨广与杨素的结交,实则两位老二的联手。他们前无深交,后亦无深交,只在这个恰当的时间点,因各自的利益,一拍即合。

有隋一朝,杨素因赫赫战功一路飞黄腾达,在政坛也一样目光敏锐、手段老辣。既然争取到了杨素的支持,杨广只消在江南藩邸静候佳音了。

开皇十八年(公元598年),杨坚下令,二十万大军征高句丽。这也是隋唐帝王第一次正式征辽,拉开了与高句丽之间接二连三的战争序幕。隋唐帝国和高句丽的关系很复杂，后面再说。

征高句丽的主帅照例是一位皇子，这回轮到汉王杨谅，辅佐他的仍是国务总理高颎。杨谅是杨坚夫妇的小儿子，一般来说，最小的儿子总是最得宠，这里也不例外。

杨谅当时很年轻，才能寻常，脾气倒是很大，是个典型的被宠坏了的皇子。据说打仗的时候，他就顾自躲在后面大营里，非但不上前线，连面也不露，可见他的为人。高颎向来说话耿直，可以想见，这一老一少的相处必然会出问题。

这一战，隋军大败而归。杨坚本来就很不痛快，杨谅又将责任一股脑推卸到高颎的头上，还添油加醋地哭诉道："我差点被高颎那老家伙给整死了！"这时候，独孤伽罗的枕边风已经吹了一段时日，于是，杨坚看高颎不顺眼了。

入朝为官的第一门必修课就是看皇帝脸色，高颎失去了宠信，这个风向标如果错过，以后也不用混了。所以，朝中那些本来就和高颎有利益冲突的人立刻积极行动起来。

第二年，高颎被罢免。

起因是受了他人获罪的株连，但是墙倒众人推，加上别有心机的人推波助澜，发展到后来，居然成了谋反案。唉，说高颎想谋反，就像说司马昭不想谋反一样，指鹿为马，黑白颠倒。可问题是，杨坚需要这个理由。

高颎会不会谋反其实不重要，但是他该下台了。

一个人做了十八年的宰相，朝中十个人里有八个是他提拔的，信服他都快要赶上信服皇帝了，怎么还能让这个人继续当宰相？麻烦的事情是，高颎究竟做错了什么呢？一般的错误怎么能令人信服地废黜一个对帝国贡献巨大的宰相？这个理由实在不好找啊。所以，高颎被罗织了很多很多罪名，但是居然上升到谋反，杨坚大概也有点小意外，终究他还是一个念旧情的人，只是罢免了高颎了事。

随着高颎的倒台，杨勇也失去了朝中最有力的支持。

剩下的无非老生常谈，废掉一位太子的理由通常都是：他想造反。若非如此，则逼得他想要造反。实在如杨勇那样，逼也逼不出造反，那么就构陷，让事情看起来像是他想造反。

对身经百战、足智多谋的杨素来说，构陷杨勇实在不过举手之劳。

开皇二十年（公元 600 年）十月，杨勇被废。

开皇二十年十一月，杨广终于得到了他梦寐以求的皇太子之位。

杨勇被废之后境遇凄凉，他想面见父亲申诉冤屈，杨广当然不能叫他如愿。杨勇的满腔愤懑无从发泄，以至于有一次，他爬到树上大叫大嚷，希望父亲听见。可杨坚以为他疯了，依旧不了了之。

杨广始终心存阴影，时刻警惕着废太子卷土重来。经过小心谨慎的四年等待，隋文帝杨坚驾崩，杨广继位当天，便命人缢杀了废太子，只追封了他一个"房陵王"的头衔。

杨勇死了。

死于亲兄弟之手。

或许，杨广曾经怨恨过，为什么仅仅因为早生了几年，什么也没做的杨勇就能获得皇太子地位，而自己就得被迫使尽手段去谋夺？但不知他是否想过，也仅仅因为早生了几年，仅仅因为当过皇太子，什么也没做的杨勇就这样死于非命了。

但这甚至依然不是那场血腥夺嫡的终结，大业三年（公元 607 年），已然坐稳皇帝宝座的杨广，听信谗言，毒杀了长兄杨勇身后尚存的全部八个儿子。

2005 年初，考古人员在陕西潼关税村发现了一座隋代陵墓。墓葬规格甚高、内饰奢华，最引人注目的则是壁画上象征皇太子身份的十八杆列戟，据考证，最大可能正是杨勇的墓地。

也许，杨勇尽管只获得了一个郡王的追封，但在下葬时，杨广终究还回了那曾经属于长兄的皇太子身份。

悲剧已成，于人于事皆无补，只是表述着杨广不可告人的内疚。

皇太子生涯

开皇二十年末，杨广回到了京师大兴。次年，杨坚改年号仁寿。

接下来的四年，杨广一直跟随在杨坚左右。虽然皇太子是他费尽心机夺来的，但这段生涯可不太容易熬得过去。从前在江南，天高皇帝远，真的找点乐子，也不怕父母知道，如今不行了，他得夹着尾巴做人。

当时，他写给一位亲信将军的信被记载下来，那里面记录着让他憋闷得要发狂的皇太子生活："比监国多暇，养疾闲宫，厌北阁之端居，罢南皮之驰射……"

如果只是闲到发慌还容易忍耐，要命的是，他那使手段得来的皇太子之位压根就不稳固！

首先，在仁寿二年(公元602年)，独孤皇后过世了。母亲的过世可以说让杨广失去了最重要的支持力量。而与此同时，杨素也退出了权力的核心。

杨素的失宠几乎是必然的：他本来就是为了平衡高颎的势力而存在，现在既然高颎已经倒了，杨坚又怎么可能容忍前门驱狼，后门进虎？何况这回他还很难找到平衡杨素的力量，所以唯一的也是最好的办法就是连杨素也一块儿踢出局。

杨广在京师原本就没有太多的支持力量。

他从十三岁就出藩了，他的根据地从来就不是京师。这点眼下给他造成了麻烦，日后更对历史产生了很大的影响。

放眼京师，朝中的人十之七八倒与前任国务总理高颎有些或多或少的关系。尽管高颎已经倒台，很多人见风使舵地转向，但也有人依然信服高颎,同时也对杨勇以近乎莫须有罪名被废黜心怀同情。

杨广也没有办法培植自己的力量。杨勇被废黜最根本的原因是什么?是引起了父亲的猜忌。前车之鉴犹在眼前,他怎么能轻举妄动?可是他不动,对手却在积极的行动中。

杨素退出权力核心之后,取而代之的人物是兵部尚书、杨广的妹夫柳述。

杨广和这个妹夫从来就没对上过眼。当年,他五妹兰陵公主年轻守寡,当然要再嫁,杨广很想让她嫁给自己的小舅子萧玚。杨坚明明已经答应了此事,却半道里杀出个柳述,将妹夫的位置给抢了去。

柳述,出身东宫侍卫,与高颎、杨勇的关系密切。似乎有这一句话就足够了。如果再加上一句:他和杨素的关系十分恶劣。在杨素权势如日中天的时候,柳述就敢把他签过的文件直接扔回去:告诉杨仆射,就说尚书我不同意。

这个人成为杨坚依靠的臂膀,真是足让杨广睡不着觉的事!

可问题是,此时杨广却束手无策。可以说,他比当初杨勇的处境还要糟糕——杨勇在朝中的支持力量比他强得多。而他唯一的希望就是:上天能够及时送来利好。

宣华夫人

此时杨广的运气真的很好。

仁寿二年八月,独孤皇后谢世。从她十四岁嫁给杨坚,整整四十五年。杨坚心中留下的巨大空白需要填补,寂寞需要排遣,此后,杨坚常跟几名宠姬泡在一起。

毕竟是年逾花甲的老人了,杨坚在温柔乡里很快就掏空了身子,没出两年,杨坚病倒了。在病重的时候,他无限留恋地说道:"如果皇后还在,我的身子不会这么早就垮掉。"

是的，独孤伽罗爱吃醋也好，偏激也好，对杨坚而言，她始终是一位无法替代的女性，任何美女都无法替代。

仁寿四年（公元 604 年）元月，杨坚宣布，从此时起，所有的朝政全面移交给皇太子杨广。所有的人此时都领会了这个明确的信号——皇帝即将不久于人世。

但，继位的人是谁？从表面上看，无疑会是皇太子杨广，然而，实际上却依旧是一个未知数。至少，在朝中，有一部分人是这样认为的。

事在人为，不到最后关头，谁又能打包票说鹿死谁手？双方都在紧锣密鼓地准备，双方都很清楚，那个决战的日子即将到来。

七月十日，杨坚与群臣举行了临终告别会，杨坚一一握着群臣的手，含泪告别。

三天后，皇帝驾崩。

从表面上看，一切正常。

然而，惊心动魄的风波正发生在最后那一天。

这件很可能改变历史的事件，和很多著名事件一样，染着一丝桃色。桃色的女主角在历史上被称为宣华夫人，实际上这是杨广给父亲嫔妃上的尊号，在杨坚时代，这位女性封号是陈贵人。

她是陈宣帝的第十四个女儿，原来是南陈的宁远公主。隋军灭南陈的时候，她只有十三四岁，正处于花样年华，被俘虏，没入后宫。

如果替她想想，这么年轻的女子，原来也是金枝玉叶，可现在却不得不伺候一个比她年长三十多岁的皇帝，最要命的是老皇帝身边还有一只母老虎，有过阴杀美女的前科。她的处境真可以说是如履薄冰。

但她具备了女性的两大最强武器，使得她能够绝处逢生：美貌和智慧。如果要形容起来，只有四个字：我见犹怜。

我见犹怜的典故出自《世说新语》，东晋时，桓温灭了割据蜀地的李势，见到李势的妹妹很美，就纳为妾。桓温的妻子是东晋的南康长公主，桓温也是个超级妻管严，不敢把李氏带回家，偷偷藏在外室。南康长公主听说了之后，很生气，领着一群侍女拿着菜刀冲过去想要杀了李氏。一进门，看见李氏正在梳头，长发委地，肌肤如玉，果然是位绝色美女。

李氏见到这群人气势汹汹地闯进来，脸上竟没有丝毫的惊恐慌张。她从容上前，哀婉地自述身世，说："我国破家亡，不得已才在这里，如果现在你杀了我，正合我的心意。"

南康长公主听完之后，扔掉手里的刀，一把抱住她说："阿子，我见汝亦怜，何况老奴。"——姑娘，我见了你都怜惜你，何况我们家那个老东西！

美女能征服男人不奇怪，连情敌都能够征服，这才是美女的最高境界。

而当独孤皇后见到这位南陈公主的时候，居然也起了怜惜之意，她也就成了独孤皇后生前允许杨坚宠幸的唯一嫔妃。

七月十三日，杨坚弥留之际，史书上出现了一系列戏剧性的记载。首先是宫人忽然送来一封信。杨坚一见字体，就认出是宰相杨素手书，拆开信来，只草草看了一眼，他已气得头晕目眩，原来这封信竟是在与皇太子杨广讨论他的后事！

"我还没咽气呢，你就迫不及待干这些事情了？"

杨坚的火气直冲脑门，他还没来得及发作，紧接着又发生了一件事情，使得情势急转直下——倍受宠爱的陈贵人忽然披头散发地来到他病榻边哭诉："陛下！太子对我无礼！"

对于杨坚而言，这真是晴天霹雳——亲自选定的继承人竟是这样的衣冠禽兽！"这畜生！"杨坚拍着床榻大怒，"我的天下怎么能交给这样的畜生！来人——去把我儿叫来！"

宫人习惯性地打算去传召皇太子杨广，岂知杨坚却不耐烦地挥手道:"不是那畜生,是……是勇!"又命令正在他身边的柳述和元岩:"你们去拟诏书,废了那畜生,重新立勇为太子!"

柳述和元岩草拟了诏书,又去拿给杨素过目。杨素一见,立刻命人告诉了杨广,于是杨广召亲卫封锁宫门,又派他最亲信的张衡进入寝宫,驱散了里面所有的嫔妃和宫人。

然后……杨坚死了。

也就在当天,杨广派人飞马回到京师大兴,矫诏杀死了废太子杨勇。而在仁寿宫,柳述和元岩遭到逮捕,不久后便被流放岭南。

也许你还记挂着那位陈贵人,她其后的经历就和这一天的经历一样戏剧:她同样也被赶出了老皇帝的寝宫。这时她已经有了不祥的预感,恐惧紧紧包围着她,让她不由自主地颤抖。

而当杨广的使者到来,这种恐惧也达到了极点——使者的手里捧着一个描金盒子,她心里很清楚,现在,杨广已经掌握了局势,他还能放过她吗?她死死盯着使者手里的盒子,却始终不敢伸手接过,仿佛那里面藏着一个恶魔,张口就会将她吞噬。

"贵人,请接旨。"使者不断地催促。

该来的终归要来。

她咬了咬牙,尽力装作从容地打开了盒子。

让她大吃一惊的是,盒子里并没有装着她以为的鸩毒,而是几枚同心结。这个堪比言情小说的戏剧转折让陈贵人愣住了,等她醒悟过来,忽然感到了一阵屈辱,她负气地坐下,不肯接受。可是她身边的宫人们却不干了:"姑奶奶你不想活了,我们还想活呢!"她们推搡着陈贵人,硬是拉着她接下了那些同心结。

当夜,她便为杨广所"烝"。

此后杨广对她十分宠爱,可惜她红颜薄命,大业元年(公元 605 年)便死了,杨广十分伤心,还作了一篇《神伤赋》。

弑父、淫母、杀兄,中国古代道德最不可恕的几大罪状,在这一事件中,被杨广包办了。

疑窦

继位风波的种种,将杨广的个人品行一竿子打到十八层地狱,这果然是一个令人发指的大坏蛋!证明这货一千多年来的恶名绝非空穴来风,那是有确凿证据的。

但是且慢,后世的史学家在爬梳史料的时候,渐渐发现这些记载有很多地方存在着疑点。

有兴趣的话,现在我们也来当一回福尔摩斯。

疑点一,宫人误送的信件。

早在仁寿四年元月二十八日,身体每况愈下的杨坚已经宣布将国家大小事务全部移交给皇太子杨广处理。到七月十三日,已经整整半年的时间老皇帝没有亲自处理朝政了,哪个宫人会错误地将国务总理的信件去交给病重的老皇帝呢?

何况,身为监国的皇太子,杨广此时要见杨素无非一句话的事情,忌讳这么大的事,他为什么偏偏要写信呢?

疑点二,陈贵人的告发。

如果只看陈贵人告发杨广这个细节,一定会认为她与杨广之间就算没有过节,也是关系泛泛,那就错了。实际上杨广早就有心结交她,金银玉饰没少打点,而她也为杨广谋求夺嫡说过好话。

现在,我们已经知道了这两个人其实颇有交情,那么陈贵人为什么又会在关键时刻倒戈一击,差点将杨广带落马呢?这就有点古怪了。

而且,隋唐两个朝代因为还保留着游牧民族的风俗,皇族当中,弟弟娶了嫂子,儿子娶了父亲的姜,这都很常见,武则天作为唐太宗李世民的嫔妃,还成了李治的皇后。陈贵人是位聪明的女子。历来后宫的争斗不亚于官场权谋,单凭美貌是难以从后宫突围的。陈贵人也不例外。从她的处境来看,既然杨广马上就会继承皇位,是逢迎杨广更有利呢,还是在这时候去告他一个恶状更有利呢?

当然她可能在受到了胁迫的情况下,由于一时的冲动说出真相。如果这只是一个孤立事件,这样解释也不是不可以,但应该注意到,其中还有一个疑点,那就是这件事发生的时间。

疑点三,时间的巧合。

如果我们把这一连串事件再从头梳理一遍,就会发现,发生的时间真是巧合得离奇啊。

就在同一天,宫人"误送"了书信之后,紧跟着又发生了陈贵人哭诉受到非礼的事件。杨广被立为太子已经三年多,这三年多时间里面,父子之间没有发生过任何异常。可是偏偏就在这个关键时刻,杨坚连临终诀别都已经举行过的当口,忽然接连发生对太子极为不利的事件。让人不得不发出疑问,这真的只是巧合?

疑点四,皇太子杨广的狐狸尾巴。

从此前杨广的种种表现来看,恐怕我们不得不承认,他的尾巴一直藏得很好。即使我们承认史书上说的,此前他的优异表现都是伪装,那我们也得承认,他实在是个好演员。

杨广在整个夺嫡的过程中,一直表现得非常缜密,非常有耐心,这不是一天两天,一个月两个月,而是十几年。

这么长的时间他都忍过来了,只要再忍一两天就能够实现做皇帝的目标,他已经是名正言顺的皇位继承人了,杨坚连临终告别都举行过了,他会连最后这么一点时间都等不了,而导致功亏一篑吗?

这实在不符合他的作风。

而在所有疑点里,最大的一个疑问,则是杨坚之死。

血溅屏风

弑父、淫母、杀兄,杨广所犯下的这三桩罪,至少后两件,在正史上白纸黑字记载得清清楚楚,言之凿凿。然而性质最为严重的第一件,正史却没有明说。

是的,正史只说,杨坚想要废杨广,重立杨勇,关键时刻杨广派人封锁了宫门,无人在场的情况下,张衡进入寝宫,然后……杨坚死了。

张衡进入寝宫之后究竟做了什么?正史却没有说,一个字都没提。

多么微妙的留白啊!

或许有人会说,这还需要挑明吗?暗示得一清二楚啊。确实如此。但是我们要知道,暗示和明说,只有一层窗户纸,但这层窗户纸有还是没有,很多时候确实有着本质差别。

正史没明说,野史就不必客气了。马总在《通历》当中写道:"乃屏左右,令张衡入拉帝,血溅屏风,冤痛之声闻于外,崩。"——杨广屏退了左右,命令张衡进到寝殿里面,随后寝宫里就传出冤痛的哀号,鲜血溅上了屏风。

一出人间惨剧。

你一定会因这样的景象寒毛倒竖。但是,等静下心来仔细想一想,心里一定也会生出疑问:面对一位病入膏肓的老人,他已手无缚鸡之力,根本做不出任何反抗,杀害他,需要弄得血溅屏风吗?

这还只是细节,疑问的关键是此案的直接凶手——张衡。

关于张衡其人,《隋书》其实褒远多于贬。《隋书》说"衡幼怀志尚,有骨鲠之风"。——张衡是一个从小就很有志向,也很正直的人。

当年张衡在北周为官,周武帝在为太后守丧期间,和手下一块儿去打猎,这是违反礼制的。张衡"露发舆榇"——用马车拉着一具棺材跟在自己身后,意思就是抱着必死的心,棺材都替自己准备好了。他拉住周武帝的马,苦苦劝谏。周武帝很感动,不但没有责怪他,还赏赐了他。

这个例子虽然小,但很说明问题:张衡的耿直段位很高,真敢拿命上去玩,绝对不是说说的。

等杨坚当了皇帝之后,把他派到并州,辅助当时还年少的晋王杨广。后来他就一直跟着杨广,而且成了杨广的心腹,为杨广出谋划策,整个夺嫡过程当中,他是出力最大的一个人。从他的性情来说,很可能他是真心地认为杨广是一个值得辅佐的人。

但后来他发现,他被杨广忽悠了,所以,他的结局很惨。

杨广继位之初非常宠信他,在大业三年出巡塞北回来的路上,还特意拐到他家里去做客,住了三天。当皇帝的住到臣子家里,当然是不得了的荣耀。

但是好景不长。大业四年(公元 608 年),杨广再次出巡塞北,下令扩建汾阳宫。张衡觉得这样不好,就劝杨广:"现在劳役太重了,请陛下体恤百姓劳苦,别老左一个行宫右一个行宫地造了。"

张衡的本性没有变,他还是一直保持着当初的耿直。

但皇帝杨广已经不是当初的晋王杨广了。

此时的杨广刚愎自用,已经上升到了高段,最厌烦的就是有人跟他唱对台戏。他随即以一种跳跃性的思维理解张衡的话,认为张衡这是仗着自己当年功劳大,所以事事指手画脚。当然,杨广心中确实存在着这样一种芥蒂。

当年你有功劳不假,可是此一时彼一时,现在你还认不清形势,你以为你是谁啊?

这么个人,杨广当然不愿意看见他老在眼前晃悠。皇帝要找借口总是容易的,不久,他就鸡蛋里挑骨头把张衡打发去做地方官了。

过了一阵子,杨广心血来潮,又念起旧情,召回张衡来。一看,张衡还是胖乎乎的。杨广又一次发挥了跳跃性的思维:心宽体胖,你明显不忧不急不知悔改嘛,那就还回去吧!于是又打发他回去了。

张衡确实也是比较骄横,再加上说话耿直,得罪过太多人,所以,落井下石的大有人在。大业五年(公元 609 年),有人告他的状,当时的礼部尚书杨玄感去调查这件事情,张衡见了杨玄感,一句别的话都没有,上来就说:"唉,薛道衡死得真冤。"薛道衡这年刚刚因为同情高颎的言论,被杨广杀了。张衡这句话又给自己招来了杀身之祸。只不过,死刑令下,杨广却又犹豫良久,最后还是放过了他。但,躲过初一没躲过十五,到了大业八年(公元 612 年),又发生类似的告发,这回却碰上杨广征辽大败,心情极差,便以诽谤朝政的罪名处死了张衡。

临死的那一天,张衡望着白绫,忽然觉得啼笑皆非。他仰天长叹:"我为人作何物事,而望久活!"——当年我为人做了什么好事,竟然希望活得长久?

吓得监刑官连忙塞上自己的耳朵,连声催促:"快快,快把他杀了!"生怕自己多听见一句不该听见的话。

注意这句话,"我为人作何物事,而望久活!"后来也经常作为张衡是血溅屏风案凶手的证据。

但是我们应该注意到两件事,第一,史书记载张衡的为人正直,直到最后也是如此,很敢说话。他像是弑君的凶手吗?

第二,唐初君臣对张衡的态度。在《隋书》里,史官不但把张衡和一群正直的贤臣放在同一卷里面,而不是放在佞臣传里,要知道,谋杀君王这可是古人眼里的第一大罪恶,乱臣贼子,这个立场绝对不能错的。比如《隋书》虽然先把杨广骂了个狗血淋头,但对于后来杀害杨广的宇文化及、宇文智及、司马德戡等人,也一样骂了个狗血淋头,认为就算遇上个烂皇帝,弑君依然"天地所不容,人神所同愤"。

甚至,因为张衡的枉死,唐初追谥他"忠"。"忠"这个谥号在古代是评价最高的谥号之一。如果张衡真的是血溅屏风案的嫌疑犯,那么唐王朝又怎么可能追谥他这么一个谥号？

所以，正史的留白是有原因的。

包括司马光在《资治通鉴》中也只是说，当时有这样的流言蜚语，可是并不靠谱。

既然张衡这个直接凶手不存在，那么，杨广所犯下的弑父这条罪名其实同样也是靠不住的。

可是，杀兄是确凿无疑的。

就在杨坚去世的当天，杨广派人火速赶回京师大兴，杀死了前太子杨勇。

如果认为杨广一直都是一个很残忍的人，杀自己兄弟就像切白菜，那就错了。杨广需要的就是自己皇位的安全，只要皇位安全了，伪装也好，真心也好，他还是会表现宽容的。

比如说，杨广就没有杀死自己的幼弟杨谅。尽管杨谅在杨广刚一继位的时候就率二十万大军起兵谋反，但是在平定了叛乱之后，所有朝臣都认为应该处死杨谅，杨广却没有杀他。因为杨谅是个无能之辈，被父母宠坏的绣花枕头。既然已经没有实质性的威胁，他就表现出了宽容。

所以，杨勇肯定让杨广感觉到了巨大的威胁，才会那样迫不及待地杀死他。

那么，当日究竟发生了什么事？

可能发生过的事……

柳述步入皇帝的寝宫，因为正值盛夏，外面烈日当空，寝宫的窗门都悬了层层竹帘，屋里极是幽暗。过了好一会儿，眼睛才渐渐地适应过来。

寝宫的空气里飘浮着浓浓的药味，三四个内侍守在床边，一个抱着皇帝的身子，一个扶着他的头，另一个端着药碗往他嘴里送。皇帝合拢双目,牙关咬得很紧,药汁一大半都顺着嘴角淌了下来。

这样的情形看在柳述的眼里,心头仿佛坠着一块巨石。任何明眼人都看得出来,皇帝将不久于人世。

时间不多了。

"废长立幼,只怕国家从此多事!"

四年前高颎说的这句话,连同他当时满脸的忧虑神情,柳述全都记得清清楚楚。因为皇帝的排拒,高颎的处境已经相当艰难,但他仍不吝于说出这样忌惮颇深的话来。在柳述看来,老成谋国的高颎,和杨素那些人的不同便在于此,于国有利的事情,即使己不利,他也仍会尽力而为。

这才是宰相气度。也因此,和大多数平步青云的世家子弟一样,柳述也不免有自视过高的毛病,却从心底里信服高颎。

"太子心地仁厚,虽有小过而无大错,陛下无端有废立之意,恐怕不能够服众。晋王才华过人,雷厉风行,有陛下之风,但'治大国,若烹小鲜',晋王之行事有如利刃出鞘,只怕将来……"高颎未尽的话淹没在一声长叹当中。

柳述很清楚当时他没有说完的话是什么,对于废立太子一事,他更有比高颎更深一步的看法:当年的晋王,也就是眼下的皇太子杨广心机深沉,手段狠辣,远非他表面上那样忠恕仁爱。

但是,皇帝听不进这些话。这几年中,柳述费尽心力,能够将杨素渐渐排挤开,但始终无法动摇皇太子的地位。可以想见,一旦皇帝龙驭上宾,皇太子登基之后,必由私心极重的杨素等人掌权,国家将来会如何? 实在难以设想。

不到最后一刻,不能认输,非得想出法子来。

尽管寝宫里十分阴凉,柳述的手心仍然握着满把的汗。阿五! 他在心里叫着妻子兰陵公主的乳名,阿五,你一定要说服她,成败在此一举!

　　她，指的是皇帝的宠姬陈贵人。当初，独孤皇后在世，因兰陵公主从中斡旋，陈贵人才得相安无事，因为这层关系，加上年龄相仿，陈贵人与兰陵公主结下了极深的交情。现在，兰陵公主必须说服陈贵人，有她的帮助，他们的计划才能够成功。

　　有如得到了感应，门口的竹帘轻微地一响，有宫女传报："陈贵人来了。"柳述退出寝宫，从眼角余光中，他已经望见那道纤长袅娜的身影款款而来。他的心不禁一松，随即又提得更高。

　　他的心里有如烈油烹燃，然而此刻，他只能等待。

　　尽管紧张，但更多的是兴奋。因为柳述确信，陈贵人的出现正是一切事情都如他所期望的征兆。柳述心中，已经在想象着这样一件天翻地覆的大事能够成功，自己必定能成为名垂青史的人物。

　　果然，并没有过去多久，宦官从寝宫前来传召。柳述与早已等候多时的黄门侍郎元岩一起进入寝宫。

　　皇帝躺在床榻上，依旧紧闭着双目，看不出他刚才是否曾经醒来过。陈贵人站在榻边，她的脸上残留着未干的泪痕。

　　"……陛下刚才很生气，他说：'独孤误我！'又说：'传我儿来！'"

　　"哦？"柳述强作镇定，追问："是传皇太子吗？"

　　"不，是传房陵王勇。"

　　"陛下还说了什么？"

　　陈贵人略为犹豫了一下，情知这是她最后的抽身机会。但是在柳述和元岩期望的目光中，她还是这样回答："陛下命两位草拟诏书，重立房陵王勇为皇太子。"

　　柳述心头的石头猛地一松。当然事情还未完全成功，否则他在此刻便想要传唤美酒，痛饮一番。

　　由寝宫退出，元岩飞快地将早已草拟好的诏书誊录清楚，而柳述还有更为重要的事情要办——夺取仁寿宫的亲卫的兵权，控制宫禁出入。

在兵部尚书的位置上,谋划这件事并不太难。柳述已经考虑安排了多日,确信可以做到万无一失。然而,当他到达宫门的时候,见到的却不是他早已安排好的亲信校尉,而是仆射杨素。

"柳尚书,行色匆匆,所为何事啊?"

与杨素从容的笑容正相反,柳述神色大变,只觉得耳边"嗡"的一声,随即明白,在这位素有"用兵如神"之誉的越国公面前,自己终究还是棋差一着。

啊,又一段三流小说情节,完全出于想象,请不要与史实混淆。

但是,如果梳理一下在仁寿四年七月十三日这天,前后发生的事情:宫人"错送"了一封很有忌讳的书信,陈贵人告发太子无礼,杨坚大怒,下令改立太子,和杨勇关系亲密的柳述和元岩草拟诏书,杨广得知消息后封锁了宫门,派人矫诏杀死大哥杨勇。这一连串事件,似乎都在指向一场由杨勇的同情者发起的最后翻盘。尽管这只是猜测,不过看起来似乎更为合理。

可惜,没有成功。

此时杨广的羽翼已经丰满,尤其是和杨素的结盟,使得他能够在最短的时间内掌握形势,安然渡过了这场继位风波。

杨勇被杀,柳述和元岩被流放岭南。柳述的妻子,杨广的妹妹兰陵公主,坚持要跟丈夫一起去岭南,杨广坚决不肯答应,还逼着她离婚,兰陵公主回去之后,伤心而死。

一切尘埃落定。

仁寿四年七月二十一日,杨坚过世八天之后,杨广即皇帝位。

那时他正雄心万丈,不会想到十四年后,他将身败名裂、死于非命。

后世无论怎样评价他也好,这位被谥为"炀"的皇帝,以他不可思议的个性和不可思议的能量,在中国历史上狠狠地踩下了一个脚印。

第四章

大业之初

说到杨广，由于一代又一代野史小说作者们的努力，他的形象集中到了几个关键词上：奢侈、享乐、荒淫好色。

但是如果，暂时将这些关键词忘记，以一种没有先入为主的态度，从史书中厘清他所做的事情，会发现，他的所作所为，尤其是在大业最初七八年，其实都有着清晰的脉络。

连那些最受指责的事情也是。

换句话说，杨广做事是有计划的。

他知道自己在做什么。

隋朝有多富?

说杨广是古往今来头号败家子，还真是不夸张。他老爸杨坚留给他的家底之厚，绝对在中国历史上数得着。历朝哪个皇帝继承了哪怕一半的家产，就可算是接过了一个太平盛世，是做梦都要笑醒的好运气。

　　唐初君臣估计，仁寿末年，隋之府库积累，"得供五六十年"。换句话说，杨坚交给杨广的家底，就是铆足了劲花，也要花个五六十年才能败光。

　　五六十年是个什么概念？古人所谓"三年耕，有一年之食"，三个丰收年，能攒出大约一年的库存来，当然没那么绝对，但得供五六十年意味着相当于上百年的积蓄大致不差。即便史书的记载有一定的夸大，但隋的富有依然让人咋舌。

　　因此，清人王夫之说："隋之富，汉唐之盛，未之逮也。"

　　另一个事实可以说明隋朝国库的充实。杨广是史上最能花钱的一个皇帝，造洛阳、挖运河、修长城，四处巡行、东征西讨，照一般想当然地估算，十几年下来，也该耗得差不多了吧？——才没。隋末大乱，李密占领洛阳洛口仓（隋唐第一大粮仓），当时还是库存巨亿。

　　贞观十一年（公元637年），侍御史马周上疏："隋家贮洛口仓，而李密因之；东京积布帛，王世充据之；西京府库亦为国家之用，至今未尽。"——到贞观十一年，隋国库的老本居然还没空！也就是说，经过隋末大乱，抢的抢，散的散，国库还撑了初唐的一二十年。如此反推，在隋末时，国库中自然是盆满钵满。

　　这还不是最诡异的事情，让后世经济史学家困惑不已的一个问题是，杨坚、杨广两父子，到底是怎么敛财的？

　　隋王朝从建立到灭亡总共不过短短三十七年，而在隋之前，南北朝分裂时期，战乱不断，哪里又能有那么长休养生息的时间呢？哪有如此大规模积累财富的间隙呢？更何况，连续百余年的丰收年本身也不可能。

　　可是，"隋氏西京太仓，东京含嘉仓、洛口仓，华州永丰仓，陕州太原仓，储米粟多者千万石，少者不减数百万石。天下义仓，又皆充满。京都及并州库布帛各数千万。而赐赉勋庸，并出丰富，亦魏晋以降之未有"。又清清楚楚地记载在史书当中。

虽然横征暴敛四个字谁都会说，然而真要在史书上找如何横征暴敛的确实证据，却又很难找到。恰恰相反，据明文记载，有隋一朝的赋税并不高，至少文帝时代是如此。隋文帝取消了很多种税，包括盐铁税、茶酒税、入市税、矿税等，这些之前之后的国家财政主要来源，当时全都是免税的。在这么大规模的免税政策之下，硬要说国富民穷，也是没什么依据的。且开皇九年（公元589年）之前，隋文帝刚刚拿下北周江山，又需要筹备平陈，当时隋帝国的经济状况还很一般，之后到仁寿末年，真正休养生息，不过十五六年时间，这期间单单江南就有十年的免税期。他到底是怎么攒出"得供五六十年"的家当？

隋炀帝时代同样令人迷惑。杨广上台后再度调低赋税，缩小了纳税人的年龄范围，且免赋税再没比杨广更大方的了，从大业元年（公元605年）起连续五六次大范围"给复"：大业元年扬州免税五年，江南免税三年；二年全国免税；三年关内免税三年……出巡途经的郡县一般也有一年到两年的免赋税，对比同样富得冒油的乾隆皇帝，下江南途经一般也只免当年三成赋税。如此减赋再加上杨广登峰造极、空前绝后的花钱本事，怎么花不光呢？难不成这爷俩手里有聚宝盆？

史载大业后期"征税百端"，李密的檄文中甚至有"逆折十年之租"的说法，然而就算杨广很会刮地皮吧，大业末年，中央政府的政令已经无法下达，连开仓赈灾都已经做不到，又怎么收税？税收不上来，国库的储备又是哪里来的？可见，还是没花完的可能性更大。

这还不算完，隋朝还留下一组更惊人的数据：大业五年（公元609年），全国人口890万户（一般每户5口人计算，大约是4500万人口），垦田数多少呢？5500万顷！换句话说，平均每人耕地面积大约是120亩。作为对照，给出唐宋两个王朝鼎盛时期的数据：唐天宝十四年（公元755年），已垦田地1430万顷，人口891万户；宋天禧五年（公元1021

年),已垦田地 524 万顷,人口 867 万户。即便刨掉度量衡的差距,隋朝的数据仍然大到不可思议。有没有搞错?! 当然,肯定错了。

可是麻烦就在这里,隋朝的一手史料少到可怜,因为没有别的可靠数据可以提供,所以只好就这么迷迷糊糊地提到了现在。

而现今找到的各种因素,例如统一带来的经济发展、均田制的实行、赋税及户籍制度的完善、大运河工程的完成等,实际上都不能完美解释这一现象。

总而言之、言而总之,我们现在只能说,隋朝巨富,可能是史上第一富。但,到底富到什么地步,到底是怎么富起来的,却是千古一大疑团。

败家历程

按照笔者一家之言,基本上可以把杨广的败家之路分成三个阶段:

第一阶段,仁寿四年七月到大业六年;

第二阶段,大业七年到大业十一年;

第三阶段,大业十二年到大业十四年。

第一阶段是辉煌岁月,来看看这六年里他都干了什么:造东都洛阳、开凿大运河;两次南巡、一巡塞北、一巡长城、一巡河西;改革了官制、法典、兵制;确立了科举制度,重新厘定了礼制,等等。概括地说,除了征高句丽之外,几乎所有重大的事情都在这六年里做完了,风平浪静地做完了,什么大事儿也没出。而且这阶段上苍似乎也在眷顾他,这六年里居然连规模大点儿的自然灾害都极少。

第二阶段,在前六年的一帆风顺、无限风光陶醉之下,信心爆棚的杨广发起了一场整个中国历史上规模最大的出征,并且因为失败而歇斯底里地又进行了两次。风光迅速转化为风波,然后是惊涛骇浪。大业十一年,由于东突厥坐大,杨广第二次巡塞北,这是他为国事做出的最后一次努力。这次北巡中发生了著名的雁门关被围事件,失败的结果可能造成了杨广的精神崩溃。

第三阶段,杨广开始破罐破摔的日子,此后他的所作所为不"辜负"后世对他的任何批评。

华夏一统

如前文所说,杨广的所作所为规模大、范围广,贯穿着一条主线。

首先,直观地从地图上看,杨广重点经营的三个点:洛阳、大兴、扬州,也许,还应该加上运河的北终点涿郡(今日的北京),正好是以洛阳为中心。连线洛阳和扬州,这是运河南段;连线洛阳和涿郡,这是运河北段;连线洛阳和大兴,由黄河和驰道维系;另外由洛阳向西北,有网状的驰道。那时候的中国,大小大概是现在的中国北到长城、西到青海、东和南都跟现在相近。洛阳正是国土的中心,另外三个点分别是西北、东南、东北——地理位置非常漂亮、均衡的四个点,看起来刚好可以钳控全国。

杨广的眼光,显然在全国。

从他所做的事情来看,似乎也确实如此。

杨广勾勒了一幅大一统帝国的蓝图,并且真的以遍地开花的方式去经营,对历史而言,这是很难说幸或者不幸的一件事。在经历近三百年的分裂之后,刚刚统一起来的第十五个年头,就遇到了一位具有深厚大一统思想的帝王。并且他具有超乎常人的手段,使得他能够发挥超常的能量,以一种近乎一厢情愿的方式,去建设他的帝国。

在评论杨广的兵制改革时,今人毛汉光先生说:"炀帝显然以全国作为考虑,并非单纯以关中为本位","以全中国为建置中央军之考虑,在逻辑上是对的,这样作法如果成功,可将全国整合、建立成一个强大又军力分配合理的帝国。但是,如果失败,将全面崩溃,连一个根据地也没有"。

这就是问题之所在,因此,虽然逻辑正确,却是近乎一厢情愿。

杨广的个性,诚如黄仁宇先生所说的,"在一大团歪曲的历史记载和传奇性道听途说之下,今人即想窥测此人的真实性格,至多也只能瞥见其一二"。但,蛛丝马迹里,总不免让人觉得,他多少带着点"理想主义者"的味道。

由杨广的行事,可以看出他对事情有着精到的见解,做事之前也有明确的目标和相当完善的计划,但他的个性中却缺乏他父亲杨坚那种政治家的圆滑和弹性,一旦事情偏出了他原先的预期,他便显示出缺乏及时妥协、修正、补救的能力。必须得说,在皇帝这个职位上,缺乏这种能力是致命的。后面我们会从一件又一件的事情中看到这点。

曾看到一种观点认为杨广所作所为"超越时代",但笔者不认同。杨广行事有个很大特点,那就是掰开来一件一件看,几乎全都逻辑正确。换句话说,撇开动机论的评价不谈(就是认为他异想天开了一下,就去做什么什么了,譬如因为想去江南旅游,就挖了条两千公里的运河),如果从时代背景出发,总是能找到充分的理由,所以他的思路从未脱离过他的时代。而且他做的每件大事,几乎都有先例,并被证明合理,只不过他总是把先人小心翼翼开头的事情,用一种夸张的方式去完成。

当隋文帝杨坚在位期间,他是立足于关陇集团,然后小心地处理和均衡各方利益。换句话说,西北老乡亲们的利益还是得到了相当的保障,比如,相当多数权力核心的官员出身于关陇集团,或者是前北周的官僚。漏下的汤汤水水呢,又先照顾同为北人的前北齐贵族集团,最后才是江南士人。

而到了杨广接手,一方面他跟江南的渊源颇深,另一方面,可能更重要的是,他有着对帝国的美好设想,认为隋帝国应该更为"均衡"一些,更公平地对待各个区域。

是的,杨广所采取的一系列举措,包括东都洛阳工程、大运河工程、内政官制改革、兵制改革……贯穿的主线便是将原先偏重关中的大一统帝国,改造得更为均衡。

想法固然并非没有道理,但是这势必造成利益集团间的冲突,一个处理不当,便全盘落空——很显然,杨广缺乏他父亲在不动声色中小心逐步推进的高超手段。他本来的如意算盘是使得帝国更为统合,但结局却反倒弄成了一盘散沙。这就是理想与现实的差距。

而同时,杨广又确实具有某种天才级的才能,使得他在继位初期能够部分地实施他的计划。什么才能呢?——揽权。

用术语说,叫作"中央集权"。

他从上台起,就开始做一系列的行政改革,说来话长,归纳起来说,就是完成了从上而下的层层削权,将之收归中央。本来杨坚时代的中央集权已经是一流水准,到了杨广手里将之推高到超一流水平,尤其是在削弱地方权力这方面,做得登峰造极。

中央集权的最直观好处,是有效防止分裂。在杨广之前,这种先例,当然就是秦始皇了。所以也许隋、秦的相似还真不是完全偶然,尤其是在短暂的统一之后统治即告瓦解,却不会造成再次分裂。

但是,这同时也使得政治体制缺乏必要的弹性。

用个比较简单化的比喻来说明一下:地方就好比很多个大大小小的铃铛,每个上串根绳子,绳子另一头就握在一只叫"中央"的手中。手拉一拉,动作通过绳子传达,铃铛便响几下。由于绳子是柔性的,所以在传达的过程中存在缓冲,手的动作必须大一点,铃铛才会响起来,而且本来希望响两下,也许只响了一下。但是反过来说,铃铛那头如果被人扯了两下,也必须比较重,才能传回中央,如果轻点的动作,可能就被绳子自动缓冲,连反应也没有。

杨广的高度集权,就好比把绳子都给刚性化,换成了一堆铁杆。优点显而易见,当正常时期,这可以最大限度地发挥政府效率,几乎是手多大动作,末端铃铛那儿就多大动作。换句话说,容易做到皇帝一句话,全国总动员,那就是杨广时代常出现的情况。反过来缺点也显而易见,末端一旦发生反弹,由于中间没有缓冲,那么就会结结实实地打回中央去,尤其如果多个末端同时发生这种事情,结局可想而知。

就更别提在这些行政改革过程中,动了多少人的"奶酪"。

实际上,单从这一点也能窥见杨广的个性一二。历史上,能够实现这种高度集权的都是个性极其强悍的人,例如秦始皇、朱元璋……这种人不仅有超乎正常人的权力欲,也得有超乎正常人的强硬手腕,这权力的集中不是想集中就能集中的,如果没有极其强悍的手段,是没有办法把权力抓过来的。不仅如此,这种人还得有超乎正常人的工作狂特性,没办法,不把权力分出去,就必须大事小事一把抓,不忙到脚底朝天才怪。但是对于这类人物而言,宁可自己累个人仰马翻,也绝不肯把权力漏出去一星半点。

这种描述,跟一般人印象中的杨广可能大相径庭,不过很快我们就会见识杨广在皇帝这个职位上是如何疯狂地折腾……单从他折腾的事情数量和规模上,就可以看出来,他确实是个不折不扣的工作狂。

强硬的作风,再加上刚愎自用的个性,使得杨广无法接收到正确的反馈,更可能他接收到了,但他不予理会。总之,杨广就像一头蒙着眼睛的马,身上又没有约束,便一直往前,虽然他具备一流的方向感,可以做出一系列逻辑正确的决策,但他无法及时发现危机,等他发现的时候……已经掉到悬崖下面了。

与越公书

回到杨广继位之初。

仁寿四年七月,杨广继位。

八月,汉王杨谅反。

汉王杨谅,排行老五,杨广最小的弟弟。最小偏怜,杨坚夫妇宝贝得不得了。杨谅出藩,杨坚一直送一直送,真恨不得送到藩地。而且一口气就划给他五十二个州(当时全国共三百零二个州),整个西北都是他的地盘,这还不算,还特许他可以不拘律令。也就是说,汉王谅的藩地,简直成了一方不受朝廷控制的小集团。

每次看到这里都觉得纳闷,杨坚那么精明的一个政客,也会被父子之情搞昏头?他是真的相信他们家老五是乖乖的小绵羊,还是相信他们家老二是个食草的温柔小白兔?他这么做,不是存心害他儿子吗?且一害害两个。

以杨广的个性,可以想象,就算杨谅真是个乖乖小绵羊,也得整得他没有了一点还手之力为止。杨谅这边呢,早就开始招兵买马,杨坚刚一闭眼,他就迫不及待地起兵。

杨谅的实力其实不弱,五十二个州中有十九个跟着他反了,手下大约有三四十万人马。杨广刚刚接手政权,脚跟还没站稳,实际上也确实是很好的时机。

无奈,杨谅的为人,如前所述,是被宠坏了的孩子,任性又缺乏才能。而杨广手里却有一颗强悍无匹的棋子——杨素。

杨素率十万人马出征,去平定杨谅之乱,真跟切白菜一样,区区两个月就收拾完了。

杨广大喜过望,当下写了一份手诏,史书全文记载,题为"与越公书"。据考,是现存隋炀帝的第一份诏书。

这份手诏的内容,主要是把杨素夸成了一朵花。这里要肯定一下,杨广的文学素养的确不差,这篇《与越公书》文字铿锵、激情澎湃、一气呵成,还是很有水准的。

附《与越公书》全文:

我有隋之御天下也,于今二十有四年,虽复外夷侵叛,而内难不作,修文偃武,四海晏然。朕以不天,衔恤在疚,号天叩地,无所逮及。朕本以藩王,谬膺储两,复以庸虚,纂承鸿业。天下者,先皇之天下也,所以战战兢兢,弗敢失坠,况复神器之重,生民之大哉!

贼谅包藏祸心,自幼而长,羊质兽心,假托名誉,不奉国讳,先图叛逆,违君父之命,成莫大之罪。诳惑良善,委任奸回,称兵内侮,毒流百姓。私假署置,擅相谋戮,小加大,少凌长,民怨神怒,众叛亲离,为恶不同,同归于乱。朕寡兄弟,犹未忍及言,是故开关门而待寇,载干戈而不发。朕闻之,天生蒸民,为之置君,仰惟先旨,每以子民为念,朕岂得枕伏苫庐,颠而不救也!大义灭亲,春秋高义,周旦以诛二叔,汉启乃戮七藩,义在兹乎?事不获已,是以授公戎律,问罪太原。且逆子贼臣,何代不有,岂意今者,近出家国。所叹荼毒甫尔,便及此事。由朕不能和兄弟,不能安苍生,德泽未弘,兵戈先动,贼乱者止一人,涂炭者乃众庶。非唯寅畏天威,亦乃孤负付嘱,薄德厚耻,愧乎天下。

公乃先朝功臣,勋庸克茂。至如皇基草创,百物惟始,便四马归朝,诚识兼至。汴部、郑州,风卷秋箨,荆南、塞北,若火燎原,早建殊勋,凤著诚节。及献替朝端,具瞻惟允,爰弼朕躬,以济时难。昔周勃、霍光,何以加也!贼乃窃据蒲州,关梁断绝,公以少击众,指期平殄。高壁据崄,抗拒官军,公以深谋,出其不意,雾廓云除,冰消瓦解,长驱北迈,直趋巢窟。晋阳之南,蚁徒数万,谅不量力,犹欲举斧。公以棱威外讨,发愤于内,忘身殉义,亲当矢石。兵刃暂交,鱼溃鸟散,僵尸蔽野,积甲若山。谅遂守穷城,以拒铁钺。公董率骁勇,四面攻围,使其欲战不敢,求走无路,智力俱尽,面缚军门。斩将搴旗,伐叛柔服,元恶既除,东夏清晏,嘉庸茂绩,于是乎在。昔武安平赵,淮阴定齐,岂若公远而不劳,速而克捷者也。朕殷忧谅暗,不得亲御六军,未能问道于上庠,遂使劬劳于行阵。言念于此,无忘寝食。公乃建累世之元勋,执一心之确志。古人有言曰:"疾风知劲草,世乱有诚臣。"公得之矣。乃铭之常鼎,岂止书勋竹帛哉! 功绩克谐,哽叹无已。稍冷,公如宜。军旅务殷,殊当劳虑,故遣公弟,指宣往怀。迷塞不次。

杨素其人

杨素年轻时,周武帝很赏识他,说:"年轻人,好好干,不愁将来没有富贵嘛。"

杨素应声回答了一句很著名的话:"臣但恐富贵来逼臣,臣无心图富贵。"——我本无心求富贵,奈何富贵逼人来。这句话不知怎么后来被盖到杨广头上去了,其实正史明白写着是杨素说的。

好大的气派。

连被罢官也罢得有趣。开皇四年(公元 584 年),杨素任御史大夫,有回和他的夫人郑氏吵架,杨素怒道:"要是我当了皇帝,就不让你当皇后!"郑氏也是有个性的女人,居然跑去告诉了皇帝,于是杨素被罢官。

这件事告诉我们一个道理:两口子吵架也不能乱说话。

杨素是文武全才。

文,落笔成章,词义兼美。他晚年写七百字的五言诗赠给老朋友薛道衡,更是词气宏拔,风韵秀上,被传为一时盛作。

武,战无不胜,称为名将。他治军严酷,临阵先找点小过错杀个百十来兵士热热身,然后命一两百人一组的敢死队往上冲,凡是后退的全杀,如此一来,将士们上阵都抱着必死之心。俗话说得好,凶的怕恶的,恶的怕不要命的。于是他的军队格外勇猛。临阵严酷,战后行赏却大有便宜可占,杨素功高位重,论功行赏还不是他说了算? 他的手下立个小功也有重赏,别人的手下可就不一定了,说不定大功也给抹了不算。所以,再怎么严酷,仍然有的是人愿意跟着他。

有隋一朝,杨素的军功无人可比。

在北周,他就跟着周武帝平齐,以军功起家。杨坚篡周,任命杨素为汴州刺史,半道遇上宇文胄起兵,挡了他的去路,杨素当时是去上任,手里没兵,杨坚一看正好,便封他个大将军,他便借了河内的军队顺手把宇文胄给端了。平陈更不得了,杨素以一个土生土长的北方人,领着舰队去跟南陈拼水战,把南陈水军给打了个落花流水,杨素的水战胜利可以说是彻底击溃了南陈最为依赖的力量。之后,江南大乱,又是杨素二下江南摆平。突厥进犯,几度退突厥。

尤其仁寿初年对突厥一战很经典。当时突厥已经给打得逃走了,杨素决定彻底端了他们,便率骑兵去追。追上了又怕惊动他们再逃走,于是悄悄地跟在后面,左右都布上抓来的突厥俘虏,看着就跟一队突厥人似的。那帮逃得岔气的突厥人也没觉察。等到他们终于安营扎寨打算喘口气的当口,杨素率人猛冲上去一通狂砍,措手不及的突厥人当然大败。经过这一战,突厥人能跑多远跑多远,很多年不敢再犯隋帝国边境。

《隋书》上说他骄横,其实他也很能容人。比如酷吏崔弘度早年和他平起平坐,后来杨素飞黄腾达,崔弘度品级低于他,心里愤愤不平,人前背后都有很多怨愤的话,而杨素也不介意。

杨素有知人之明,会看人。他推崇的都是真正的能人,比如高颎、牛弘、薛道衡,比如当时还是晋王的杨广。

杨素还是个大帅哥。

当年平陈的时候,他坐在旗舰上,相貌威武,南陈人见了惊叹,哇,这不就是江神吗?

最有意思的是,杨素因他的倜傥,给野史和小说作者们极大的发挥余地,留下了许多故事。

比如说,《隋书》上记载,平陈之后,杨坚给他的赏赐中,有"陈主妹及女妓十四人"。这位其实也没提到是谁的陈朝公主,后来被唐人孟棨写进《本事诗》,说是南陈乐昌公主和驸马徐德言当年分别的时候以铜镜为信物,一人一半。乐昌公主到北朝之后,被赐给杨素为妾。几年之后徐德言揣着半面铜镜找来,乐昌公主在杨素面前写诗言明对前夫的心迹,杨素一大方,就放这两人离去了。这就是"破镜重圆"的故事。

杨素的大方还不止这一回,在《隋唐嘉话》里还有一段,说当时的中央办公厅厅长李德林的儿子李百药是个小帅哥,和杨素的宠妾眉来眼去,有回私会的时候被杨素逮个正着。杨素本想杀他,但是看他也算一表人才,又怜惜他,就说:"听说你小子文章写得不错,写篇给我看看,写得好就不杀你。"李百药一挥而就,杨素一看写得果然不错,又大方了一回,连人带宠姬全放了,还送了他数十万钱当礼物。

其实这段故事中的杨素更符合他本人的正史形象,那是相当高明啊。他这"本想杀"就有问题。李百药那也是一高干子弟,杨素肯定不便因此杀他,只不过头顶绿油油的,也得有个台阶下,于是就此来了个顺水推舟,放了人还成全了自己的美名,一桩糗事瞬时成了嘉话。

不过呢,各位看出来了没有? 这《本事诗》的"破镜重圆"和这段故事如出一辙,很让人疑心是有什么传承关系,只是"破镜重圆"的重点转向了乐昌公主和徐德言,故事也更精致多了。

后来又发展出另一个更精致的故事,那就是大名鼎鼎的《虬髯客传》。真是好文。只不过这里面的杨素彻底成了配角。看了《隋唐嘉话》再看《本事诗》,又看《虬髯客传》,就能看出同一个构思是如何在一次又一次的发挥中演变得越来越精彩。

最后交代几句杨素的下场。

帮助杨广夺嫡,又在第一时间帮他稳固了帝位,杨素在大业初年荣耀也到达了顶点,当上了尚书令。这个职位是隋唐时代的国家最高行政长官,因为地位太高,所以绝大多数时候都空着。

但是,功高震主,杨广对他的忌惮也同时到达了极点。

杨素自己也十分清楚这点。因此,大业二年(公元 606 年)他一病不起时,甚至拒绝就医,因为他知道,此时唯有死亡才能解除皇帝的疑虑和家族的灾难。

据说,杨广在他死后曾说:"还好杨素死得快,他不死,早晚我会诛了他九族。"

结果杨素死了,也没能令九族幸免,数年后,其子杨玄感在杨广背运之后,第一个冲上去,结果令全族都当了炮灰。这是后话,暂且不提。

总之,在大业二年杨素去世,紧接着大业三年高颎被杀,盛极一时的杨隋王朝最初的两大栋梁相继倒下。

杨广去掉了最大的心病,此后他可以彻底为所欲为。

隋帝国的政治进入了一个空前的独裁状态,非但是隋王朝本身,也是整个中国历史上少有的高度集权时期。

仁寿四年(公元 604 年)十月,内乱既平,雄心勃勃的新皇杨广,便按照他的设想,开始大肆建设他的帝国。

第五章

大运河

在继位之初，无伤大局的小规模混乱过去之后，杨广开始有条不紊地建设大隋帝国。

后来的事实表明，这"建设"二字从内政到外交，涵盖了令人吃惊的范畴。

这中间包含的内容之多，之繁杂，从某种角度体现了杨广的政治智慧，他旺盛的精力和惊人的意志力，当然这不等于说，他决定做的事都是正确的。

首先，便是东都洛阳工程。

历来都城都是一个帝国地位最高的城市，代表着帝国的心脏。杨广首先将这颗"心脏"做了移位，实际上是从硬件上改变了隋帝国的国土布局。

——既然帝国已经统一，那么帝国的"心脏"就应该在交通便利的帝国中央，而非较偏远的西北，这才能体现大一统帝国对四方臣民的一视同仁，恐怕这是杨广心中的美好构想。

而对于帝国新的"心脏",四通八达的"血管"一样必不可少。作为新都城的重要交通配套,一条古往今来最长的人工运河被开掘出来,这就是本章要聊的隋唐大运河。

也许,在开掘之初,这条长沟的作用和地位,未必能够超过东都洛阳,但随着时间的推移,运河发挥了越来越显著的作用,乃至今日,当日的东都洛阳已不复往日的模样,运河依旧发挥着作用。

但是,尽管运河本身对中国历史功勋卓著,然而其出身却始终蒙着一丝阴影,因为按照一般的说法,它是杨广为了下江南旅游,而发动百万人开掘的水路"御道"。

诚如清朝人傅泽洪在《行水金鉴》中说:"炀帝之举,为其国促数年之祚,而为后世开万世之利,可谓不仁而有功者矣。"——杨广为了开凿河渠劳民伤财,徭役繁重,弄得隋帝国短命而亡,不过杨广此举虽然不仁,运河工程对后世却有大功劳。

总而言之一句话,杨广开运河本来动机不纯,在当时也没什么好处,顶多能算是歪打正着,"客观上"为后来人做了件好事。

事实真的如此吗?

在开始具体八卦这条史上最著名的长沟之前,笔者想先郑重地提醒诸位读者一件事,那就是:

运河,是条河。

而河的意思,按照字典上的说法,就是地表上有相当大水量且常年或季节性流动的水道,就是说,河里有水,水往低处流。看起来这像句废话,但是据说最明显的事实最容易被忽视,所以特别提醒各位读者记得,运河虽然比一般的河多了个定语,标准的解释是人工开凿的河,但是说到底还是条河——有水流动,所以谓河。

至今千里赖通波

读书的时候,也曾像小和尚念经一样背过:"大运河是世界上最雄伟的工程之一,加强了南北联系,成为南北交通的大动脉;对加强统一,促进经济文化的交流和发展,发挥了重大的作用……"但是这些词的含意,直到开始兴致勃勃地挖掘杨广的八卦,才真正地清晰起来,且渐渐地对这条史上最著名的人工运河,产生了由衷的敬意。

大运河对中国历史有多重要呢?或许应该找个更吸引人的开头,比如说,知道《清明上河图》里那条河是什么河吗?

不错,那正是运河。

准确说来,《清明上河图》里那条河叫汴河,战国时魏惠王下令挖掘,魏亡后废弃。很多年之后,被杨广废物利用,并入大运河工程,成为其中非常重要的一段。

又过几百年,北宋开国时,由于军权收归中央,所以需要很多的粮食养军队(当时京都光驻军就超过十万人,而同时期的欧洲大都市一般也就十来万人口居住),所以虽然明知道汴梁,也就是现今的开封,地势过于平坦,易攻难守,不是做首都的好地方,但是迫于运输的压力,还是选择了坐落于运河上的这座城市,汴河也因此成为北宋的"建国之本"。所以北宋那个时候,汴河如果有个三长两短,连皇帝本人也得带头下工地参与维修工作。每年清明前后,江淮漕船衔尾入汴,造就了《清明上河图》中绘制的盛景。

其实,在隋朝,汴梁还只是不起眼的小县城,到唐中后期才开始发迹,当然也是因为运河给沿岸城市带来的 GDP 增长,类似这样的城市还有很多,比如杭州、苏州、扬州、常州等,共同特点都是位于运河与其他重要水系的交叉口,是作为交通枢纽的港口城市。

在中国历史上,先富起来的地区是在黄河流域,也就是秦岭、淮水以北,秦汉时期的南方,尚未得到开发,所以 GDP 低下。之后,北方战乱不断,大批北方人士南渡,因此,尽管也同样历经几百年的混乱,南方的人口仍在持续的增长中。

但是直到大业初期的人口大普查时,南方相对于北方还是绝对弱势的。

在大业五年(公元 609 年),隋全国在籍人口八百九十万户,其中南方大约是两百一十万户,只有北方人口的三分之一左右。隋末大乱让人口分布来了个大洗牌,北方破坏惨重,南方保全较好,之后到天宝年间的百余年间,南方人口增长迅速,安史之乱前北方比南方的人口只是稍多,几乎已经旗鼓相当,而安史之乱再度来了个人口洗牌,到唐末宋初,北方与南方人口比例历史性逆转为 2∶3,之后南方一直保持着经济重心的地位。

所以说,实际上隋唐时期也是形成后来中国国土格局的关键时期,这个影响一直延续到了今日的中国。

从一方面说,就像任何讲到运河的书里都会提一句,运河的修建加强了南北的统一,因为唐中后期之后,中国就一直是经济重心在南,政治军事重心在北,连接两个重心的就是运河。安史之乱后,唐朝中央政府就一直依赖于由运河北送的江淮赋税,至宋朝,更是依靠漕运而立国。

另一方面,运河的修建加速了经济重心从北到南的转移。实际上,当杨广修建东都洛阳同时开挖运河,经济重心向东向南移动的趋势就很明显了,可以说这么做是顺应形势,但也可以说运河的修建推动了这个趋势。

"隋炀帝因为要游幸江都而开凿的运河,完成不久以后,由于历史上其他因素的影响,在此后的六百多年内变为唐宋帝国的大动脉。这一条动脉的畅通与停滞,足以决定唐宋国运的盛衰隆替,其关系的密切简直有如真正的动脉之于身体那样。"

这段话出自全汉升先生于 1944 所著的《唐宋帝国与运河》。虽然也有学者认为书中过于夸大了运河的作用,但是时至今日,"运河盛则国运盛,运河衰则国运衰"的观点已经被经济史学家们广泛接受。

打个比方说,运河好比现今的高铁,其实还要更加重要,因为现今还有公路、海运、空运等其他有效的办法。而在古代,内河水运就是长途运输的唯一较廉价方案。不能走水运的时候,当然只好走陆运,代价有多大呢?举个例子,让唐朝各代皇帝头疼了几百年的洛阳与长安之间的运输,从洛阳到陕州大约三百里,走陆运的话,每石米的运费大约是一千文,这个数字是什么概念呢?开元十三年(公元 725 年)东都洛阳斗米十五文,也就是说,一石米的价格是一百五十文,而三百里路要一千文的运费! 这就是所谓"豆腐运成金子价"。当然,这笔运费不会折在米价里,而是由国家财政贴补。开元二十一年(公元 733 年),京兆尹(长安市长)裴耀卿上奏建议:"今日天下输丁约有四百万人,每丁支出钱百文,充陕洛运脚,五十文充营窖等用。"也就是说,当时全国大约四百万纳税人(当时人口超过四千万,但是有儿童、老人、妇女、特权户等多种不纳税的人,结果就是少部分纳税人养着大部分不纳税的人),每人出钱一百五十文,管这段路的运费。

所以,古代人只好极力发展水运。

因为我们中国的整个地形是西高东低,水顺着地势流动就变成由西向东入海,整体上缺乏一条南北贯穿的河道。如果非要一条南北贯穿的河,那当然只有人工挖掘了,所以大运河刚好就填补了这项空白,之后即成为国家的"命脉"。

但是,说起来大运河的命也是真不好,偏偏就诞生在大坏蛋杨广的手里,因此无论后天是如何"功在社稷,利在千秋",先天上总有点美中不足,老让人想起腐败啊、美女啊、吃婴儿啊之类的事情,就像提起长城的故事反倒是孟姜女最出名。如果大运河是由另外一个别的什么皇帝（只要别碰巧是亡国昏君）挖出来，足够史书吹捧上几箩筐的。比方说吧，《唐会要》记载，开元年间润州刺史齐澣建议："开伊娄河二十五里即达扬子县，无风水灾，又减租脚钱，岁收利百亿。"李白诗作《题瓜州新河饯族叔舍人贲》开头几句"齐公凿新河，万古流不绝。丰功利生人，天地同朽灭"说的就是这条运河。区区二十五里运河就"岁收利百亿"了，数千里的运河到底节省下多少人力物力？可惜得很，由于出身不良，后世要么不提，提起来格式都是这样的：运河客观上促进了 GDP 的提升，巩固了南北统一，等等，但是，由于隋炀帝挖运河主观上是巡游享乐用的，挖掘时又动用了过多的人力物力，所以还是一项亡国暴政。

东都洛阳工程

说运河之前，必须先聊聊东都洛阳工程。

话说仁寿四年（公元 604 年）十月，老皇帝杨坚入土为安，汉王杨谅之乱也料理得差不多了，杨广看自己终于成为隋帝国的老大，从此可以为所欲为，于是嗖地一下就窜到了洛阳。

在洛阳，杨广进行了为期半个月的考察工作。期间登临邙山，与内阁总理苏威发生了如下对话：

杨广：洛阳真是个好地方呀真是个好地方。但是，为什么以前的人不建都在洛阳呢？

苏威：以前的人也知道洛阳是个好地方呀是个好地方，但是为什么不建都在洛阳呢？那是因为这么伟大的事情，要等着陛下您来完成呀！

估计当时满邙山都是这个超重量级马屁的回响……

考察工作结束之后，杨广于十一月十八日正式发布了著名的《营建东都诏》。这份诏书与之前的《与越公书》一样，是篇洋洋洒洒的散文佳作，杨广继位之后，不仅开始轰轰烈烈的大建设，连文学水平也猛上一个台阶。

《营建东都诏》分了四段：首先是说治国需要变通，这当然是为营建新的国都从理论上建立依据，也为日后杨广开始的一系列改革埋下伏笔，这段扯出了周武王迁殷人这张虎皮做大旗，属于我们古人的一贯做法，干什么事都得在更古的人那里找找先例。

接下来就进入实质问题了，先论证了一番洛阳真是个好地方，最大的好处就是"水陆通，贡赋等"。这个"贡赋等"是说洛阳地理位置很好，刚好在国家的中心，所以各个方向进贡的路程都差不多，这里也有很古很古的古人做典故，可以追溯到周成王那会儿，建洛阳为都，"以为此天下之中也，诸侯四方纳贡职，道里均矣"。那么为什么不早迁都到那里呢？因为早先要么还没统一天下，要么就是府库不足，那意思就是现在天下统一了，尤其是现在咱兜里有钱啦，可以盖新房子搬家喽。

第三段接着上一段的话继续说，老房子也不差（老房子大兴城其实是隋文帝登基后新造，也不过才二十来年），为什么非要盖新房子搬家呢？因为老房子虽然不差，可是地段不好，配套和交通设施跟不上了，像前一阵子杨谅在山东那块一闹腾，中央军要赶过去路就不大好走，等等。总而言之一句话，天要下雨，皇帝要搬家。

第四段是洛阳工程的基本原则，说得非常之冠冕堂皇："非天下以奉一人，乃一人以主天下也。民惟国本，本固邦宁，百姓足，孰与不足！今所营构，务从节俭，无令雕墙峻宇复起于当今，欲使卑宫菲食将贻于后世。"——都城嘛，小点朴实点也是都城，宫殿还是宫殿，皇帝也还是皇帝，修都城是为了提高天下百姓的生活质量，绝对不可以因为奢侈浪费而妨碍大家的正常生活，所以，修洛阳的各位同志一定要注意勤俭节约啊！

这充分证明，说话和做事可以是截然不同的两码事，不管事做得怎么样，话一定要说得漂亮。

如此，由理论依据入手，从实际需要出发，立足于现状分析，拟定了基本方针。这篇漂亮的建都诏书完成了。

如果去掉一头一尾，看中间的两段，会发现其实很难找到理由反驳。换句话说，杨广不是信口开河，而是从经济、军事、周边环境、交通状况等方面来综合考虑，相比大兴，洛阳更适合作为这个刚刚统一不久的大帝国都城。

前面已经提到过长安到洛阳之间的运输困难，很显然杨广继位的时候已经面临着这个问题，只不过，作为或许是中国历史上最会修路的一个皇帝（不光指大运河，还有很多别的路），他似乎是在权衡利弊之后得出结论，与其煞费苦心去修条路出来，还不如跳出那个地盘，换个窝算了。这招就叫作釜底抽薪，一了百了。

何况，《营建东都诏》开宗明义就说道："通其变，使民不倦"，"变则通，通则久"。杨广既以改革者自居，他当然也就得弄点新鲜玩意儿出来。而以他的个性，小打小闹是不可能满足他的。

杨广想要的是一个有别于他老爸杨坚时代的国家格局。

在他的心目中，很明显，新的大一统帝国的中心应该就在位于地理位置中心的这座都城——洛阳。

于是，大业元年（公元 605 年）三月起，在开皇二年（公元 582 年）主持过新大兴城建造工程的隋朝第一大工程师宇文恺再次操刀上阵，主持新洛阳城的建造。

宇文恺其人，是前北周朝的皇族子弟，在杨坚初登基的大清洗中侥幸逃出，之后因为在工程上的卓越天才被杨坚任命为新大兴城工程副总指挥。总指挥是国务总理高颎。日理万机的高颎当然没那工夫管画图纸的事情，顶多过过目，所以实际上新大兴城就是宇文恺一手设计主持建造的。

从后来宇文恺死于杨广一征高句丽那年，享年五十八岁，倒推回来，主持新大兴工程时，他不过二十八九岁。当然喽，对古人来说，这个年纪已经相当大了。不过，今日的我们在吹空调翻古书之时还是免不了赞叹一下这位天才设计师、工程师以及项目运营经理的卓越才能。

说到新大兴城，在隋的时候大名叫"大兴城"，唐以后又改叫"长安"。历史上同叫"长安"的都城在不同朝代有好几座，其实位置只有点小差别，大致在方圆几十里内搬来搬去。不过隋唐的长安是这个名字最后一次作为中华首都。隋唐长安城址也就是现今的西安城。

新长安，区别于前北周都城旧长安，两个长安相距不过二十里地。说起来杨坚为修建新都城找的理由还不如他儿子杨广的看起来靠谱，说来说去就一句话：哪有新皇朝不建个新都城的？建！不过，作为一个篡位者，杨坚急于想通过新的都城，摆脱他做臣下的影子，树立新皇朝的威仪，这也是很容易理解的。

宇文恺二度出马，驾轻就熟，区区十个月之后，也就是大业二年（公元 606 年）元月，新洛阳建成。于是，正在江南巡幸的杨广兴冲冲地赶回来，举行了一个很是烧包的"千乘万骑"入城仪式，据说光是为了仪仗上用的羽毛，一时间就快把鸟都逮光了。

很显然，杨广喜欢这类宏大华丽的场面，简直是着迷。这种趣味在他老爹老妈还在的时候受到了很大的压抑，而在他继位之后似乎以一种惊人的态势反弹，其后的几年，他既以强硬作风摆脱了臣下的阻拦，也放弃了对自己的约束，发展到了让当时和后世都人人侧目的水准。

但是如果我们把视线稍稍移动，就会发现，其实那套让鸟儿们遭殃的行头，倒并非为入城仪式特备，而是有着更冠冕堂皇的理由，那就是恢复礼制。这是个很大的话题，所以暂且放一放，让我们先把辉煌的洛阳工程进行到底。

和新大兴城一样，新洛阳城也是古代城市建筑史上的一个范本，这些都体现了设计者宇文恺的才华。关于东都洛阳的格局有各种专门著作,这里就不抄书了。值得特别说说的是,新洛阳城有三个贸易集市,北市、南市、西市,比只设东西二市的大兴多一个,而且三个市都挨着河渠,交通便利。很明显,新洛阳在设计的时候就充分考虑了商业与运输的关系,这从另一个角度证明大运河的诞生不是偶然。

另外,内河运输在那个时代应该已相当发达。大名鼎鼎的赵州桥家喻户晓,这座单拱石桥为中国古代建筑在世界建筑史上赢得了很高的声誉。据考证,赵州桥正是开皇末年开始建造,大业初年完工。笔者在看到赵州桥的时候,就曾冒出过一个念头:造这么一座桥很可能是因为当时有载货很高的船要从桥下面经过吧? 当然,赵州桥也证明有隋一朝的力学和建筑工艺的发达程度。

啰唆这一堆就是想说明,当时确实可能存在商业发展上的考虑,也有运输的需要和科技水平的保证,来促成大运河的开凿。

插个小八卦,修建洛阳城是杨广初登基的头等大事,所以派出的班底十分强悍。实际支持修建的总设计师是宇文恺,另外还有两位挂名的正副总指挥,分别是尚书令杨素和纳言杨达。杨素很有名,而杨达,估计大部分人看见这俩字儿认识,但加一块儿是谁就想不起来了。是的,虽然他也算是位宰相,但没啥大作为,对历史最大的贡献是生了一个女儿。不,他女儿也没啥作为,她嫁给了一个木材商人,之后也生了一个女儿。这个女儿,也就是杨达的外孙女,那可是如雷贯耳名震青史的人物——此女姓武名曌尊号则天。

我们都知道,杨广日后一大堆罪名中很重要的一条就是"大兴土木",新洛阳城就是这罪名的一大证据。

先来看看新洛阳城的规模。新洛阳城和新大兴城一样出自宇文恺的手笔,格局也差不多,包括郭城(外城,住百姓),皇城(政府办公用地),宫城(皇帝的私宅),总面积大约是45平方公里。差不多相当于明清北京城面积的四分之三。至于明清北京城有多大,随便找张现在的北京地图,二环以内便是。

杨广私宅,大名叫紫微宫,面积大约是 2 平方公里,这个数字,如果同样拿明清的皇帝私宅作比较,也就是现今的北京故宫,去过故宫的读者一定都觉得紫禁城很大很气派,不过,故宫的面积是 0.7 平方公里。是的,没看错,杨广的洛阳私宅面积是故宫的三倍。

确实,故宫在今日的我们眼里已然够"腐败"了,但其实在古代帝王的私宅里顶多算中下水平,当然规模也不是最小的,最"简朴"的是北宋开封的宫城,0.26 平方公里,只有故宫三分之一大小。而规模大的,除了传说中的八百里阿房宫,可考证的像西汉长安宫城也达到 30 多平方公里,是故宫的四五十倍大。当然,彼时的宫城还不能完全算是皇帝的私宅,诸多政府办公用地也包含其中,后来才慢慢脱离,变成单纯的帝王居住地。

而且,杨广私宅不但是规模"腐败",设施更是"腐败"。比如,除了紫微宫,他又在洛阳旁边开了一个私家花园,圈了个湖进去,占地面积是洛阳城的数倍。为了装扮私家花园,又命各地进贡珍稀花鸟异兽等等。反正以杨广一贯的品位和作风,要是他的私宅真如诏书中所说的"务从节俭",那可真是鬼才信了咧。

总之,看到这里,相信多数读者都在感慨:在这么短的时间里,造这么大一个城市,还这么奢侈,这货果然够能折腾的!

除了腐败之外,还有条最关键的罪状,那就是"滥用民力"。

《隋书·食货志》中狠狠地记着一笔账:"始建东都,以尚书令杨素为营作大监,每月役丁二百万人。""而东都役使促迫,僵仆而毙者,十四五焉。每月载死丁,东至城皋,北至河阳,车相望于道。"——营建东都,每月役丁两百万人(总共修了十个月),由于工期太紧,其中百分之四五十的人都累死了,每月载死丁的车,络绎不绝。

在这里,必须得说,当时的人在算学方面造诣已然很深,可是在统计学方面却似乎还在原地踏步。"每月役丁二百万人""僵仆而毙者,十四五焉"要是照字面解释,那是个什么概念呢?

——每月有二百万人参加洛阳工程的徭役,按照隋朝的法律,当时每个纳税人口每年应该徭役二十天,那么十个月就是三千万人次的徭役,如果百分之四十至百分之五十的人死于洛阳工程,那就是造成了大约一千二百万到一千五百万纳税人的死亡。注意当时的纳税人不包括妇女、儿童、老人和特权户。而当时隋朝的总人口大约是四千五百万,妇女占一半,再去掉老人和孩子,也就是说,要按这字面意思,大概全国三分之一的人口在大业元年就已经死于洛阳工程。换句话说,青壮男子死得一个不剩,举国就剩下寡妇、孩子、老人和特权户大老爷们。如果真是这样,那隋在大业元年铁定就该亡了,还能苟延残喘到十三年后?

这是不可能的。

如果把隋书中类似的记载加以计算,则在大业五年之前,隋帝国全国的人口平均每人都死了好几遍。如果是这样,隋朝居然还能在大业五年到达人口的极盛顶点,那不是很诡异吗?要知道,隋大业年间的极盛人口数在历史各个朝代的盛世中都不算低的,比方说经过隋末大乱,唐朝花了足足一百多年的时间,直到开元年间才恢复到同样水平。

所以仔细推敲一下,这组数据是肯定被夸大了的。

问题是,新洛阳工程究竟需要动用多少人力呢?

这里给出两个时间相近且有些近似的工程。其一是北魏扩建洛阳城(此洛阳非彼洛阳,两者相距几十里地)。

按照《魏书·世宗纪》记载,北魏景明二年(公元 501 年),"九月丁酉,发畿内夫五万人筑京师三百二十三坊,四旬而罢"。

也就是说,北魏时发动了五万人,花了大约四十天的时间,建成了魏洛阳的三百二十三坊。这三百二十三坊,根据现在的考证,大约占地二十五平方公里,相当于隋洛阳城的一半左右。而大业元年的洛阳工程,按照隋书记载的数据,动用了七倍多的时间和四十多倍的人力,也就是二百八十多倍的工时,就算计入工程的复杂度,想必也被夸大了。

这里需要说明一下,北魏扩建洛阳这个不可思议的速度,很大原因是当时造的是民宅,而那时候民宅是不许私自起楼的,所以全是平房。隋唐时的法制也仍是如此,甚至皇室子弟也不能随意造楼。平房造起来当然比较快。

另外,由这个史料我们了解到一点,那就是对古人而言,其实造民宅部分,也就是地图上占了大部分的这个坊那个坊,花不了太多的人力和时间,真正费时费力的是造宫城,也就是杨广那座豪华私宅。

因为这座私宅的规制到底大到什么程度,缺少一手史料明确的记载,所以难以准确估计工程量。能够拿来做估算的只有另一个更相近的工程:杨坚下令造的大兴城。

隋大兴城面积八十四平方公里,比明清的北京还要大三分之一左右,据考证是中国历史上最大的都城(一说最大的是汉魏洛阳城)。大兴的宫城在隋朝那会儿叫大兴宫,在唐朝则叫太极宫,这座宫城其实比洛阳的宫城还要大得多,近四个平方公里,是故宫的五倍还多。

唐王朝只有李渊和李世民爷俩住过太极宫,之后的皇帝们嫌太极宫地势太低,通风条件不够好,所以另外修建了更华丽的大明宫。太极宫仍是国家大典举行地,不过终唐一朝没见记载过什么大的改动,所以,唐太极宫和隋时的规模应该差不多。

根据唐朝人对太极宫的记载:太极宫中共有 21 座大殿,亭台楼阁不计其数。宫的北部有东、西、南、北四大海和山水池,与亭台楼阁相辉映,景色绚丽如画,是皇帝游乐的场所,也就是御花园。太极宫东边是皇太子居住的东宫,西边是妃嫔居住和宫人学艺的掖庭宫,均有大门与太极宫相通,实际上也是太极宫的组成部分。

而洛阳的紫微宫其实格局和大兴宫非常相似,很可能豪华尤有过之,但毕竟规模不如大兴宫大。两相抵消,工程量就算有差异,应该不至于到天差地远的程度。

和杨广建新洛阳城一样,杨坚下令建造的这座大兴也是平地起新城。猜猜这座规模宏大的都城花了多少时间建造?

隋大兴城起建于开皇二年(公元 582 年)六月,完工于开皇三年三月。是的,不多不少,刚好也是十个月。

奇怪的是,新大兴工程却丝毫没有受到新洛阳工程那样的指责。有人说,杨坚生性简朴,所以新大兴工程要节俭得多,新大兴城的很多建筑甚至是从旧长安拆过来的,自然更省时省力。这是很可能的。

不过,且不论拆旧是不是就一定能比新建省人力,就说无论是城市本身还是宫城,比新洛阳规格大一倍的大兴城,即使计入"简朴",工程量和洛阳会有呈数量级的差别吗?

所以,既然十个月能造出大兴来,那么同样的,十个月造出洛阳来,本不该是一件太过分的事。

可是,隋书上白纸黑字记载下的"每月役丁二百万人""僵仆而毙者,十四五焉"这两组血淋淋的数字,虽然经不起仔细推敲,却因为没有任何可靠的证据来反驳,所以也就只好含糊地说到今日。呃,是啊,修个洛阳每月二百万人,十个月三千万人次徭役,快一半人都死了,一千五百万人呐!真是太劳民伤财了。

洛阳城修建也就这样站定了"亡国暴政"排行榜前列。

但,即便是苛刻的史学家也承认,东都洛阳工程对于帝国的统一大有好处。

而且,这项工程绝非孤立。在杨广眼里,那条超级长沟,恐怕就是洛阳的一个交通配套工程。

想想看,连区区几个集市还得有配套的水路运输设施,堂堂大帝国核心的都城,能没有像样的交通配套吗?

回到《营建东都诏》,杨广是因为什么看上洛阳的?最重要的因素,不就是"水陆通,贡赋等"? 交通本来就是他选择大肆经营洛阳的首要考虑。换句话说,运河也就是他构思的帝国蓝图中,围绕着洛阳这个中心开发的一条交通要道。

只不过,后来的历史发展中,洛阳渐渐失去了原来的地位,运河却像钻石一样,越来越光彩照人,熠熠生辉。以至于久而久之,运河仿佛从那一堆配套工程中脱颖而出,成了一项独立的工程。如果在一千年前八卦这段历史,可能本章标题应该是东都洛阳工程,而运河只是其中小小的一节,可是现在,却正好相反。

这样说,还有一个根据,就是运河也并非当时围绕洛阳展开的唯一配套。

这里要特别说说的就是——

修路。

杨广是个修路狂人。他是一个"骨灰级驴友",简直哪里都想去,有路的要去,没路的造条路也要去。当然喽,他去大部分地方,其实都顶着国家公务出差的大帽子,只不过也都很难排除公费旅游的嫌疑。总而言之,要从杨广的行事中确切地分清楚哪部分是因公哪部分是因私,其难难于上青天。不管动机如何,结果是,随着他整日东奔西跑,道路也就越来越四通八达。

真正让人奇怪的是,为什么好像他想在哪里修路,就能够修得成呢?

比方说,早在他当并州总管的时候,由晋阳(太原)向西北开了一条出天门的驰道,连接太原和如今西北的陕甘宁诸省。这条路当初开凿架设的背景和具体情形都不清楚了,在杨广丰富多彩的各种基础建设工程中也显得非常不起眼,不过这条路对于山西一带的经济发展曾经起过很重要的作用,至抗日战争期间被破坏才失去地位。一千多年来,这条路一直被称为杨广道。其间的几十里地是沿着峭壁开出来的栈道,真不知道当年是怎么修的。顺带说一句,这条路迄今也还没有完全失去意义,沿杨广道修成的公路连接太原和西北几个县,大大缩短了通向陕甘宁诸省的路程。

回到洛阳。配套工程中有一项是修整了由洛阳到大兴的道路。这条路所起的历史作用显然无法与那条著名的沟相提并论,但是如果把两者都看作洛阳的交通配套工程,那么可以看出杨广的意图,也就是在前一章提到过的——杨广心目中的帝国蓝图。

以洛阳为核心,一端以道路连接首都大兴,另一端以运河连接江都。中心、西北、东南。从地图上看,这就是杨广最重视的三个点,刚好钳制全国。

有件事或许可以作为证据:当大业六年(公元 610 年)四月杨广二下江南的时候,将江都太守(扬州市市长)的品秩提升至与京兆尹(大兴市长)、河南尹(洛阳市长)相同。这说明,杨广很可能有这一三都的构想。

如果再加上最北端的涿郡,也就是今日京杭大运河的北端——北京,就是更完美的四个点。

不过,必须说明一下,在当时涿郡那一带还没有那么发达,至少不可能跟关中、河南、江南相提并论。至于杨广为什么要把沟一直挖到涿郡,那是为了去打高句丽方便运输庞大的军队物资。当然也有方便控制东北地区的意图。

洛阳这个"喧宾"已经占据了太多的篇幅,让我们多快好省地把其余配套工程列一下:挖了一条后来被证明一点用也没有的长沟,这回不是水沟,是条土沟,属于国防工程,作用相当于战壕,大名叫作"堑",长度近一千公里;造了一些超级大粮仓,继续堆积也不知道哪里来的那么多的粮食,其中光一个含嘉仓就能存储二十万吨粮食,够几百万人吃一年的,这些仓直到大业末年还是堆得满满,后来被各路反王们拿去分发的分发,当军粮的当军粮,含嘉仓一直沿用到宋末,号称"天下第一粮仓",其遗址今日尚存;还造了个私家花园西苑,又名显仁宫,当然又是豪华建筑加景观;等等。

可见,杨广在继位的最初干的主要事情就是基础建设,其要点就是重新规划国土布局,而所有的基础建设都围绕着洛阳这个核心进行。

而他将洛阳作为帝国核心也符合他所想的——跳出关中,将规划分布到整个帝国。

这点很重要,这是杨广在头脑还清醒的时候,贯穿他所有重要决定的一条主线。

在最初这一段的基础建设完成后,杨广的工作重点就转向了内政外交——硬件完成,开始进行软件工程了。

尽道隋亡为此河

现在,把视线转回史上最长的沟。

先介绍几句,杨广下令挖掘的大运河全长大约两千两百公里,最北端是涿郡(北京),最南端是余杭,和今天的京杭大运河两端是相同的,不过走势不同。京杭大运河是直接北上的,而隋唐时候的运河呈"<"形,中间那个拐弯的点就是洛阳。沟其实分三段挖的,大业元年挖了南段大约八百公里,大业四年挖了北段大约一千公里,大业六年挖了镇江到余杭这段,最后这段相对来说比较短,四百公里。

关于挖这条沟如何沦为一桩亡国暴政,很多前人一句话就解释清楚了:因为它是大坏蛋杨广为了下江南旅游而硬逼着无数民众流血流汗挖掘出来的。

这个简单明了的解释包含了两层意思:其一,它是杨广出于玩乐的目的，比如他想看琼花，而开掘的；其二，为了开掘这条沟，动用了过多的劳力，弄得民不聊生，造成了隋的衰亡。

换句话说，两个因素造就了大运河的阴暗出身——

第一，动机；

第二，过程。

一般来说，凡事都会有个第三，那就是结果。不过这个第三，就像前面说过的那样，过于光辉灿烂，似乎怎么看都不应该和大坏蛋杨广沾上边，所以一般情况下就被"客观上运河起到了这样那样的作用"掩盖过去了。我们都知道，"客观"的对面通常是"主观"，所以当说到"客观上"如何如何的时候，其实就是暗示着"主观上"是并没有如何如何的。

近代一位研究隋运河的学者张崑河说过很有代表性的一段话："按理言之，实皆有利于国家民生，然出于君王游幸之私意，且操之过急，民力疲敝，遂为亡国之虐症矣。"

这段话说白了就是：沟是条好沟，不过好的方面跟杨广没啥关系，因为他的目的是想开条旅游线路，所以他干的是件坏事，只不过坏事碰巧变成了好事而已。

"坏事"怎么那么碰巧就能变成"好事"？这种逻辑实在有点奇怪。但是人的心理似乎总有点这样的倾向：如果一个人出于好心做了坏事，就比较容易被谅解，而反过来如果一个人做了好事但是被认为动机不纯，那他做的好事也就大打折扣。

可是，要弄清楚"动机"这回事，其实很麻烦。

譬如说，杨广怎么就头脑一热想起来挖沟？这问题似乎唯一的解答方案就是坐上时光机器，"嗖"地飞回大业元年，把他揪出来问个明白。即使那样，也还存在危险，谁能保证他一定说实话了呢？

而实际上，古往今来的历史学家们提到杨广的挖沟动机，都是采用一招叫作"推理"。

就是说，从杨广挖沟前前后后的情况，推测出他挖沟的动机。

这当然也是个办法，但是麻烦就出在这个"已知情况"上。无论是认真治学的历史学家，还是如笔者这般闲翻史书的八卦人士，多多少少都会带着各自的倾向，怀有好感的人会更多注意那些有利的情况，而义愤填膺的人眼里则会自动选择那些血淋淋的字眼。这里只说笔者的看法，而诸位读者大可以有自己的看法。

大业元年三月，就在著名的《营建东都诏》发布之后的第二天，杨广下令开挖运河南段，就是由扬州至洛阳的那段，也是日后数百年里长沟中最重要的一段。

在下令的同时，有一道诏书，宣布了杨广的旅游计划，哦不，应该说是宣布考察江南的地方工作。

另外，还有一支超豪华级的龙舟队伍也在同时开工。而在当年的八月，也就是下令挖沟的五个月之后，杨广就乐颠颠地率领那支超豪华龙舟队下了江南，直到次年三月，才赶回去举行洛阳的入城仪式。

这些情形，再加上此后杨广言行举止中对江南流露出的浓厚感情，使得一千四百多年来，相当多的人，都将下江南作为杨广挖沟的首要目的。而且很多时候，"下江南"的后面还有两个字——"游玩"。

诚然，杨广下江南的日程里多半也有旅游这一项，但是有这一项和只有这一项还是有本质差别的。清朝的康熙和乾隆两位皇帝都有六下江南的经历，他们下江南都被认为主要为了工作，可其实他们也并非没有捎带加入旅游项目。

或者要质疑杨广动机不良的人会举出他下江南的规模过于庞大和奢侈，当然这一点应该要贬，但是要贬也应该一件事归一件事。

打个比方说吧，如果有个土豪给村里修条路，修完了举行了一个很夸张很显摆的剪彩仪式，当然我们可以严重鄙视他这个烧包仪式，但是如果就此推理出他修路就是为了举行这个仪式，并且因为这样，进一步又认定他修路是想做坏事,而只不过"客观上"做了件好事,所以判定他修路还是不值得肯定,似乎就太过头了一点吧?

何况,对于杨广来说,虽然也可以说他会为了路上舒服些而挖条运河出来,但实在是很勉强。因为他在位期间,几乎是不停地东奔西跑,什么草原啊山沟啊甚至雪山都翻过了,绝对已经到达"骨灰级驴友"的境界,有没有运河根本不是问题,怎么样他都会下江南。

所以,近年来,越来越多的人开始质疑这种说法。

实际上,杨广挖的这条运河,似乎是前无古人后无来者的唯一:历史上唯一被认为是出于"游玩"目的而挖掘的运河。

那么一般别的运河工程是出于什么动机呢?

其实,大业年间的这次挖沟行动刚好是条界线,在那之后,一般开挖运河就是为了运输。当然以前挖运河也是为了运输,不过运输的目的不同。大运河诞生之后,明显水运和 GDP 增长的密切关系越来越受到重视,因此开挖运河的一般目的是减少沿途运输压力,主要是赋税的运输,比如粮食之类的,另外就是为了官方和民间商贸的方便。

但是在大运河诞生之前,虽然也有出于同样目的的运河工程,但是更主要的是另外两种目的。

其一是引水,为了灌溉或者防洪。例子比如前面提到过的魏惠王下令挖的鸿沟,还有更著名的例子比如秦朝的郑国渠。

其二是战争。在较早的时候,运河工程很多时候都是为了运送军饷。这方面的著名例子,比如中国最早的运河——邗沟,这条沟就是历史上名列前茅的"超级情圣"吴王夫差为了攻打齐国开挖的。顺带说一句,邗沟也被利用进杨广的运河南段。另外,像灵渠是秦始皇为了征岭南而挖,还有直接为杨广做出榜样的他老爸杨坚下令开挖的山阳渎,也同样是出于平陈的军事目的。

至于杨广开挖运河的目的,左看右看都不像是用来灌溉的,所以大致上还剩下三种可能:为了游玩,为了战争,为了赋税运输和商贸方便。

第一种可能就算不能完全否认,也不会比重太大。

作为一个土生土长的江南人,笔者认为杨广第一次下江南的时间就不对。他出发是阴历八月中,到达江南的时间大约已经是九月底(阳历十一月初左右),看江南风景的好时候已经过去,来年一开春三月中就匆忙离开了江南。其实任何在江南过冬的人都知道,江南气温虽高于北方一些,但长江流域气候潮湿,冬天又湿又冷,实在是不大舒服。江南最值得游览的时节是在阳历的二月到五月,也就是阴历的正月到四月光景。杨广坐镇江南十年,江南什么时候好玩还不清楚?如果他存心要玩,就应该选那段时间才对(从这个意义上说,倒是乾隆皇帝的六次南巡选的时间显得非常合适)。所以,选择这个时间到江南,主要目的应当不会是为了游玩。

演义里一向有隋炀帝为看琼花下扬州的说法,但仔细一查琼花的来历,结果颇为意外,原来这花唐代才出现在扬州,而一直到宋朝才真正出名,元朝之后就没有了。宋朝是个写手满天飞的时代,小说盛行,估计也就是那时候开始才有了杨广为了看他生前不可能谋面的琼花而下江南的说法。

至于后面两种可能,为了战争与为了赋税运输和商贸方便,就很难厘清了。

为了战争的可能确实存在。这个战争不会是别的,正是杨广"坐是亡其国"的辽东之战,也就是打高句丽。后人以结果论(坏事又该论结果了),认为杨广打高句丽是非常错误的举动,属于好大喜功,但实际上在当时而言,辽东之战有很多理由,否则隋唐帝王们不会跟上了瘾一样前赴后继地去打,杨坚去打打不下,杨广三征亡了国,李世民亲征还是打不下,李治继续打终于摆平,简直是愚公移山啊。

反对为辽东之战而进行运河工程的人认为杨广是大业三年(公元

607 年)巡视突厥的时候,因为高句丽使者的出现才头脑发热决定打高句丽的,但笔者个人认为不是,这决定应该更早就有了。

为什么这么说呢?

因为对大业四年(公元 608 年)正月起开挖的运河北段工程,估计绝大多数人都意见一致,就是为了打高句丽的。而北段原先的基础不够好,远不如南段容易搞定,所以测量规划需要的时间肯定比南段要多得多,大业三年巡突厥撞见高句丽使者大致应该是六月到八月间的事情,如果那时候才决定征高句丽,很难想象大业四年正月北段就能开工。

要知道北段有一千公里长,大坏蛋杨广就算可以威逼百万人去挖泥,但是他绝对不可能让这百万人随便挖就能挖出那么长的运河来。

这就是本章一开头特地提到的,运河说到底是条河,河水总是顺地势高低流动,暴君再头脑发热,也不可能改变物理规律,让水脱离重力改往高处流。

这么长的运河肯定是一开始就有通盘考虑的,南段的快速完工尤其表明这一点,挖到哪里算哪里的挖法,就算最后修修补补地也能凑合着挖出条沟,却必定事倍而功半,不可能有那么高的效率。其实,以杨广说风就是雨的脾气,要是他能在大业元年就把整条运河挖完,估计他也就挖了。那么为什么到大业四年才开始挖北段呢? 可能就是图纸来不及出来。

南段情况不同,一方面,南段从"情圣"夫差那会儿就开始零零星星挖过很多短沟,基础雄厚,另一方面,杨广在南方待了十年,说不定收罗了什么高人已经出了图纸。至于北段呢,估计以杨坚那脾气,杨广是不敢在他家老爷子眼皮底下公然筹划这么大一档子工程的,所以他继位之后才能真正开始规划这一段。三年时间能够规划成功,这速度已经够神奇的了。根据《元史》,元代为了挖通京杭大运河,光一条通惠河,从史书记载的开始勘查到开工,期间有三十多年,那还是有名贯青史的大科学家和工程师郭守敬坐镇主持。

所以,杨广大业三年中才决定打高句丽,然后策划挖北段,这可能性实在不大。而照一般想来,应该是在挖南段的时候,北段已经开始筹划测绘工作,那也就表明,早已有征高句丽的打算。

那么,开挖南段本身也有征高句丽的因素在内,也就不奇怪了。

为了赋税运输,这是除了游乐之外,现如今最常见的说法,就不啰唆了。而既然在洛阳城的设计中就已经更多考虑了水运与集市,那么在几千里地的运河工程中,有同样的考虑,也很正常。

所以,说仅仅出于游玩的目的显然不公平,但纯然说是高瞻远瞩地预见到统一的帝国未来几百年乃至一千多年的 GDP 提升都将会依赖着这条运河所以去挖,也同样不可能确证。也许,说公私兼顾地多方面综合考虑,恐怕更符合杨广一贯的行事作风。实际上,运河在当时而言,很可能并非比洛阳工程更庞大,也未必受到更多的重视。运河很可能是因为其后日益增大的影响力,才越来越被注目,最终升级到亡国主因的,大致此类言论都在唐中期之后。其实在《隋书》中,运河就没有被特别强调,至少并不比其他的诸如洛阳、长城等工程,还有那些奢侈的皇帝私宅更被强调。

在给"动机"涂上了一点儿鲜亮色彩之后,接下来,我们再看看更阴暗的一面——"过程"。

大运河,一条长达两千公里的沟,任何人听到的第一反应,大概都是:啊,真长啊!然后会想,这真是一个很庞大的工程!再然后,看到这样一条沟,居然花五个月就挖了八百多公里,剩下的一千多公里满打满算顶多也就花了又三年的时间,实在是快得不可思议啊!尤其是前面这段,居然花五个月就挖出了将近八百公里,大坏蛋杨广得把多少人家逼得鸡飞狗跳墙才能做得到啊!

按照《隋书》和《资治通鉴》的记载,大业元年开挖运河南段,发动了百万人,大业四年挖北端,也是百万人,而且这次男丁不够用,连女人也征入了。

百万人,在总人口也不过四千多万人,应该服役的男丁最多不超过一千多万人的当时,简直是个天文数字。

所以,史学家们一致痛斥杨广"操之过急""滥用民力"。

以运河的工程量和完成速度而言,这么说也并不过分。

但是,是否到了"隋亡为此河"的地步呢?

要搞清楚这个问题,就必须先搞清楚,运河的工程量到底有多大?以隋朝的科技水平,又到底需要多少人力? 以及,当时到底动用了多少人力? 要知道,一百万人齐上阵挖五个月,和二十万人一拨,每拨挖一个月,同样是动用了百万人,可实际上的工次差了有整整五倍呢。

可是,这些问题,现如今一个也不能准确回答。

在唐初,修订《隋书》的时候,运河对经济的影响力还没有表现出来,寥寥的几段关于运河的记载全是为了体现大坏蛋杨广如何之坏。所以非常可惜的,关于开挖运河时候的具体情况没有被记录下来。甚至,时至今日,隋运河的路线到底是怎么走的,很多段也已经搞不清楚了。

所以,要准确回答,最好的办法当然还是坐时光机器"嗖"地飞回去……或者,看看有哪位比较有八卦精神的水利学家和同样有八卦精神的历史学家合作,先考证隋运河的确切走向,然后建模计算,也许能得出一个大概的结果——也未必能准确。

这里呢,还是老办法,和洛阳工程一样找对照组。

最容易和隋运河联想到一起的,当然就是元代开掘的京杭大运河。

谢天谢地,从宋代开始,河渠作为独立的章节列入了史书,而元史作者更是体现了中国史家难得的统计学素养,为后来者留下了一组非

108

常详尽的数字。

京杭大运河大量河段利用原有的河流和隋运河，真正新挖的主要有两段：

通惠河，"总长一百六十四里一百四步"。动用的人力包括"役军一万九千一百二十九，工匠五百四十二，水手三百一十九，没官囚隶百七十二"，历时一年半光景，总共用了"二百八十五万工"。

会通河，"长二百五十余里"。历时五个多月，总共动用工次"二百五十一万七百四十有八"。

通惠河是用来连接隋运河终点和元大都北京城的，虽然只有几十公里距离，但是陆运把元朝人折腾得够呛，所以郭守敬提出挖沟方案之后，连宰相也亲自下工地挖泥以表示全力支持。而会通河就是把隋运河中间那段拉直挖过去，不再从洛阳拐弯了。

这里要说明一下，通惠河不是一般的难挖，所以，虽然比会通河短很多，用的时间和工次却都比会通河多很多。

这也证明，沟好挖不好挖，动用的人力也会差很多。

如果用比较难挖的通惠河来比对，隋运河南段长度是通惠河的十倍，如果按照百万人齐上阵挖了五个月来算，那么用掉了大概一亿五千万以上的工次，也就是说，同样的长度，《隋书》记载的人力是元代挖通惠河的五倍以上。用会通河来比较差距要大得多，同样长度的人力是十倍以上。

当然喽，挖沟的难度有高低，而且中间差了好几百年，技术水平肯定也有不小的进步，但同样是手挖肩扛的时代，会不会有那么大的差距呢？

在翻书的时候，发现一个很有意思的现象，那就是很多史学家对于杨广挖的那条沟，会从两个不同角度去评论，当提到运河的作用之时，会先肯定一下沟是好沟啊，但是呢，其实大部分是利用原来历朝历代就已经挖过的沟,只不过连接起来而已,言下之意,杨广不过是把前人已经打好基础的事情干干完而已,所以也就没啥大功劳可言了;然而一旦说起运河的工程量,却又回到老路上,那么大的工程,动用那么多人力,在那么短时间里完成,不折不扣的暴政啊!

可是,这两个角度显然矛盾。

如果真要动用那么多人力,就说明工程量很大,就不是把旧水道连接起来那么简单。如果尽量利用原有的水道,不过连接起来而已,工程量就会极大地缩小,无论人力还是时间都宽裕得很,也就算不上急政暴政。

本书的观点倾向于后一种,认为在挖南段的时候用了旧水道,所以才能挖得那么快。

至于北段,可利用的水道远没有南段长,要命的是水源也没有南段丰富,所以肯定还得找合理的水源引水等,决定了工程量远远大于南段。

再次提醒,运河要有水才能算河,两千公里长的河不可能只靠一个水源,先挖出一条两千公里的沟,然后一开闸门,水就忽地一下从这头冲到那头,整条河都有了水,这种无厘头的事情只有三流小说里会有。真正的运河是高低起伏的,所以需要不止一个水源才能让整条河有足够的水可以通航。如果很难理解这点,请参看任何一本郭守敬的传记,看看他为了给通惠河找水源费了多少精力。

即使如此,按照元朝的对照组,隋运河所动用的人力数量恐怕也被大幅度夸大了。

实际上,当时发动的是"军民",也就是说,动用了常规军去挖运河,这倒是一个合理的解释,当然,由于府兵制的特点,那个时代在和平期军民也很难区分;其次,那段河挖的时间要长得多,虽然史书上没有明确记载到底挖了多久,但是从开挖到杨广抵达涿郡开始征高句丽,中间有三年左右的时间。以杨广的脾气，很让人怀疑，如果早一年完工，他有没有耐性多等一年出发？何况，就算是一年完工了，那也用到了三亿以上个工次，以难挖的通惠河做对照组，同样长度所动用人力也在七八倍以上了。

如果所记载的挖沟动用人力有较大的夸大，那么以此得出的"滥用民力"以至于"隋亡为此河"的结论，也就不那么靠得住了。

更何况，一提到运河就是"血泪之河"，可其实偏偏，正史上唯独对于运河工程，没有大规模人员伤亡的记载！

是的，请别揉眼睛，确实，正史上一个字也没提到，运河工程造成了当时大规模的役丁伤亡。

还记得之前提到洛阳工程的时候，正史上写着"死十四五"这几个关键性的血淋淋的字眼吗？其他的工程，比如长城工程，也有类似的记载，数据夸张不夸张先不提，至少记载表明有这样的情况存在。可问题是，唯独运河工程，没有跟着这几个字。

甚至，当时的人也没有用严厉的言辞指责过运河工程。最典型不过的要数反王李密，隋末他正是在洛阳附近活跃着，那篇"罄竹难书"的著名檄文里，列举了杨广的十大罪状，从工作到私生活骂了个遍，可偏偏，一个字都没有提到运河！

设想一下，如果运河工程真有那么可怕，弄得民不聊生，百姓怨声载道，作为一个在运河沿岸指挥造反军的首领，这么大好的题材为什么不用？

事实是，李密没有骂，《隋书》也没有骂。

所以，运河的阴暗出身，无论是"动机"还是"过程"，仔细分析起来，都不是那么铁定无疑的。

或者应该这样说，也许运河是动用了相当惊人的人力，但是绝不至于会使得史上最富足的隋朝亡国。隋的亡国，还有更多更复杂的因素，当然主要还是超级败家子杨广在其他方面也过于折腾。

但是，不应该让运河背这口黑锅。

还有些事可以证明这一点。比如，杜宝在《大业杂记》中就说"时天下丰乐，虽此差科，未足为苦"。而最直接最干脆的证明就是，如果挖运河真的那么可怕，可怕到会导致隋亡，那么为什么隋不是亡在挖运河那年，而是亡在运河完工的七年之后？

实际上，运河施工的大业前六年，一切都风平浪静。动乱起于大业七年（公元 611 年），直接导火线是黄河水患和扫地为兵征辽东，那年，运河已经全线完工。

若无水殿龙舟事

但是如果说，挖沟这档子事跟隋亡一点关系也没有，那就从一个极端走向另一个极端了。

当然是有关系的。

只不过，这关系并不是有些史家，尤其是若干野史小说里描述的，挖运河实在太苦太累，搞得大家都活不下去，非把大坏蛋杨广宰了剁碎才行。换句话说，运河是间接原因，不是直接原因。

就如同，秦也不是因为修长城亡的。

虽然《隋书》颇有点不遗余力地将杨广塑造成古往今来大坏蛋皇帝前三甲的倾向，但是对于隋亡国的主因，分析还是很精到的。

《隋书》认为，杨广之所以把史上最富足帝国搞到亡国，主因有：

其一，好大喜功，穷极侈靡；

其二，朝纲不正，用人不当，赏罚不明；

其三，真正的导火线是"三驾辽左"。

运河工程，毫无疑问，是和"穷极侈靡"紧密联系在一起的。

首先就是下江南的规格，那支超豪华游船队伍，也就是著名的"水殿龙舟"。按照《隋书》的记载"遣黄门侍郎王弘、上仪同于士澄往江南采木，造龙舟、凤𬱖、黄龙、赤舰、楼船等数万艘"（《资治通鉴》中参考《大业杂记》将船的数据改为数千），"舳舻相接，二百余里"……总之，奢侈已极。

当然这些描述也不乏夸张，比如《资治通鉴》里说"龙舟四重，高四十五尺，长二百丈"。

"二百丈"的龙舟是个什么概念呢？隋的一丈大约是现今的两米五左右，二百丈就是五百米开外，而当今最大的航空母舰也不过三百多米。实在令人好奇，要真这么长，万一碰上个弯道，可要怎么拐？

所以有学者认为，"二百丈"应当是"二百尺"的笔误。可是笔者认为这不是笔误，这就是一个夸张描述。因为后面还有段关于这条古代超级大船内部设置的描写："上重有正殿、内殿、东西朝堂，中二重有百二十房，皆饰以金玉，下重内侍处之"——龙舟有四层，中间两层共有一百二十间房。

那么，中间两层每层有六十间房，如果只有二百尺长，五六十米，船楼长度肯定就更短，而每层六十间房，算造两排吧，走廊楼梯先不算了，那样平均每个房间的开间也不过区区两米。以杨广的奢侈气派，他在自己的龙舟上造那么多鸽子笼干什么？！

撇开夸张的成分，对照杨广其后的行事风格，奢侈一事倒是可以想见。何况还有关于仪仗、沿途所建宫室、献食等诸多记载。

中国历史上曾经下过江南的皇帝并不多，刨掉那些住在江南的不算，杨广之后比较有名的也就是明正德、清康熙、清乾隆这几位皇帝。正德也是位能折腾的，足可以成为八卦主角，不过我们就先不提了。康熙下江南主要为了巡视河工以及收拢江南人心，他的排场据说相当节俭，第二次南巡甚至只有三百多扈从，不过亦有"三汊河干筑帝家，金钱滥用比泥沙"的讽诗，想来大致后几次南巡花得也多些了。然而皇帝出趟门不容易，排场不排场恐怕也不全由得他自己。乾隆皇帝的排场就相当大了，一千多艘船的豪华队伍，虽然跟杨广昔年留下的"万艘"超豪华记录还是不好比，但耗费还是有点小夸张的，所以他的六下江南所受诟病远比他爷爷康熙多多了。

乾隆朝无疑富得冒油，所以六下江南挥金如土，再受诟病，不至于能折腾到亡国的地步。同样，大业年间也富得冒油，如果杨广仅仅是一个只知吃喝玩乐的奢侈浪费之徒，所有的人生理想就是下江南声色犬马，他还真不至于能折腾到亡国的地步。

杨广的亡国，最主要还是他太有开拓精神了，或者说，他太有"蒙眼瞎驴子"的冲劲了，无论内政外交还是基础建设，都是如此。

但是除了认真的史家和特别富有八卦精神的人士，对于一般人而言，错综复杂的原因思考起来总是太辛苦，而浮在表面上的过失直白得多，容易接受，因此就会被加倍强调。

就好像隋的亡国，在很多野史中演变成杨广挖了条运河，然后一溜烟跑去江南吃喝玩乐泡美眉，玩啊玩啊就亡了国。

实际情况当然不是这样，但是下江南的过分奢侈和超级排场，以及运河一览无余的宏大，被很多人看在眼里。在当时，他们也许在腹诽，也许只是在看热闹，如果大业年就这么平安过去，那么这些事儿可能就变成史家笔下几句不痛不痒的话：

隋X帝杨广下江南耗费巨大，给百姓带来了沉重的负担，但是也有他的政治目的，他此行的主要目的，还是为了加强对江南的控制。自开皇九年平陈，江南纳入隋帝国版图，中华重新出现大一统局面不过十数年的时间，稳固江南，仍有其必要。

另一方面，也是更重要的，从前面的洛阳工程已经可以窥见杨广心目中的帝国蓝图，设身处地想象一下，如果他正急于跳出北朝赖以发迹的关中，而将视线投向整个帝国，换句话说，他要将原本集中在关陇贵族手中的政治和军事权力平均分布到整个帝国,他势必要引入新的力量,那么他首先想到的会是依靠哪里呢?

江南,当然是江南。

尽管出身关陇贵族,但杨广从二十岁开始,他的政治生涯就与江南紧紧联系在一起,而不是关中。这也可以解释,为什么他在大业末年局势一塌糊涂的情况下,会不顾一切地前往江南,因为实际上,在他心目中,江南才是他的根据地。

杨广从十三岁就离开了大兴,而他回到大兴也就是当皇太子的那四年,那段时间里他又不得不忌惮他老爹的戒心,所以不可能大肆经营他的势力。因此他登基之后所能依仗的,也仍然是他在江南的时候培植的力量。

他既从感情上迷恋江南,从他当时的情况和他想要达成的理想,他也不得不重视江南。

所以,他三下江南选择的是三个极为关键的时机:在登基之初最需要稳固统治的时候,在亲征高句丽之前必须保证后方稳定的时候,在他意识到局势已经很难收拾的时候。

大业元年首次下江南带去的优惠政策很丰厚:江淮以南大赦,扬州免五年赋税徭役,旧总管内免三年赋税徭役。于是在平陈之初得到免赋十年后,江南继续保持着帝国特区的地位。且因为大业三年有关内免赋税徭役三年的诏令,那么江南的二十年里有十五年①免赋税徭役,舒服日子相当长。

---

① 平陈是在开皇九年(公元 589 年)至大业五年(公元 609 年),正好二十年。《隋书·食货志》载:"(开皇九年)帝以江表初定,给复十年。"大业元年(公元 605 年)杨广登基,原扬州总管内给复三年;大业三年(公元 607 年)颁布新律法,关内给复三年。如此算来,江南地区自开皇九年至大业五年的二十年间有十五年免赋税徭役。

因此,即使是最受非议的下江南,也能找出杨广一贯的正确目的,只不过也有超级大排场证明他的行事方式也是一贯的夸张。

而这种行事风格更使得他其后的一系列内政外交政策都显得过激,尽管也一贯的目的正确。后果就是在人们心目中积累了越来越多的不满,也就为他自己树立了足够多的敌人,后面我们还会看到,他的敌人自上而下,是全面铺开在各个阶层的,他的帝国这时候已经成了遍地火药,就看有没有人点火了。

运河工程本身不至于亡国,但是大兴土木历来是最容易积怨的,这种怨气没有人点火可能会混过去,其实历史上大兴土木最后混过去的案例也挺多,看看很多皇帝的超豪华陵墓规格就知道了,说到这,杨广什么都造了,倒是唯独没想起来给他自己造个墓。但是,一旦有人点火,就会爆发。

所以,运河也好,超级大排场也好,都只是其中的一层火药。其后还有很多很多层火药,很难说到底是哪层火药起了作用,隋的二代而亡,原本就是很多因素叠加的结果。

杨广的这种铺张显摆狂作风被钱穆先生称为"极度贵族气"。换句话说,他就是一个花钱不看荷包、做事不管别人心情的主儿。

花钱不看荷包也就罢了,至少在大业初年,他的家底实在太厚太厚了,中国历史上没有一个皇帝,包括也算富有的唐玄宗和清乾隆,能比他更有底气花钱。

但是做事不管别人心情,后果就很严重了。

杨广本人显然才智过人,小到他给后宫美人们起的封号,大到他做事的清晰脉络,都能看得出这点。这皇帝当得怎么样不提,他当皇帝的内在外在条件在中国古代三百多个皇帝里都是名列前茅的。

但是,智足以拒谏。他所做的事情别人未必能够理解,或者,出于自身利益也会提出反对。从史书上看,杨广明显属于懒得哈拉的那种皇帝。哼,不同意啊?不同意我贬你的官,再不行咔嚓了你。他比商纣更适合"智足以拒谏,言足以饰非"的评价。

世上原本就没有十全十美的事情,同样一件事情,有人会更重视有利的那面,有人会更重视有害的那面。

也许,杨广在做多数决定之前其实做过认真的评估,一个真正随心所欲的人不可能"碰巧"做出那么多其后被证明符合历史发展趋势的决定。当他觉得利大于弊的时候,他就决定去做。可是,对别的人是不是也会这么觉得,他似乎觉得没有必要理会。还是,他认为眼下不理解也无所谓,一段时间之后,效果显露,大家自然会理解的。

可是,他做得实在太过头,以至于失去了那段能让效果显露的至关重要的时间。

而最终的爆发,超出了他的控制能力。

共禹论功不较多

这节主要不是为杨广设的,这节是用来发牢骚的。

笔者越翻史书就越郁闷一点:运河当初到底是谁设计的?居然没有史书明确提到!

《隋书》中提到的工程师只有三位:宇文恺、阎毗、何稠。

是大工程师宇文恺吗?他看起来似乎最有可能,但是作为新帝都洛阳的总设计师,他更应该在负责那个工程。而在大业三年,运河北段紧锣密鼓地进行着勘察设计时,他也明确地出现在杨广北巡突厥的外事活动名单里,为杨广建造华丽的移动宫殿,以便在突厥人面前显摆。

阎毗,他是《隋书》明确记载的运河北段负责人,但是《隋书》只说了杨广命他"督其役",也没有明确说他就是运河的技术总监和设计师。

何稠?找来找去只找到他造的仪仗啊、桥啊、攻城工具等,他的传里提都没提到过那条沟。

总之,大运河的总设计师似乎消失在了历史中。

今日的我们提到大运河的时候,第一反应恐怕就是长,长达两千多公里,世界上最长的人工运河。然后呢? 似乎很多人由长联想到的就是工程量之大,却很少有人认真地去想,这到底有多难?

这里指的是技术上的难度。

重提那句老话:运河是条河。即使多个定语,但本质上运河仍然具有河的特性。

有耐性看到这里的诸位读者,不妨自问一下,也不用太远,就在我们自己所在地周边选址,挖条宽五十米,长十公里的沟出来,要求能行船,您知道如何着手吗? 您知道怎么测量地形,从哪里引水,怎么让那条沟里的水能乖乖地流过整条沟,又不能太湍急吗? 您知道如果这段沟中间还会经过另一条河流的时候,怎么避过潮涨潮落,以使得这条沟不会泛滥,又不至于发生枯水吗? 您知道如果这条沟中间地形有起伏的时候,要怎么才能让水流过去吗? ……

就算是水利工程师,就算有今日的科学技术,这也是需要费点工夫的事情。

何况这条沟有两千多公里长。

何况这条沟诞生于一千四百年前。

何况这条沟跨越了淮河、渭水、黄河等自古就以难伺候著称的水系。

可是,在当时的技术水平下,这条沟在最多不超过六年的时间里,就全线完工了。

其中的南段,八百公里的长度,只花了区区五个月就挖成了,而且能让一个超级庞大的龙舟队伍顺利到达江南,充分证明其卓越的航运能力。

事先要有何其精密的规划,才能做到这点?

在同一时代诞生的赵州桥,以其卓越的力学水平,让我们的古代桥梁建筑在国际上赢得何其高的声誉。这座领先欧洲上千年的石桥也让石匠赵春的名字一同不朽。

可是,作为一项水利建筑史上的奇迹,中国古代最伟大的工程之一,大运河的设计师本该是水利工程史上最璀璨的名字,如今居然青史无名。

都是被杨广这败家子害的!

初唐,百废待兴。那时的长安人口已经下降了几个数量级,位于关中的政治中心感受不到其后盛世的运输压力,诞生不过十数年的运河也还根本没有机会展现它可能对帝国 GDP 增长带来的真正作用,因而编史者对运河,也就只剩下了兴师动众、豪华船队等劳民伤财的描述。之后,当运河的效用越来越明显,逐渐上升到国家命脉的地位,运河设计开挖的一手史料很可能已经散失。

一同散失的,恐怕还有当时用于勘测的技术。因为,这条在短短数年中就能够开挖成功,其间克服了各种地形障碍的超长运河,很可能用到了那时乃至在其后很长时间都远远领先的技术手段。只是很可惜,关于这点,已经找不到任何证据了。

只能用老办法,翻点对照组出来。

还是从元代的京杭大运河开始。我们都知道,京杭大运河与大科学家郭守敬的名字紧紧联系在一起。今日的我们称七百多年前那位几乎是不可思议的学者为"科学史上的奇迹",太空中有一颗小行星叫"郭守敬星",月球上有一座环形山叫"郭守敬山"。

他也是一位大工程师,最杰出的成就正是通惠河的设计。这个设计有多厉害?——"今日新开京密引水渠,自白浮泉而下直至昆明湖,仍循元时故道(通惠河),仅小有调整,足证当初地形勘测之精确。"

但是通惠河的开掘也不是一帆风顺的,前前后后挖了好几次,前人挖过,到郭守敬手里又尝试了三个方案,花了三十多年的心思,才最终成功。

麻烦就是没合适的水源,要么引来的水太大太急,船只能下行,没办法上行,要么就是水太少,根本行不了船。直到郭守敬终于在六十里地外的山里找到了白浮泉水,才算找到水量合适的源头。但这还没完,由于地形的缘故,直接挖条沟引水不行,还得绕啊绕啊,才最终引入运河。

可见,运河从来就不是想挖就能挖得成的,历史上挖废的运河比比皆是。而想要成功地挖出一条运河来,关键的还是一个成功的规划,而成功的规划一定离不开高超而精密的勘测。

当然,通惠河也许因为特殊的地理位置而造成了特殊的开掘难度,然而在一千四百年前的隋朝,那条长达两千两百公里的运河,行经了大半个帝国的疆域,又怎么会不存在各种各样的类似难题呢?

最直接的问题:那么长的距离,到底是怎么勘测的呢?是不是有什么特别的方法和工具?

然而,我们从史书中却看不到任何相关记载,这些记载里,只看到了工程的巨大,暴君的任性,劳作者的艰辛,却看不到设计师的智慧。可是那些难题,不是暴君够任性,劳作者够多够辛苦,或者运气实在好之类的,就能够解决的。能在短时间内解决那些难题的,只有可以说是超出了时代的技术。

还有另一个例子更说明问题:唐玄宗在位期间,运河在唐帝国的地位已经非常高,因为那时江淮地区已经是赋税的主要来源,成为"国命"。但是运河与淮河交会的一带,因为泥沙淤积,已经变得行船艰难。于是,在开元二十七年(公元739年),河南采访使、汴州刺史齐澣提出,自泗州虹县至楚州淮阴县北,沿着运河原来的走向,新开一条河,以方便运输。可是这条一百多里长的新运河自诞生之日就先天不良,因为水流过于湍急，根本无法行船，所以挖好之后，立刻就报废了，行船仍然不得不走旧河道。

可见，挖运河这回事，还是很有点技术含量的，差之毫厘，失之千里。即使沿着旧河道的走向，遵循的是相当接近的地形，也仍然会挖不成。

所以说，隋那条沟肯定是经过严密规划和论证的，绝对不可能是暴君拍拍脑子随手画出来的路线。而且，整个工程满打满算至多花了六年就完成了，从时间，从工程量，从完工后的通航来看，至少施工过程不存在大的失误。

这里，还要说几句，关于运河南段，很普遍的意见认为是充分利用了旧河道，也就是尽量把旧河道连接起来。这样做，固然能够大幅度减少工程量，可是对于减轻难度未必有太大帮助，要合理连接两条旧河道可不容易啊，说不定比新挖一条难度还大。为什么？因为两条河道之间很可能存在着落差，如果落差较大，那么不管三七二十一直接连起来的后果就是其中一条河里的水忽地一下全涌到另外一条河里去了。所以连接两条河道必须有合理方案，必要的时候还必须引入新的水源，才能让全河道都有既充裕（否则不能行船）又不能太湍急（否则也不能行船）的水流。

而以大运河的长度，以沿途所经过的各种复杂地形，以一次完工通航的效率，大运河的成就至少也应该和都江堰、通惠河相提并论吧？大运河设计师至少也应该和李冰、郭守敬一样，在科学史上占据自己的地位吧？

然而，这位，或者这些天才究竟是谁呢？

也许有一天，会从不知道哪个山洞啊地宫啊挖出一些资料来，上面记载着某某人曾经主持设计过隋大运河……更可能，我们永无机会知道他们是谁。

无论如何，让我们向那些湮没在历史中的天才们致敬！

请看隋堤亡国树

本节标题出自唐代诗人白居易的《隋堤柳》。全诗如下：

> 隋堤柳，岁久年深尽衰朽。
>
> 风飘飘兮雨萧萧，三株两株汴河口。
>
> 老枝病叶愁杀人，曾经大业年中春。
>
> 大业年中炀天子，种柳成行夹流水。
>
> 西自黄河东至淮，绿阴一千三百里。
>
> 大业末年春暮月，柳色如烟絮如雪。
>
> 南幸江都恣侠游，应将此柳系龙舟。
>
> 紫髯郎将护锦缆，青娥御史直迷楼。
>
> 海内财力此时竭，舟中歌笑何日休？
>
> 上荒下困势不久，宗社之危如缀旒。
>
> 炀天子，自言福祚长无穷，岂知皇子封酅公。
>
> 龙舟未过彭城阁，义旗已入长安宫。
>
> 萧墙祸生人事变，晏驾不得归秦中。
>
> 土坟数尺何处葬？吴公台下多悲风。
>
> 二百年来汴河路，沙草和烟朝复暮。
>
> 后王何以鉴前王？请看隋堤亡国树。

白居易所讽的是一种当时普遍的看法。然而，读到最后那句，真让人忍不住长叹：杨广那超级败家子还真是能量不小，连棵树也能跟他一块儿倒霉，弄得灰头土脑。

"隋堤柳"在有唐一朝，一直是败家的同义词，倒好像这隋就是被棵柳树勾亡了国。小说家就不去说了，连有的史学家也把隋堤上遍植柳树当作是大坏蛋杨广穷极奢靡的一部分，相当于出巡的超豪华仪仗队的背景,这柳树可真是比窦娥还冤啊。

当然喽,"碧玉妆成一树高,万条垂下绿丝绦",柳树的长相确实不错,但是,漂亮的树有很多,为什么到今天为止,河堤上总是习惯性地栽种柳树呢?那是因为,柳树最大的优点不是漂亮,而是生命力。

不是有句话叫作"无心插柳柳成荫"吗?可见柳树之好养活。但好养活不足以决定它在河堤上千古不动摇的地位,更关键的是,柳树不怕水泡,根部被水浸没几个月都仍然存活,换别的树种基本上早就玩完了。明朝嘉靖年间的水利部长刘天和总结得最好:"内则根株固结,外则枝叶绸缪,虽风浪冲击,可保无虞。"

老调再弹:运河也是河。莫要一提决堤就只想得起黄河淮河,运河也一样会决堤,运河决堤一样也是灾难,也会冲垮良田民居。实际上,运河河堤也一向不是那么牢靠的,尤其那些和淮河黄河交会的地方,隔一阵子就会决堤闹腾一下。由于运河在海运未能成为主力之前,一直保持着运输命脉的地位,所以运河的护堤一直是各朝的头等大事。比如说,清朝的时候运河河堤每 90 丈就有一个拿国家薪水的官兵专门负责护理草皮和柳树,那是为了护堤,可不是为了皇帝们下江南的时候看个漂亮的。

所以,再怎么痛斥杨广下江南的烧包排场也好,河堤上种的柳树主要还是用作护堤的。前面说过,运河一定是超级天才人物规划设计的,护堤当然会列入考虑,所以柳树作为规划的一部分是件很自然的事情。如果非要说杨广为了好看而栽柳树,偏偏选中的居然是护堤的第一树种,那才真是巧合得离奇了。何况杨广第一次下江南的时候,也就是第一次以皇帝身份到老根据地去显摆的时候,已经是阳历十月左右,到江南都十一月了,柳树是落叶乔木,柳条变成一根一根光杆儿了,哪里还会好看。

至于这柳树是怎么被刷灰的,起源是一篇叫作《开河记》的号称唐传奇的小说。

为什么说是号称呢？因为这篇文自称是晚唐人写的,可其实出身可疑得很。《四库全书》就做过鉴定了:"《开河记》述麻叔谋开汴河事,词尤鄙俚,皆近于委巷之传奇。同出依托,不足道也。"也就是认为,这是宋人假托写出来的。这《开河记》基本上是一篇无厘头奇幻小说,不过里面有个经典情节,那就是杨柳的来历。

里面说杨广下江南的时候,拉船的是一群美女,杨广又想看美女拉船,又怜香惜玉,怕把人家女孩子晒坏了,就找大臣来想办法。虞世基就给出个主意,种柳树。于是悬赏种柳树,一下子河堤上全种上了,杨广一高兴就给柳树赐了个御姓,所以柳树从此又叫杨柳。

这情节后来被《隋炀帝艳史》《隋唐演义》等小说相继采用,就此"发扬光大",甚至很有成为"杨柳"二字正解的趋势。

这里插几句,《隋唐演义》知名度很高,《隋炀帝艳史》可能看过的人就不是很多了。这部诞生于明晚期的小说其实很强,强就强在,其本身的文学水准不算高,可是却影响力深远,其后不少著名小说都能看到它的影子,甚至包括《红楼梦》这样的大牌。至于那小说本身的内容,与其说是描写隋炀帝,倒不如说借隋炀帝暗讽晚明的情形。

其实呢,"杨""柳"二字在中国古代很长时间内都是不分家的,比如说吧,《诗经》里就有"昔我往矣,杨柳依依",又比如《史记·周本纪》有典故:"楚有养由基者,善射者也,去柳叶百步而射之,百发而百中之。"可是成语却是"百步穿杨"。所以杨广给柳树赐姓云云,估计也就是他碰巧姓杨,就给安上了这么一回事。

至于拉船的美女云云,就更无稽了,因为《隋书》写得很清楚:"募诸水工,谓之殿脚。"跑到野史里就多了个"女"字,水工就成了殿脚女了。

所以说呢,杨广以他无与伦比的折腾能力把帝国给搞垮了,可是亡国这顶帽子,再怎么样也不应该戴在柳树的脑袋上。

唉,大业倾塌自有因,亡国何须怨杨柳!

还有几句唠叨……

本章已经唠叨了很长的篇幅,当然这是因为南北大运河在中国历史上举足轻重的地位。在今日的我们看来,这显然也是杨广平生做过的最显赫的一件事。

从这条沟形成的前前后后,也可以看得出杨广的行事思路其实有着相当清晰的脉络,他知道自己在做什么,或者说,他对自己所掌握的帝国之未来有着相当明确的规划,因此即使是那些遭人诟病的举措,其实也可以找到合理的理由。但是,他达成目标所采取的方式却十分夸张,即使排除了史书夸大的因素,恐怕也很难摘掉好大喜功和急功近利的帽子。

他的行事风格,尤其是登位最初那几年,颇有工作狂的架势。那么多件事情赶在一起做,倒好像他每天都觉得自己看不到明天的太阳了似的。

杨广登基的时候三十六岁,在今天看来这是个风华正茂的年纪,不过在当时,这已经是爷爷辈的岁数了。不用怀疑,大业元年,杨广的老大元德太子杨昭已经有了至少两个能满地乱跑的儿子,杨广那是货真价实的爷爷。

也许,面对心中已经勾画多年的帝国蓝图,他真的很急吧。

还是说,像某些国外的隋唐史学家分析的那样,这是某种俄狄浦斯情结,就是被他老爹老妈压抑多年的个性的疯狂爆发?

甭管怎么说,正是杨广不可思议的个性成就了大运河。

如果,杨广一辈子就做过运河工程这么一件事的话,他大概会成为中国历史上顺序排行在前的皇帝,那就不会是今日我们在史书中看到的那样一个大坏蛋。可惜,他做的事实在太多,而且方式也是一贯夸张。

所以,造就大坏蛋杨广的,也正是他不可思议的个性。

第六章

大业三年

这里,容笔者东施效颦一回,套用黄仁宇先生的标题。

不过呢,笔者可没有黄先生的水平,他选择万历十五年是以小见大,而这里选择大业三年,是因为这一年实实在在地发生了很多事情。

前面说过,运河其实不能算是隋王朝灭亡的主因。

那么主因是什么呢?

应该说,杨广在内政外交上种种举措,综合在一起,才是导致隋亡的主因。

和运河一样,如果把他的内政外交一言以蔽之的话,那就是俩字——折腾,展开的话,那就是错综复杂的很多事情。不过要是把他所有的内政外交都一一列举讲述分析,那这就不是八卦,而是枯燥的大部头历史学术著作了。所以,让我们择其精要,从折腾里找最折腾的。

但是,折腾归折腾,这货倒不是瞎折腾,而是有计划地折腾。还是那句老话,他所做的大多数事情一贯的目的正确,当然,在具体的处理上,也一贯地采用了夸张的方式。

127

　　而且,大多数举措都有一条贯穿始终的主线——他要按照自己设计的蓝图,将刚刚经历过三百年纷乱割据的华夏,建设成他心目中的大一统帝国。

　　新洛阳工程也好,包括大运河在内的配套交通工程也好,都是这大一统帝国的硬件部分,而较为隐性的,其实很可能也更为艰巨而影响也更为深远的,则是软件部分——相应的内政和外交政策。

　　大业三年(公元607年),正是杨广按照自己的构想建立一整套内政外交政策的关键年份,一系列对其后的历史产生深远影响的举措都在这一年实施,虽然,当时看起来也许未必那么重要。

　　这之前的一年,异常平静。

　　大业二年正月,洛阳城竣工,运河南段在更早的时候已经通航,而北段则要到大业四年才会开工。杨广自四月赶回来参加了洛阳落成仪式之后,居然一反常态地乖乖待在他那豪华私宅里,将近一年都没有再出门旅游。没有出门也就罢了,甚至,在这一年的史书记载中,除了皇太子杨昭和前国务总理杨素相继去世这样的事之外,乏善可陈,其中最重要的一笔记录,也无非就是抓了多少只鸟,来制作仪仗而已。

　　这在"超级驴友"杨广的皇帝生涯中,是绝无仅有的一段日子。

　　而事后看来,这一年的平静好像只是为了积蓄力量,以便下一年开始爆发式折腾。

香草外交

　　大业三年,东都洛阳在一片欢腾中迎来了大年初一。

　　在前一年的正月,这座新城刚刚完工,所以,这是洛阳的第一个新年。

　　想必在杨广看来,这座由他亲自主持修建的城市,才是他心目中真正的帝国首都——他在位时,待在京师大兴的时间还不到一年,也许他只是还没来得及找到借口正式迁都。反正,大兴在大业年间已经沦落成了名义上的帝国京师,用途也就是给皇帝祭祖的时候落落脚。

杨广这时候已经把他老爸杨坚奉行的俭朴抛到了九霄云外。

他喜欢排场。

朝臣们这时候也都已经知道他喜欢排场,所以弄出了一套更比一套气派的排场。

在这个有特殊意义的新年,杨广下令"总追四方散乐,大集东都",组织了一场规模空前的娱乐活动。一时间,各地的艺人们都来到洛阳,搭台表演。因为从前杨坚不好这口,所以这些民间艺术家们受冷落很多年,现在终于有机会大显身手。

而且,这次街头大会演还背负着一项重要的外交任务:向外国元首展示隋帝国的繁华强盛。

这位外国元首不是别人,正是东突厥启民可汗。

说实在的,称启民可汗为"外国元首"都不十分确切。因为当时的东突厥,其实已经是隋的一个卫星国,除了版图不曾合并(这点隋帝国有自己的考虑,他们更需要的是一个能够"以夷制夷"的帮手),事事都对隋俯首帖耳。启民可汗自称是隋的臣民,对杨坚杨广父子那谦卑的态度,只怕比朝中大臣们还要恭敬几分。

也许真是艳羡不已,也许是耳濡目染,已经很清楚至尊的隋帝国皇帝陛下最爱听的是什么,所以启民可汗见了这一番大排场之后,当场向杨广请求:"让俺们这些土人也改穿上大隋的衣服,改成大隋的发型,过过文明人的好日子吧!"

如果诸位读者觉得启民可汗的话太肉麻了一点儿,那么请看原文:

"已前圣人先帝莫缘可汗存在之日,怜臣,赐臣安义公主,种种无少短。臣种末为圣人先帝怜养,臣兄弟妒恶,相共杀臣,臣当时无处去,向上看只见天,下看只见地,实忆圣人先帝言语,投命去来。圣人先帝见臣,大怜臣,死命养活,胜于往前,遣臣作大可汗坐著也。其突厥百姓,死者以外,还聚作百姓也。至尊今还如圣人先帝,捉天下四方坐也。还养活臣及突厥百姓,实无少短。臣今忆想圣人及至尊养活事,具奏不可尽,并至尊圣心里在。臣今非是旧日边地突厥可汗,臣即是至尊臣民,至尊怜臣时,乞依大国服饰法用,一同华夏。臣今率部落,敢以上闻,伏愿天慈不违所请。"(《隋书·北狄传》)

——想当年我的兄弟们合伙想杀了我,我走投无路,向上看只见天,向下看只见地,只好去投奔圣人先帝莫缘可汗(文帝杨坚)。圣人先帝看我可怜见儿的,还让我做突厥大可汗,替我养活百姓。如今皇上您也一样,养活着我和我的百姓,这些恩情我说也说不尽,都在我心里头搁着呢。如今我已经不是从前的突厥可汗,我就是皇上您的忠实臣民。皇上您可怜可怜我,让我们改成和华夏一样的服饰吧,求您大发慈悲,答应我的请求吧!

可想而知,杨广听见这么一番话,心里的得意。

最重要的是,摆排场还能摆出这等成效来,可谓一举两得——"衣冠大备,足致单于解辫"。而,这在一定程度上也就助长其后杨广以公务为幌子的排场嗜好逐渐升级。

不过,得意归得意,杨广倒是没有忘记根本目的,隋帝国需要的是一支能够不花自己多少力气养活的草原军队,随时帮着打周边国家,如果东突厥被彻底同化,那还有什么意思?所以,他婉言回绝了。

作为回报,杨广决定对东突厥做一次正式的国事访问。

这次国事访问的时间从大业三年四月出发,一直延续到九月,塞北的冬天来临,才回到东都洛阳。

为杨广打前站的大使,正是当年曾经送千金公主出塞的长孙晟。二十八年过去了,昔日十八岁的英武少年已经四十多岁,成了深谙世情的政治家。

史载，长孙晟见到启民可汗，故意指着他牙帐外的杂草说："这草真香啊！"

虽然已经在东都接受过一阵子熏陶，启民可汗毕竟还是比较实诚，连忙凑过去闻了半天，困惑地回答："不香啊。"

长孙晟便说："天子出巡，诸侯都会亲自打扫路面，以表忠心。如今看看您这儿……要不是特别香，干吗留着这么多草呢？"

实诚的启民可汗这回终于恍然大悟，赶紧抽出腰刀，亲自上前割草。东突厥的酋领们一瞧可汗都动手了，那还愣着干啥？上吧。于是，东突厥上上下下总动员，开始了一场轰轰烈烈的除草修路运动。从可汗的牙帐，一直到北京那一带，修出了一条足足长1500千米，宽150米的御道出来。

可见，那时候不但是隋的百姓，甚至连东突厥的百姓都让杨广折腾起来进行基础建设工程。

出巡前就有这等排场，出巡的排场当然就更大了。

杨广自京师出发，所率领的队伍规模是：甲兵五十万，马匹十万。史书形容："旌旗辎重，千里不绝。"当时的隋帝国确实是富到冒油，"天下承平，百物丰实"，这个人数对于很多朝代的皇帝而言，念一下都要牙酸的。而隋帝国派出这么个庞大的队伍，就是为了去显摆显摆：看吧看吧，我们大隋是多么富有多么强大，顺从我们会有好日子过，不顺从我们的话这些大军就会把你们踩平！

据说，隋帝国首席大工程师宇文恺为杨广设计制造了一个活动的宫殿，叫"观风行殿"，可以容纳几百人，宫殿有轮子，还有能开合的屋顶，这个先进的"奢侈品"顿时把启民可汗的牙帐比得有如贫民窟，而朴实的草原百姓远远看到这个宫殿，甚至以为是神的居所，纷纷下马跪拜。

真是让人难以想象！隋朝时有很多先进机械装置的记载，直让人怀疑是不是某现代大工程师穿越到公元七世纪初去了。

这次北巡是杨广登基之后首次正式的大规模外交活动，也是日后一系列规模夸张的外交和征战的开始。

当时，究竟有没有人反对这样的举动呢？史书没有说。

北巡不能说没有一定的作用——杨广的目的一贯是正确的。然而从以后的历史回头去看，无疑，和一系列浩大工程一样，夸张的作风已经为隋帝国的未来蒙上了阴影。然而当日，杨广的眼里只有那一片辉煌，完全掩住了其他的色彩。

出巡过程中，其实发生了很多事情，比如还发动了百万人去修长城，一面去做友好访问，一面又大修针对突厥的国防工程，还真是讽刺；比如因为非议了几句长城役和此行的过分奢侈，前国务总理高颎等几个文帝朝的重臣被杀了，可以说，杨坚苦心经营的俭朴之风也就随着这几位大臣的死而彻底告终。

也许值得一提的是，东突厥之行，萧皇后也陪同出访，而且去看望了隋帝国驻东突厥大使——启民可汗的可贺敦（皇后）义成公主，这也是两国"第一夫人"的会晤。在中国世袭王朝历史上，能够陪同国家最高元首一起出访，并且参与外事活动的"第一夫人"，寥寥无几。

六合城

既然提到了隋史中记载的那些不可思议的高科技产品，索性罗列一下。

大业三年，出访东突厥，宇文恺设计建造了观风行殿。

大业四年，杨广北巡长城，观风行殿升级为"六合城"。这次是由著名发明家何稠设计的。据史书的记载，这座边长一百八十米，有四层楼高，占地足足三万平方米的庞然大物里面，安装了名叫"击警"的自动报警装置，还有据说能转向的机弩，能够自动瞄准发射。

　　大业八年（公元 612 年）征辽，六合城 2.0 版亮相。这次又增加了一套能够折叠运输，现场展开组装的活动城墙，而城堡的规模也更大了。据说，当高句丽人一夜睡醒，忽然发现对面居然平地冒出一座周长达八里的城池（相当于两个故宫），着实吓了一跳。虽然，这似乎也就是那些奇思妙想的全部作用了。

　　《隋书》里还记载了一个机器人："……帝犹恨不能夜召，于是命匠刻木偶人，施机关，能坐起拜伏，以像于晉。帝每在月下对酒，辄令宫人置之于座，与相酬酢，而为欢笑。"

　　——杨广没登基的时候，和文士柳晉就结成了好友，登基之后，关系更铁。只可惜有一点，大半夜把柳晉召进大内总不妥当，杨广只好"望梅止渴"，命人照柳晉的模样做了一个木偶，装上机关，木偶能坐能站还会磕头。杨广兴致来了，就和这个木偶月下对饮欢笑。

　　还有那个史上独一无二的全自动智能图书馆。

　　"于观文殿前为书室十四间，窗户床褥厨幔，咸极珍丽，每三间开方户，垂锦幔，上有二飞仙，户外地中施机发，帝幸书室，有宫人执香炉，前行践机，则飞仙下，收幔而上，户扉及厨扉皆自启，帝出，则垂闭复故。"（《资治通鉴·卷第一百八十二》）

　　——观文殿前造了十四间奢华的图书室，房门口垂着锦幔，门的上方有两个飞仙，门外设有机关。杨广进了图书馆，宫人就上前踩动机关。只见飞仙落下，锦幔升起，图书室的窗户和书柜门都自动开启。等杨广离开图书室，则一切都自动恢复原样。

　　如果不是白纸黑字记载于正史，真令人怀疑这是史上最古老的科幻小说。别说一千四百年前，就算是现在，也让人眼馋啊！

何如汉天子

　　　　鹿塞鸿旗驻，龙庭翠辇回，

毡帐望风举，穹庐向日开。

呼韩顿颡至，屠耆接踵来，

索辫擎膻肉，韦韝献酒杯。

何如汉天子，空上单于台？

大业三年八月，杨广在东突厥领地大宴四方，席间作了这首诗。

杨广这个阶段的诗作风格都很明显，那就是一个字——拽。诗中那种睥睨天下，不可一世的气派，倒也十分符合至尊的大隋皇帝身份。

这诗里用到两个典故：匈奴呼韩邪单于（著名美女王昭君的老公）和鄯善王尉屠耆都是汉代时归顺的外邦元首。

杨广作诗喜欢用汉朝的典故，有很多次他自比为汉天子，尤其是汉武帝。

《白马篇》里，他说"轮台受降虏""英名欺卫霍"，都是汉武帝时候的典故。

《饮马长城窟行》里，他说："借问长城侯，单于入朝谒。"

甚至，在香艳的《喜春游歌》里，也有"轻身赵皇后，歌曲李夫人"的句子。

他的大汉情结，不光表现在作诗上。

《隋书》里说他："慨然慕秦皇、汉武之功。"秦皇倒也罢了，尽管在后世，大坏蛋隋炀帝经常作为反面典型与秦皇共提，主要是因为这两人的行事风格以及效果（多数是负面的）有很多类似的地方。然而，从杨广的言谈和治国举措中，其实看不出多少效法秦皇的意思，倒是颇看得出杨广有几分汉武情结。

比方说吧，元光六年（公元前 129 年），汉武帝刘彻调动了几十万人挖通关中漕渠三百余里，于是杨广也挖了，还挖得更长了好几倍；元封元年（公元前 110 年）冬十月，汉武帝"躬秉武节"北巡长城，"勒兵十八万骑，旌旗径千余里"，杨广也北巡出塞，还把带的兵马数量进一步扩大到五十万众。

当然可以说这些事也许是巧合，但是从文治上看更明显。比如袁刚先生就指出，汉武帝的监察制度基本法规就是"六条问事"，这里抄一下书：

一条，强宗豪右，田宅逾制，以强凌弱，以众暴寡。

二条，二千石不奉诏书，遵承典制，倍公向私，旁诏守利，侵渔百姓，聚敛为奸。

三条，二千石不恤疑狱，风厉杀人，怒则任刑，喜则淫赏，烦扰刻暴，剥截黎元，为百姓所疾，山崩石裂，袄祥讹言。

四条，二千石选署不平，苟阿所爱，蔽贤宠顽。

五条，二千石子弟恃怙荣势，请托所监。

六条，二千石违公下比，阿附豪强。通行货赂，割损正令也。

杨广的监察制度也来了个"六条"，不过好歹杨广还有点与时俱进的精神，所以改了改内容，但是抄袭关系还是基本成立的：

一察品官以上理政能不。

二察官人贪残害政。

三察豪强奸猾，侵害下人，及田宅逾制，官司不能禁止者。

四察水旱虫灾，不以实言，枉征赋役，及无灾妄蠲免者。

五察部内贼盗，不能穷逐，隐而不申者。

六察德行孝悌，茂才异行，隐不贡者。

而到唐朝建立监察制度的时候也抄了个"六条"：

其一，察官人善恶；

其二，察户口流散，籍帐隐没，赋役不均；

其三，察农桑不勤，仓库减耗；

其四，察妖猾盗贼，不事生业，为私蠹害；

其五，察德行孝悌，茂才异等，藏器晦迹，应时用者；

其六,察黜吏豪宗,兼并纵暴,贫弱冤苦不能自申者。

当然,为了撇清和大坏蛋杨广的关系,他们坚称是抄汉武的而不是抄杨广的。

杨广的"汉武情结"其实很容易理解。

以当时而言,如果他要找个仿效的对象,可选择的范围有多少呢?我们来数数看:他老爸杨坚当然是头一个,杨广确实也有很多事是延续文帝而做的。再往前……魏晋南北朝那三百年皇帝倒是不少,可拿得出手的实在不多,而且眼高于顶的杨广估计还看不上他们。再往前就回到了汉朝。东汉盛产小皇帝,要不是没长大就是长大成了废物点心,略过,少数还行的也没办法和西汉天子们相提并论,而说到西汉天子,最光彩照人的,那还能有谁呢?

显然,首推汉武。

所以,如果杨广心里也存在着一个偶像,那么这偶像是汉武帝,其实一点儿也不奇怪。

而且从个性上说,从喜好上说,他们也有诸多酷似的地方,钱穆先生就说:"炀帝外慕经术,内好文学,则颇似汉武。"

确实,他们都是很爱折腾的人。这里的折腾不仅仅指他们都东征西讨,而是指,他们都富于改革的精神。

仁寿四年(公元604年)十一月,杨广发布第一份重要的诏书《营建东都诏》。开篇第一句话就是:"乾道变化,阴阳所以消息,沿创不同,生灵所以顺叙。若使天意不变,施化何以成四时,人事不易,为政何以厘万姓!"

此时他已经向朝臣和天下百姓发出了一个十分明确的信号:变革将临。

动了谁的奶酪?

大业三年的变革,在史书上记载并不详细,只有寥寥的数语:

"……改州为郡。改上柱国已下官为大夫。"

"……国王、郡王、国公、郡公、县公、侯、伯、子、男为九等者,至是唯留王、公、侯三等。余并废之。"

但是在这区区几十个字的背后,却隐藏着极其重大的变化,可以这么说,这次变革在当时的影响力,不会小于庞大的洛阳和运河工程,只不过后者更多影响的是百姓,而前者却使得隋帝国上上下下的贵族官僚们忽然发觉自己的奶酪飞到了空中。

改州为郡

这四个字从表面上看似乎是没事找事干:杨广把他老爸文帝定下的州县两级制度,改成了郡县两级制度,地方行政长官州刺史相应地改成了郡太守。

两级还是两级,州和郡的管辖范围也差不多,就是改了个名字。

为什么杨广忽然想起来给全国的州改个名字叫郡呢?

当然不是心血来潮,更不是吃饱了没事干。

这件事的缘由往前追溯,那就要追溯到……秦始皇。

是的,正是秦始皇。因为郡县制度的推行,正是秦始皇的手笔。虽然他并非郡县制的发明人(春秋战国时期已经有了郡县制),但是他将这一制度推行到整个国家,成为立国的基本制度。

这里,我们解释一下什么叫郡县制。

和郡县制相对的,是分封制。主要的区别在于中央政府和地方政府的关系,到底地方政府相当于一个全资子公司呢,还是相当于一个股份公司。如果是前者呢,全资子公司的主要人事和运营还是受到母公司,也就是中央政府的控制;而后者呢,中央政府只有参股的权力,也就是名义上属于一个大公司,不过中央政府只有分分红的权力,却不能对地方政府的人事和运营等做太多的具体控制。

　　这里,从直觉上我们就可以明白,分封制是会出现很多问题的,由于中央政府实际上对地方政府不能够有效控制,那么就很容易分裂,分裂之后就很容易造成各个独立经营的法人单位恶性竞争。

　　既然如此,为什么还会形成分封呢? 那是因为……华夏很大。

　　如果要统一治理这么大的一个国家,就需要一整套非常强悍的官僚体制。而官僚体制,我们知道,也是一步一步在不断的挫折中慢慢进化出来的。在早期,官僚体制不完善的时候,统一的有效治理就很容易出问题。最简单的解决办法就是,一个皇帝有一群儿子(亲戚),那就每个人分块地去各自管理,这就是周朝时的分封。自秦汉全面实行郡县制之后,分封制就不占主流了。但是变相的分封制仍然存在,尤其是,在没有电话没有互联网没有汽车没有飞机的古代,中央的一个命令下达,到了天高皇帝远的某某角落,很可能就是几个月后的事情,就容易产生地方各自为政的情况。

　　中央政府很强悍,这种情况就少些。

　　如果不幸中央政府比较"面",那么这种情况就更容易出现。

　　更极端的情况,如果中央政府"面"到了无暇自保的程度,那么地方权力就可能干脆形成 MBO①。

　　啥意思呢? 就好像中国历史上有几个特别混乱的时期,比如三国时期,或者唐末的藩镇时期,就是很典型的 MBO。那个时候中央政府太"面"了,老百姓指望中央是指望不上了,那么他们会在身边寻求保护,这时候地方豪强的力量就显示出来了。注意,地方豪强这个名词也不一定完全是贬义的,有的时候,他们的存在确实能够在特殊时期保护地方的繁荣。地方力量兴起,慢慢地把自己的地盘经营得很好,这个时候,他们的欲望也就升级了,对产权起了非分之想,于是千方百计,采用

---

　　① 　Management Buy-Out,管理者收购。

这样那样的做法,使得子公司彻底独立经营,甚至连子公司的 CEO 都由中央任命改成了世袭,郡县制也就变相地成了分封制。

这是极端的情况。

历史上,很多时候处于两极之间:中央政府对地方的控制是部分的,地方也在一定程度上服从于中央政府。比如说,南北朝混乱时期,存在大量的坞壁,豪门世家建立带武装可以自卫的小城堡,百姓投靠坞壁(当然是有代价的),这些坞壁相对独立,又非完全独立,就是这么回事情。

作为中央政府,自然想拉拢地方势力,不过人家凭啥听你的呢?当然要有优惠条件。

很多时候,优惠条件就是任命这些豪强为郡县官。

这不就名正言顺了吗?

名正言顺是很重要的,自封的土霸王和受过正式任命的那可是大不一样。

可是,僧多粥少怎么办?你一个郡守,他一个郡守,封啊封啊,郡都不够用了。

简单,郡不够用的,再多找几个郡出来呗。

怎么找?大郡划分成小郡,一变二,二变四……郡越划越多,管辖范围也就越来越小,于是后来在郡的上面又加了一级为州,这样就变成州郡县三级制。到后来州也越来越多,就变成这么一种情形:

刺史:衙役啊!知不知道老爷我已经升官了?我已经从郡太守升到州刺史了,我怎么还坐在这个破办公楼里啊?我应该搬到州府衙门去办公了嘛。

衙役:这个……那个……没办法,老爷,本州底下就这么一个郡,郡府就是州府,办公楼也是同一座。

刺史:敢情老爷我管一个郡是一个郡,管一个州还是一个郡,这算升的什么官?

衙役:当然不一样啊!老爷原来是厅局级,现在可是省部级了!老爷要是不满意,改天把一个郡划成俩不就行了?

刺史:言之有理!索性划八个吧,管个过瘾!

衙役:……

最初,秦始皇划分了四十个郡,西汉鼎盛时期划得细了点,一百三十个郡,到南北朝末期,已经有了三百多个州,一千多个县,当时全国人口也不过三千万左右,平均每个县不过管理万把人。而县上面还有郡,郡上面还有州,州政府有几十号公务员,郡政府也有几十号公务员,县也一样,换句话说,管理万把人,却用了成百上千的公务员。

这种情形,叫作"十羊九牧"。

杨坚出任皇帝的时候,就面临这种局面。他随后进行了大刀阔斧的机构精简,削掉了中间的郡那一级,合并了部分州县,一番调整之后,到开皇末年,全国共分了三百个州。

毫无疑问,这么一来他踢掉了好多人的饭碗。

杨坚毕竟是一个老谋深算的政治家,他是做国务总理出身的,所以他很清楚底下这些人的情形,也知道踢人饭碗不能踢得太狠,否则会引起很多不满,该办的事也办不了。他的机构精简并没有完全到位,比方说州相比西汉等朝代还是很多,州府官员的编制也很庞大,所以,有很多冗余人员还得以待在公务员的队伍里,当然相比原来的情形,那是要好得多了。

另外,开皇仁寿年间全国设立了大约四十个总管府,每个府大小不等,各自管理若干个州。

杨广自己还没混上皇太子的时候就是扬州总管,管辖四十四个州。他的弟弟们也都是大总管。其余还有三十多个较小的总管府。

这个机构是由北周承袭下来的,最初只是管理军事,后来不太打仗了,权力也慢慢延伸到了民政。总管府可以说是后来唐代节度使的一个雏形。

由于并州总管汉王杨谅的谋反,杨广在改元大业的第一天就下令撤掉了所有总管府。这件事在史书上仅仅只有一句话,然而其中牵涉到至少数百名高级官员的人事调动,想必也是折腾了一阵子的。

大业三年,杨广又改州为郡,表面上是改了改行政区划,实际上主要对象还是公务员队伍里的东郭先生们。

在改名之前,全国有三百个州,改完之后,只剩下一百九十个郡了。其余的,当然合并掉了。

而同时,郡太守的品级也比州刺史低了半级。品级降了,相应配置的公务员人数也就跟着下降了。

这样,州改成郡之后,隋帝国官员人数下降到了一万两千五百七十二人(杜佑,《通典》)。

这个数字体现的是怎样的精简程度呢? 找个对照组数据:唐开元年间的全国总人口和大业初年差不多,当时唐帝国的官员总人数是一万八千八百零五人(杜佑,《通典》)。

要知道,原先经杨坚精简过的州数量还是比唐开元年间多,官员设置规模也比唐开元年间大,所以,开皇年间的官员人数必定比唐开元年间更多。

那么,最保守估计,就按照唐开元的官员人数估算,在大业三年,也有三分之一以上的官员下岗了。

如果还是想象不出那是什么情景,请设想:现今全国大约也是三百个地级市,倘使现在突然要求三百个地级市要重组合并成一百九十个……那是多大动静?

最直观的好处是,国库支付的公务员薪水大大节省了下来。而对杨广来说,最重要的好处是,精简之后,中央政府对于地方人事任命的掌握就更加容易，办事效率也有所提高。如果换个术语，那就是"进一步加强了中央集权"。

而坏处是，动了多少人的奶酪？

这些下岗的人怎么安置？史书上只字未提，所以我们也不知道。只不过我们只要想象一下，今日如果一个大企业忽然宣布裁员三分之一，会是怎样一番情形，就可以想象得到，当日被动了奶酪的人心里的不满。实际上，《隋书》中用了四个字，就体现了这一点："待下若仇"。

可惜这些，杨广从来就不顾忌。

而且，以杨广一贯的作风，在改革地方官编制的同时，还捎带做了很多的变革：

比如，州刺史原有的兵权并没有转移给郡太守，而是另外设置了郡都尉来管辖地方军队，并且严格禁止民政和军政有勾结行为。

比如，禁止本地人出任本地的郡太守，并且任期满了之后必须调动，以防止地头蛇的出现。

比如，郡太守们必须每年到中央去述职。

……

从理论上说，这些举措无疑都是方向正确的。

而实际的效果，假如隋的国运更长久一些，可能我们会看得更清楚。但是很可惜，这些举措其后不久便随着动荡的到来而烟消云散，要等到后世的唐王朝去继续实践了。

郡县的调整，动的毕竟还是较为底层的官员，而杨广的视线，几乎毫不停息地又扫向了大贵族们。

改上柱国已下官为大夫

这又是一次文字游戏式的改革，初看起来让人不知所谓，不就是把上柱国等改个名字叫光禄大夫什么的，这又是干啥呢？

　　要说明白这件事，也得往前追溯……这次不用回到秦汉那么远，只要回到北周开国那会儿就行了。

　　北周建国本身就是一部传奇，这里只能简明扼要地拣出相关两点：第一，北周开国靠的是一群来自北魏边境六镇的军人；第二，这群军人为什么能成大事呢？因为他们成功融合了关陇豪强的力量。

　　所以，北周尚武。

　　所以，关陇贵族在北周占绝对地位。而由北周，到隋，到唐，国家政权实际上也只是在关陇贵族内部移交。

　　杨坚为什么能篡周成功呢，很大一部分原因是因为他本人就出身于关陇集团，所以作为实际统治集团的关陇贵族们对他有认同感，觉得也是一家人嘛。

　　同样的，李渊能够逐鹿成功，很大程度上也因为他同样也是出身于这个集团，而且他在逐鹿行动初期就占据了长安，也就是占据了关陇大本营，使得他能够最大限度地争取到支持。

　　因为这样，所以杨坚登基之后，对北周的贵族们还是挺客气的，比如仍然承认北魏、北周官宦子弟可以门荫入仕，也就是说，北魏北周的高干子弟们可以凭借出身来直接进入官场，甭管是阿猫阿狗，先可以领到一份公务员饭票。所以这些世家在当时非常趾高气扬：皇帝可以轮流做，我家的地位永不倒。

　　另外一方面，也有大量的武官勋位保留下来，比如上柱国、柱国之类的称号。

　　前面说过，这些称号超值钱，虽然只是名誉上的。

　　上柱国手下也许没有一个兵，但毕竟是从一品大员，和郡王平起平坐，可以享受从一品的福利，身边的侍从也按从一品配置。在那个无比注重门第的时代，上柱国之类的称号无疑是块金字招牌，等于脑门上写着"根正苗红"几个大字，走到哪里都有人奉承。而且，荣誉称号也很有可能转化为实权，因为这种称号本身就表示资历，如果相应的实权位置有空缺，他们可以优先替补。

但是，杨广看这些前朝制度很不顺眼。

他心目中的帝国蓝图，不应该是这个样子的。

马上得天下，不可以马上治之。

武官应该负责军事，而民政，应该让文官来。

所以，杨广急于要修正带有浓重尚武色彩的官僚体制，建立一套更加有效的文官体制。

而且，他也不太看得上靠出身求官职的贵族子弟，"根正苗红"在他眼里不值一提，祖上再强，本人没有能力，那就没资格当官。

于是，大业三年，他一股脑取消了上柱国以下的十几等武勋，改为光禄大夫等一系列文散官。这些文散官没有替补成实权的可能性，也就是说，彻底成了荣誉称号。而且，在普遍尚武的风气中，将上柱国等武勋改为文官称号，无疑也是降低了荣耀。所以，顶着祖上的功劳邀取风光的旧习就被压了下来。

大业令下，五等悉除

这里的"五等"原意指"公侯伯子男"五个爵位，后来指代所有爵位。杨广的"五等悉除"，是真的全给削了。旧有的爵位，除了开国元勋们，除了实实在在的军功卓著者，除了需要照顾的亲戚们之外，全除了。

以前的不算，大家重新来，谁有大功再重新封上。

相比改动上柱国等一大批武勋散官号，这是更彻底的变革。

在隋开国时，为了争取北魏、北周沿袭下来的贵族支持，文帝杨坚在登基之时就发话"前代品爵，悉可依旧"，意思是北周的爵位咱们隋帝国还是承认，大家照旧。

但杨广不肯照旧。

大业三年,他宣布废除了"国王、郡王、国公、郡公、县公、侯、伯、子、男"九等世袭爵位,改得只剩下了"王、公、侯"三等。这是什么用意呢?"上柱国"这些荣誉称号是不能世袭的,比如说一个人,他的祖父是上柱国,他就只能自称是"上柱国之孙"。但是,爵位是可以世袭的,一个人的祖父是郡公,那么他的孙子按照减等继承的话,至少也是侯爵,如果皇帝心情好,说你家可以不减等继承,那么儿子也好,孙子也好,继承的爵位都是郡公。杨广咔咔咔把原来的爵位给砍了一大批,那么一大群二世祖、三世祖的爵位也就跟着消失了。

真的是一大群。

杨广在授爵上的抠门程度,只能称为吝啬,而且特别吝啬。

吝啬到什么程度呢? 比如段文振,那是从北周年间过来的几朝元老了,文帝杨坚还在北周做宰相的时候,段文振就是他的卫队长,平陈、战突厥、战吐谷浑、征高句丽,一路战功都要满出来了,大业年间做到了兵部尚书。论亲信足够亲信,论功劳足够功劳。他在北周年间就被封襄国县公,到了杨广这里,一概抹了,段文振这样的都没例外。直到最后在征高句丽途中病逝,才得到杨广一个北平侯的追赠。

像这样能得到追赠的都还是少数,大部分魏周沿袭下来的爵位直接就被除了。

比如李敏,他是功臣李崇的儿子,李崇力战突厥为国捐躯,李敏自幼在宫中被抚养长大,后来做了乐平公主杨丽华的女婿。他有个女儿叫李静训,才九岁就死了,1957年她的墓被发现,华丽的墓葬让这个千年前的小女孩变得众所周知。李敏在开皇年间被封经城县公,到了大业年间,爵位没了。

这还仅仅是开始。

大业五年(公元609年),杨广宣布,取消北魏北周官宦家庭的门荫权力。

大业六年，杨广宣布，"唯有功勋乃得赐封，仍令子孙承袭"——现有爵位如果是立功得来的，可以往下世袭，如果是从爷爷老爸那里继承来的，那么就不能再往下传了。

大业八年，杨广宣布，立了战功的人可以授勋当武官，但是不能再当文官。

……

或许看了这些，就可以明白，为什么后来杨玄感之乱，有那么多二世祖参与其中。

但是，此前三百多年的习惯，一直是尚门第、尚贵戚，这些人杨广不放在眼里，那么他想要什么样的员工呢？

早在大业二年，他就已经给出了回答。

他在一份选拔官员的诏书中说："百官不得计考增级。必有德行功能，灼然显著者，擢之。"——当时的公务员也有评议，杨坚在位时，公务员四年考核一次，合格的话就可以按照资历升迁。但是杨广对这样的制度说"不"，他下令，只有具备出众的才能和政绩，才可以提拔。熬年头熬资历的官员，从此断了升迁之路。

一朝天子一朝臣，这句话确实有道理。

杨广自己是个爱折腾的人，他也喜欢能折腾的下属。

他要的是真正做事的能人，而不是"不求有功，但求无过"的庸臣。

问题是，他如何选拔这样的员工呢？

始设进士科

同样是在大业三年，杨广颁布了一份诏书，下令各地按照十个科目来选拔和推荐人才。

在这十个科目中，有一科要求推荐的人才其特长是"文才美秀"。

据考证，这就是后来大名鼎鼎的进士科。

进士科的设立也是科举制度正式建立的里程碑。

但是这里要说明,其实当时还有诸多别的科目,比如品德特别高尚的、性格特别坚毅的、有将帅之才的等等。但是,由于进士科后来发扬光大,一枝独秀,几乎成为科举制度的代名词,以至于一提到科举就想到中进士,其实科举本来的意思是"分科举人",就是分不同的特长来选拔人才。

当时进士科其实也就是诸多科目中的一个,而当时杨广的这份诏书,也只是一种新尝试的开始,只因为后来的影响深远,反倒越来越被强调。

而且,杨广也谈不上科举制度的发明人,早在汉朝就提出过类似的想法,但是因为这样那样的原因,没有被贯彻执行,或者执行了又变样。所以,杨广作为科举制度的创建人,这个身份还是有争议的。然而,杨广是真正开始较大规模尝试这一选拔人才方案的皇帝,这倒是事实。

在那之前,选拔人才主要是通过推荐的,推荐这个事儿嘛,就带有很强的主观性,比如说一个推荐名额,三个人争,那么推荐谁呢?推荐的官员说了算,可是官员又凭啥推荐呢?这时候家世就派上用场了,豪门弟子显然占了大便宜。于是渐渐演变成:你会什么不重要,你不会什么也不重要,重要的是你的老爸是谁。"上品无寒门,下品无势族","根正苗红"成了被推荐的首要因素。

弊端很清楚,但是有效的替代方案是什么?

——考试。

相同的考题,放在同一个评分标准下评判,孰优孰劣,一目了然。

当然这么做也是有弊端的,看看科举制度发展到明清时期的情形就知道了,陷入题海战术,最后发展到可笑的地步。实际上,在隋朝时,就已经有人提出,考试制度使得有些人整天抱着作文选不放,研究怎么写出高分作文来。

但是，不管怎么说，相对于之前以"根正苗红"为标准的选拔制度，这是一种相对公平公正的方式。

唯我独尊

科举制度的建立，在人才选拔史上当然是个了不起的进步。但是，如果你认为杨广因此选拔出了一大批精明强干的朝臣，那就错了。

首先，那时的科举范围毕竟还很小，大业年间靠科举出头的官员满打满算不超过一百个，在一万多官员中简直是沧海一粟。杨广的想法是好的，他埋下了一颗很有潜力的种子，但是当时还远远没到开花结果的时候。

其次，最重要的是，杨广压根也不想选拔太精明强干的朝臣。是的，他对员工的要求很明确：他要听话的、能干实事的，上头交代的事情能够出色地保质保量完成，但是他绝不要太有主见的员工。有主见的员工就会独立思考，会觉得上头的命令也不一定正确，就会时不时提点反对意见。

杨广为人极端自负，很不喜欢有人跟他唱反调。

据说，他曾经告诉亲信："我不喜欢别人进谏，平头百姓也就算了，如果是个富贵之徒靠进谏来沽名钓誉，博得什么更大的名声，那我就算当时不宰了他，也一定不会让他有出头之日！"

这是他的致命弱点。

传统史家对杨广的评价，有很多地方笔者是怀疑的，比如认为过分夸大了运河工程对隋亡的作用，也不相信杨广的奢侈能把富强的隋帝国给败光。但是有一点很赞同：导致杨广最终以失败收场的根本原因之一，是他听不进别人的意见，而且他把这点做到了极端。

他以个人智慧在支撑整个帝国的运作。

大业二年，前国务总理杨素过世。

大业三年，前国务总理高颎被杀。

为隋王朝开皇年间的繁荣立下汗马功劳的两大柱石倒下。而此时的杨广却完全没有试图再去寻找有同样才干的人来顶替他们。

相反，他干脆废除了他们的职位。

依旧在大业三年，当时的国务总理苏威因故被罢免，从此之后左右仆射，也就是两位国务总理的位置就一直空缺，没有再授予任何人。

左右仆射是尚书省，原本统领六部，是帝国实际事务的掌控人，没了左右仆射，谁来管理六部呢？尚书左右丞。杨广把这两个本来是总理秘书的职位提起来，让他们管理尚书省。

可是，尚书左右丞正四品，六部尚书们正三品、从三品。换句话说，管理六部的人现在比六部长官品级低，这还怎么管？杨广本来就没想让他们管，他们只要传传话、处理处理日常事务就行了，决策轮不到他们做。谁做决策？杨广自己。就这样，他轻轻松松把国务总理的权力握到自己手里。

当然就算杨广想要自己处理全部事务也没可能，总还是要有一套班底。

但只有秘书。

杨广将宰相的工作分拆，交给了某几位亲信臣下，却又不给他们真正的宰相头衔，也没有相应的品级，使得他们更像他的秘书。

《隋书·虞世基传》里说："于时天下多事，四方表奏日有百数。帝方凝重，事不庭决，入阁之后，始召世基口授节度。世基至省，方为敕书，日且百纸，无所遗谬。"——当时（大业末年）天下多事，四方上奏的事情每天都有上百件。事情太多，杨广当廷没办法裁决，回到宫里之后，再把虞世基叫来，一件一件地把决定口述给他。虞世基当秘书当得十分在行，回到内史省再写下来，每天上百页的诏书，居然从不出错。

杨广的为政风格，这里看得很清楚。

毫无疑问,虞世基只管笔录,至于军国大事的定夺,全都是圣躬独断。

就这么着,在大业初年的六七年间,杨广居然还能够做出那么长长一串日后被证明方向正确的决定,可见得,他确实还是有着出众的才能。

但是,管理那么大的一个国家,只靠一个人,迟早会出问题。

一旦出现偏差与失误,听不进规劝,也无人可以规劝。等到大业末年那种倦政的情况一出现,更加不可收拾,毕竟,每天要裁定百余件事关存亡的事,很容易会在压力下崩溃吧。

所以有"隋以恶闻其过而亡天下"的说法,确实不假。

变则通,通则久

大业年间的变革内容,其实还远远没有讲完。

杨广无疑是史上最能折腾,或者说得好听点,是最不肯因循守旧,最富有改革精神的皇帝之一。

一方面,他因为根深蒂固的汉武情结,极力把混乱年代中破坏了的汉朝制度恢复回去,比如度量衡;另一方面,他又在不断与时俱进地修正这些制度。

他改革了兵制,将原来相对集中于关中地区的兵府分布到全国各地。

他重新修改了开皇年间过分严苛的法律。大业前期的《大业律》曾经是中国历史上最宽松的法律之一,甚至废除了所谓的"十恶不赦",这也是史上唯一的一次。当然喽,大业后期杨广又亲手把自己制定的法律给推翻,换成了一套歇斯底里的"非法"惩罚制度。

他大幅度地扩增秘书监人数,这个机构是为国家图书馆整理图书资料的。杨广从青年时代就任江南行政长官开始,就一直致力于图书的整理。

他还费了很多工夫去重新厘定礼制。也就是前面时常提到的那些排场,倒也不光是为了好看,还肩负着一个在古人看来至关重要的责任——礼。

皇帝为什么自称"朕"?百姓见了皇帝为什么要跪拜?儿子为什么见了父母要问安?等等。大到军国大事,小到家庭琐事,礼法在古人的生活里,渗透到了方方面面。

但是在南北朝时期,由古代传下来的礼法,被破坏得很厉害,又因为分裂、政局动荡等原因,每个当权者上台,都想弄点具有本族特色的礼法出来,最后就弄得和那个时代一样,十分混乱。

而杨坚、杨广这爷俩,就极力要重新厘定一套符合中华传统的礼法出来。

尤其是杨广,事事要循《周礼》、复汉制,真不是一般的大汉情结。

这还没完。他完善了三省六部制度,门下省原本是管理皇帝家吃喝的侍从机构,他将门下省的身份改为国家行政机构,同时拉低了开皇年间地位最重的尚书省的品级,从而建立了一个三省并立的框架。这个框架后来一直沿用了几百年。

他大幅度整理了中央政府各部门的功能,厘清了过去三百多年中变得混乱的机构。这些机构设置后来也为唐王朝所继承。

……

总之,虽然我们不能把杨广在内政方面的折腾——全列举出来,但是大概也能看出来,他是如何成功的,又是如何一股脑地得罪了大批的官僚们,或者,前官僚们。

大兴土木,在百姓心中洒下了火药。

激进的内政改革,又在士人们心里洒下了火药。

而杨广的致命弱点,又决定了他的身边没有人能充当救火队员。

　　现在,距离隋帝国遍地开花的大爆炸已经不远了。

　　不过在那之前,让我们先陪着脑袋已经开始发烧的主人公,走完他的人生顺境。

第七章

万乘西出玉门关

> 迁朔欲之衡，忽投爵罗里。
> 既以羁华绊，仍持献君子。
> 青骹固绝俦，素羽诚难拟。
> 深目表兹称，阔臆斯为美。
> 惊兽不及奔，猜禽无暇起。
> 虽蒙鞲上荣，无复凌云志。

这首《咏鹰诗》是大业四年（公元 608 年）九月，杨广在东都洛阳写下的，这时候他已迈入了在位的第五个年头，一路顺风顺水，写出来的诗也总透着一股子得意劲儿，和当年夹着尾巴做皇太子的时候写写闺阁怨妇，或者后来江都末路时候的凄惶颓唐有天壤之别。

杨广为什么要写这么一首诗呢？缘由是他组织了一场大型娱乐活动——"征天下鹰师悉集东京"。据说来了一万多号人。想象一下上万鹰隼搏击长空，那场景有多大！

杨广特别喜好"大"，且将这种偏爱发挥到了极致，简直成为嗜好。

最重要的是，他偏偏还有能力将这种嗜好转为现实，而不仅仅是幻想。

猜想一下，皇帝的偏好是否会发展成时尚呢？遍植柳树的运河长堤、与霞争艳的舆服羽仪、数万乐工的鱼龙百戏、不见首尾的旌旗车马……直至上文提到的上万老鹰——必须承认，非常吸引人。关于这点，看看当今好莱坞就知道了，动不动就用电脑合成的蚂蚁状人头攒动场面是给谁看的呢？

最高位者在极力倡导，而一切又很吸引人，再加上当时的国力也还支撑得起这样的场面，那么这是否就会发展成为一种自上而下的喜好？

但是，关于隋的民俗风尚，留传到现在的资料已经很少了，恐怕这点就只能成为猜想。

像召集鹰师这样的事情，贬的人会说这叫劳民伤财瞎折腾，褒的说法则是想象力丰富。不管怎么说，聚鹰师也好，陈百戏也罢，或是捉几斛萤火虫来当纯天然霓虹灯，对于一个可能是史上最富足的皇帝而言，毕竟还只是小范围内的事情。如前面所说，我们这位主人公正处在头脑发热的上升阶段，当然不会就这样小打小闹一下算完，否则他就可能成为英名神武的光辉典范，我们也就少了大好的八卦谈资。

话说这时杨广的脑袋烧到历史新高，忽然就烧出一个又要让他的臣下们忙到四脚朝天的主意。

——西巡。

先注解一下，西巡是西到哪里呢？手指一下本章标题：万乘西出玉门关。至于玉门关的位置——"在河西走廊西端的敦煌市境内，位于敦煌市西北约 90 公里处。"

杨广到底有没有西出玉门关，史书不能够给出完全肯定的回答，但是这趟出巡从青海翻过祁连山，进入河西走廊，这点有确切的记载，据说在河西走廊也挖到这次出巡留下的文物。

当皇帝的跑去那么远的地方，杨广是历史明确记载的唯一。

　　相比杨广想去哪里就去哪里的个性,他想去哪里就真的能够去得成哪里这点,或许更让人觉得不可思议。别说是一千三百多年前,就是放在现在,组织个十万人到青海,再徒步翻过祁连山,在河西走廊溜达一圈试试看? 需要何其庞大的人力物力,何其强大的组织能力。

　　至于西巡本身,本书的观点再次介于正统历史学家认为这货就会劳民伤财地游乐和翻案历史学家认为他这属于不辞辛劳操心国事之间,这多半是又一次工作娱乐不分家的"杨广式行动",换句话说,又是为了正确的目的,用夸张的方式去完成。

慨然慕汉武

　　从目的说起。

　　如果按照拍脑袋论的说法,应当是这样一幅场景:某天吃饱喝足的杨广喷着酒气问身边的人:南边北边都玩腻啦,下一站我们到哪里溜达消食啊? 身边的人瞟了一眼挂在墙上的地图,南和北跑过了,还剩下东和西……(刚好杨广右手拿酒杯拿累了,正用左手揉右肩,脑袋顺便往左——西边歪了一下,身边的人立刻会意)皇上有旨,准备西巡!

　　说来这样的情形才符合一千多年来杨广的野史形象,不过为了做有责任心的八卦者,让我们稍微来了解一下这次浩大行动的背景。

　　当时隋版图周围的国家有几打,互相钩心斗角,民族关系十分复杂。本着多快好省的原则,拣比较重要的几个列举一下:首先就是东北方有个小国家叫作高句丽,这个高句丽正是日后压倒大象的那根稻草,所以第一个就隆重推出;高句丽往西一些,也就是隋的北方是东突厥,前面已经介绍过了;东突厥隔壁是西突厥,东突厥是隋帝国的藩属国,西突厥和隋帝国的关系时好时坏,而隋的外交政策就是拉拢东面打西面;在西突厥附近,相当于如今的青海省这块,就是……来,聚光灯打一下,本节的主角——吐谷浑。

这吐谷浑的历史可比隋朝悠久多了,在西晋的时候就有了,吐谷浑就是他们开国老祖宗的名字。这个只有几十万人口的游牧民族,历来就是插在中原皇帝背上的一根刺,因为他们很懂得敌进我退,敌退我进的道理,最擅长打一枪换一个地方,一直以来中原皇帝拿他们也没什么好办法,隋文帝对付他们基本还是老一套,大棒加胡萝卜,哦不,加公主。

杨广继位,这根刺当然也就转移到了他背上。而对于杨广来说,尤其不爽的是,吐谷浑除了时不时来骚扰一下,还挡住了一条很重要的路。什么路呢? 大名鼎鼎的丝绸之路。

关于杨广为什么特别关心那条路继而特别看吐谷浑不爽,司马光在《资治通鉴》里说得简单明白:"帝于是慨然慕秦皇、汉武之功,甘心将通西域。"换句话说,杨广的偶像情结又发作了。既然汉武派出了张骞,杨广自然也得派个人。这个人叫裴矩,在杨广的亲信圈子里很重要,是"五贵"之一。

从史书的记载来看,这个裴矩是一个杰出的外交家。

有段关于他对付西突厥的故事:西突厥的处罗可汗原本是比吐谷浑更大的一根刺,为了对付这根刺,裴矩就把他的祖宗八代连同七姑八舅都调查了一遍,结果发现这位可汗居然是老可汗的丫头生的,而且这个丫头居然是汉人,最出乎意料的是,这位西突厥皇太后如今就在大兴!

裴矩赶紧给杨广出了个主意,派特使到西突厥去交流感情外加讨要汗血宝马(果然杨广也好这口)。处罗可汗一开始很拽,不甩那位特使,特使就亮出王牌,告诉他:你妈如今在大兴,听说我们皇帝陛下要灭了你们西突厥,天天哭啊哭,哭成了孟姜女把皇帝陛下的念头暂时哭没了,改成派我来劝降。你如果称臣我们就前事不提,你妈也可以长命百岁,否则我们一发兵,你们母子俩都要遭殃。

处罗可汗倒是一个孝子,当然更因为他自己当时也是内外交困,得罪不起隋这个大敌,所以接受条件,向隋称臣,并且送上了汗血宝马。结果,就这么连忽悠带恐吓,又被杨广用外交搞定了一把,无疑更加重了杨广对这种手段的嗜好。

言归正传,话说河西走廊有一个重要的边境城市叫张掖,这个地方是西域胡商和中原商人做买卖的汇集地。大业元年(公元605年),裴矩便奉命前往张掖,当时他的官职是吏部侍郎,公开的差使是去照料张掖的贸易秩序,当然还有个暗的任务,就是当卧底刺探西域各国的内幕。办法是满惬意的,就是吃吃饭,喝喝酒,套套感情,那些胡商晕晕乎乎的,就把该说的不该说的都说了。所以说,到任何时候都要警惕糖衣炮弹啊。

就这样,裴矩收集了44个西域国家的情报,包括风土人情、地理物产之类,图文并茂,编写成三卷《西域图记》,献给了杨广。

作为一个天生的"驴友",杨广看见这部书就如同老鼠看见了大米,整天搜着裴矩细问究竟。一般史家认为,就是在这段时间里,裴矩说服了杨广开始又一场声势浩大的拖家带口大出征外加公费旅行——西巡河右。不过从后文西巡的风险来看,很让人怀疑裴矩是否够胆怂恿至尊的皇帝陛下去进行这么一趟冒险旅行?也许,打从一开始就出自杨广本人意愿的可能性更大。

这次出巡的规模丝毫不亚于两年之前的北巡,而难度更上一层楼,同样是一次劳民伤财之举。当然喽,如果从好的方面来说,历来就有"欲保秦陇,必固河西,欲固河西,必斥西域"的说法,因而也不是没有作用,甚至可以说作用大得很,但是从另一方面来说,确实并没有什么当皇帝的必须亲历亲为的理由。

自古天子有巡狩之礼

既然讨厌的吐谷浑挡了杨广向汉武帝看齐的路,那么就要毫不留情地将它扫开。杨广向来是想干就干的,何况此时他的确还有这样干的人力和财力。

大业四年七月,宇文述率军西进,将吐谷浑痛揍了一顿,一竿子把吐谷浑的伏允可汗赶到了南面的雪山。但是,深具牛皮糖精神的吐谷浑等宇文述前脚一走,后脚就优哉游哉地逛回来了。过去几百年的情形都是如此,但不幸的是,这次吐谷浑低估了杨广的决心,不是扫荡吐谷浑的决心,是打算去河西旅游的决心——从大业五年六月杨广到达河西,裴矩已安排盛会,招待各国使节来看,一切分明早有准备,决心巨大,自然不会容忍任何阻挠。

大业五年(公元 609 年),杨广亲征。

出发时间是三月,从大兴出发。出发的队伍有多大规模不清楚,反正以杨广的一贯作风,十万以下那都叫微服私访。五月初在拔延山挂着狩猎的招牌举行了一次照例是规模宏大的军事演习,这次演习的人数有记载。

排场有多大呢? 按照《隋书·礼仪志》的描述,在拔延山圈了个周长 200 里的大场子,五里一旗,分为四十军,每军万人,骑五千匹。

整整四十万人。

无论史书有没有夸大数字,这次超级军事演习能够千古留名的原因倒不在于这个数字,所以让我们先把好莱坞式的蚂蚁人头场面抹抹开,把目光转向真正的原因。

啥原因呢? 其实就是一个字:礼。

别小看这一个字,礼对于我们的古人而言是至关重要的,"体现了尊卑等级并维护了国家体制",很多时候都上升到了头可断、血可流,礼不能乱的程度。然而杨广那个时候又有点特别,为什么呢? 因为长期的分裂刚结束才几十年,很多东西还没来得及恢复起来,礼仪这方面多少处于混乱状态。前面说过,杨广是很有品牌意识的,要么不去恢复,要恢复就要恢复成正宗的。

狩猎这回事，除了"夸以甲兵之盛"，也就是充分显摆一下实力之外，更主要的，其本身是古代礼仪的一个重要组成部分。我们的古人是很讲究的，光一个打猎分季节还有四个名称："春曰蒐，夏曰苗，秋曰狝，冬曰狩。"甭管叫什么吧，反正"四时之田，皆为宗庙之事也"，孔子都说了，不狩猎那叫"不敬"，狩猎不遵循礼仪，那叫"暴天物"。既然有理论依据充分上升到了国家大事，按杨广的性格，也有理由相信这种国家大事是他最乐意处理的。

按照《隋书》的记载，这一场超级演习的程序是依据《周礼》进行的，并且这套礼仪后来也被一直沿用下去了。

说起来，狩猎的这套礼仪也很有意思，比方说有一段"凡射兽，自左而射之，达于右腢为上射，达右耳本为次射，左髀达于右䯏为下射"。翻译成大白话是这样的：射兽的时候，从左边射进去，右边肩膀出来的是上等，从右耳出来的是次等，从左大腿根射进去右肋出来的是下等。为什么这样分呢？因为古人觉得第一种是穿心而死，肉最洁美，所以一般拿这种供奉宗庙；次等的离心稍远，死得慢一点，肉就差一点，供奉宗庙不够等级，拿来招待宾客；下等的那种嘛，就自个儿留着填肚子吧。

回到杨广下令组织的这场超级演习上，其实也有不少拿得上台面的理由，再次证明了杨广做事一贯是目的正确的。我们现在都知道杨广做事的两个"一贯"了，所以当然还有四十万的人数，也再次体现了其行事一贯的夸张方式。

军事演习结束，杨广总算还记得这趟旅游有个招牌叫"亲征"，当然也因为如果不真刀真枪地把吐谷浑轰走，旅行也没办法顺利进行，于是在五月末，部署兵力四面合围了吐谷浑。

吐谷浑也是在和中原及周边斗智斗力中成长起来的，尽管前后几番折腾之后早已元气大伤，不是隋四十万大军的对手，但逃还是会逃的,伏允可汗在部下的掩护下,使了个金蝉脱壳,一溜烟地跑了,这次稍远,跑到了党项族领地……党项族领地在哪儿? 在今天的果洛,青海东南角,其实也不算很远。所以隋末大乱的时候伏允又高高兴兴地率部回到老家,并且以一贯的牛皮糖精神继续骚扰新兴的唐王朝。唐太宗也懒得废话,直接发兵,吐谷浑大败,伏允自尽。但这还不是吐谷浑的末日,他们最终是为吐蕃所灭。不过这是后话了。

总之,这一战隋军很正常地胜了。

吐谷浑仙头王率部落男女十余万人投降,其后杨广在原吐谷浑境内,也就是现今的青海省设立了四个郡,历史上青海省首次纳入中国版图。也许因为这个不大不小的光环,所以杨广的这次劳民伤财的旅行在史书上受到的批评不算太厉害。从这点来说,我们还是不得不承认,通常是结果,而不是经过,更能够决定历史的评价。

这一战前发生了小事故:誓师之后,大军开拔,过大通河,发生了豆腐渣工程事件,"御马度而桥坏"。这桥估摸是赶工的结果,牢是牢不到哪里去,只是不牢的点子也太准,不知皇帝是狠狠地闪了一下,还是直接就掉进河里,总之大怒的皇帝"斩朝散大夫黄亘及督役者九人"。

这在当时只是稍有败兴却无关大局的一件事,但是在一千多年后的好事八卦者看来,正是在这一刻,杨广活活错过了历史赋予他的大好时机啊!

想想看,如果他当时一头栽进河里就没上来,就像明朝的那位正德皇帝,在正确的时机,明智地掉进湖里,伤及龙体,而后结束了已经充分享乐的生命,从而避免了亡国的命运,几百年后还能在《游龙戏凤》之类的著名戏文里当当花边男主角,那是何其有幸? 在运河已经完成、科举制度已经初建的大业五年就喝上几口凉水噎死,把亡国这任务交给子孙去完成,杨广是否就会成为史上功业最卓著的皇帝之一呢?

当然,彼时的杨广不会有这样的觉悟,所以换上了干净衣服之后,他又继续他的折腾。而关于他的折腾，《资治通鉴》记载了这次西巡途中他与给事郎蔡征的一段对话：

杨广问："自古天子有巡狩之礼，但是江东那些皇帝们却涂脂抹粉，只顾窝在深宫里抱姑娘玩儿，却不肯出去见见百姓，这说明一个什么道理呀？"

面对这么明显的诱导性问题，小时候是神童，长大了在政治大学里进修到正高职称的前陈朝中书令蔡征心领神会地回答："所以他们的好日子混不长啊。"

这样的情景是不是很容易让人想到，后世发生过这样的对话：

"隋炀帝不乖乖地在宫里待着抱姑娘玩儿，而要到处瞎折腾，这说明一个什么道理呀？"

"所以他没混过几年好日子啊。"

虽然多少有点讽刺，但是杨广说那番话很可能是真心的，换句话说，他是真的打算从南朝的亡国中吸取教训，他的到处折腾，除了生性好动之外，很可能他真觉得皇帝应该是这样做的。从大业元年的营建东都诏书开始，他就不断地在表达一个意思：国家太大啦，好多地方都是天高皇帝远，如果我这个当皇帝的不到处去走走看看，怎么能够照顾到所有地方的百姓呢？

但这是双刃剑。然而利刃的另外一面——这么到处跑折腾了多少百姓，除了曾经的那份道路拆迁补偿诏之外，看起来基本不会进入他的思维回路。

雪拥蓝关马不前

虽然错过了千古流芳的大好时机，不过距离走下坡路倒还差着一段，所以在大业五年，杨广仍然满怀激情地走在阳关道上。在扫荡了吐谷浑之后，他距离自己的人生顶点实际上只隔着一座祁连山了。

关于祁连山，这里抄一段旅游手册："平均山脉海拔在 4000～5000 米之间，高山积雪形成的硕长而宽阔的冰川地貌奇丽壮观。"要越过这座雪山，进入河西走廊，到达西巡的目的地张掖，唯一通道是今为扁都口，古称"大斗拔谷"的一道峡谷。继续抄手册："大斗拔谷海拔 3500 多米，长约 28 公里，山势高峻、嶙峋参差，弯曲的窄道穿行于冰峰之间，极为险峻。"

杨广要完成他的旅行，必须率领大队人马，穿越这道"人不能并肩，马不能双辔"的峡谷。

有的时候，吹着空调翻史书，打打哈欠之余，还真有点惊叹于杨广的旺盛精力，这种好折腾的决心和毅力真是强大到了不可思议的程度。可惜他不幸选择了皇帝这个职业，如果他一出生就能够成功地被坏人抢走，扔进河里，再被和尚拣到的话，或许大乘佛法还能早个几十年来到中土。如此说来，我们或许会发现，其实天下适合杨广的职业有很多，诗人、画家、文艺评论家、职业旅行家、和尚……但是他偏偏选择了最不适合他的一种。

还是回到祁连山下。至尊的大隋王朝皇帝陛下除了带着六位数的兵士，还带着一大堆后宫家眷去翻越这座飞雪的山峰。据《周书·杨皇后传》记载，"大业五年，从炀帝幸张掖，殂于河西，年四十九"，姐姐既然也捎上了（而且连命也搭进去了），那么后妃宫女更得带着。

这多少也算得上是个"壮举"了。

关于此举的代价，史书有这样的记载：

大业五年六月癸卯，经大斗拔谷，山路隘险，鱼贯而出。风霰晦冥，与从官相失，士卒冻死者太半。——《隋书·帝纪第三·炀帝上》

也有说这次事故是在回来的路上，比如在《隋书·列传第三十五·杨玄感》当中，就说"还至大斗拔谷"，《通鉴考异》的说法则是"按西边地虽寒，不容六月大雪，冻死人畜"，所以当在回来的路上，那时已经是九月了,但其实在海拔 3500 多米的高原上,六月飞雪应该也不是太奇怪的事情。不管哪一种正确,总之是有一场风雪,将旅行队伍弄得狼狈不堪。

《资治通鉴》的描述更详细,也更戏剧:

车驾东还,行经大斗拔谷,山路隘险,鱼贯而出,风雪晦冥,文武饥馁沾湿,夜久不逮前营,士卒冻死者太半,马驴什八九,后宫妃、主或狼狈相失,与军士杂宿山间。(《资治通鉴·卷第一百八十一》)

这里我们能够看到历史记载的演变,经过几百年的时间,那场风雪不但又屠宰了无数倒霉的马驴,荼毒对象更从士卒扩大到了后宫嫔妃公主们头上,沦落得"与军士杂宿山间"。这段文字加上点三流小说家的想象力,无疑能发展出某些浪漫情节,让杨广的脑袋上泛出绿光来。

但是杨广就算是全身都泛出绿光来,对于历史来说也未必有什么大不了,记载中"士卒冻死者太半"却是严重的后果。概括起来,《隋书》和《资治通鉴》对杨广的描述,基本来说,只要说到一件不算太坏的事情,必定会有恶劣后果,倘使连恶果也找不出来,那么必定居心不良。比如这个"太半",假定这支队伍就是拔延山大猎的队伍,人数高达四十万,太半就是超过二十万人死于这场意外的风雪,隋帝国的精锐部队翻个雪山就损失了大半,那也不用等到征高句丽,隋就该亡了。

让我们来算算看:拔延山大猎的队伍四十万人,这个数据本身可能就有夸大,而且也不会全体都跟着去了河西,但是为了保障皇帝的安全,应该也不会少于十万人。就算十万人,加上马匹辎重,如果按照大斗拔谷中某些地方人不能并肩的说法,这个队伍一字排开的话,怎么也不会少于五万米,也就是说,超过五十公里。我们知道,人的步行速度大约是每小时四公里,就算杨广催得紧点,在山里行进速度能够达到每小时五公里肯定也到顶了,那么,以最狭窄的地段计算,先头人马经过后十个小时,后面的人马才能通过,这还是最理想的情况。再加上峡谷本身还有几十里的长度，可以肯定地说，如果真的有超过十万人的队伍要穿越大斗拔谷，不可能一天过完。所以，遇到风雪的只是其中的一批人马，受到损伤的也是某一批中来不及及时通过，滞留山中的人马，这样可能是一个比较合理的数量。

但这还不是杨广在这趟超级旅行中经历的全部危险，事实上，就在丢盔弃甲地爬出了大斗拔谷之后，杨广气还没喘匀，暗杀者的阴影就飘到了他身后，他并不知道，当时那把刀距离他的御榻之近，差点就成全出一个千古好皇帝。只是这次不是杨广本人没把握住机会，而是暗杀者自己放弃了。

这个潜在的暗杀者名叫杨玄感，是大名鼎鼎的杨素的儿子，日后他成为稻草压倒大象后第一个冲上去想割肉的主儿。此人和他父亲一样颇具文韬武略，但把他归为起义的正义之师就有点过头了，他也是皇帝人人想做的典型案例之一。

话说杨素在大业二年（公元606年）及时死掉，去了杨广的一块心病，杨素家暂时躲开了提前灭门的灾难，当然最终还是没有躲开，呃，应该说不是没躲开，而是自己直冲冲地撞了上去。

且说眼下，杨素虽死，皇帝的猜疑未尽。杨玄感老觉得皇帝看自己的眼神仿佛暗藏杀机，他想来想去，终于为自保想出一招妙计，其实也简单，那就是先下手为强。

于是他就和弟弟们商量着，打算废了杨广，扶持他的侄子秦王浩为帝。大斗拔谷风雪事件后旅行队伍狼狈不堪，处于比较混乱的状态，杨玄感看到了机会，顿觉热血沸腾，打算组织人马袭击行宫把杨广干掉。

但这时他的叔叔杨慎给他泼了盆冷水，对他说："现在人心还很齐，国家也没灾没难的，不是行事的时候。"杨玄感冷静下来，小九九一打，想想果然如此，于是收手。

要说古代的史书编纂者之神通广大，总能够准确知道一些你知我知天知地知的机密对话，并且详尽地记录下来。

撇开真实性不谈，这件事告诉我们两点情况：

第一，到大业五年，隋的局势仍然很不错，以至于像杨玄感这样的始终坚定不移地抱着二心的人也会觉得"不可图"，因此杨广这时最明智的选择是突击学习黄老之术，做一个无为而治的皇帝，或者直接喝凉水噎死，可惜他两者都没有选，而是选择了继续以他无比旺盛的精力勤奋地折腾下去。

第二，就像美食总在吸引昆虫，觊觎帝位的人总是存在的，这和当皇帝的是好是坏没有关系，只不过皇帝当得太差，看上去机会更大一点，吸引的人也就会更多一点。当时，隋的国运还不长久，事实是，在那个混乱的几百年中，没有哪朝的国运是长久的，皇帝的姓氏走马灯式地更换，难免让一干人，尤其是昔年出身类似的贵族们产生皇帝人人可做的想法。也对嘛，昨儿我们还都是一个锅里吃饭的哥们，凭啥你当了皇帝，我不能当？尤其，杨坚篡取北周皇位，当时还未完全刷白，初唐君臣就曾说，杨坚是欺负孤儿寡妇，其皇位的正统性还没有完全确立起来。显然杨广也不是完全没有意识到这点，因此他也在推行文治方面的新政，但是很可惜，他同时做的事太多，贪多嚼不烂，最后反而把自己给撑死了。

太平盛世

翻过祁连山之后，杨广在燕支山召开了一次二十七国首脑及使节参加的博览会，并且也得到了一些实惠，比如伊吾献上的方圆数千里土地。杨广返回时，将客人也一起带到大兴，这次盛会于是一直延续到次年初，其间还产生了著名的丝帛缠树的面子工程。这样做不外是一次外交活动，向邻邦展示本国的富饶和实力。

《资治通鉴》关于这次西巡的记载最后写道：是时天下凡有郡一百

九十,县一千二百五十五,户八百九十万有奇。东西九千三百里,南北万四千八百一十五里。隋氏之盛,极于此矣。

这组数字显示的是一个不亚于汉唐的盛世。

《隋书》也写道,此时的隋帝国"地广三代,威振八纮,单于顿颡,越裳重译","三川定鼎,万国朝宗"。

这一时期,隋帝国在周边国家的国际影响力也达到了顶点,"威振殊俗,过于秦、汉远矣"。

杨广眼界既阔,胃口也是越来越大,和基础工程、内政策略一样,在外交上,也是东西南北遍地开花。当时隋帝国国内的经济实力很强,因此也有余力处理周边国家的问题,就像当年的大汉朝那样发出"明犯强汉者,虽远必诛"的豪言。

大业元年,契丹犯境,隋帝国的一位外交官韦云起到突厥借了两万兵马,快刀斩乱麻地降服了契丹。这是隋帝国"以夷制夷"基本外交策略的最经典事例。

同在大业元年,大将军刘方率军南下,渡过阇黎江,入侵林邑(今日越南的中南部),与对手派出的大象阵一通恶战,攻下了林邑都城。此战之后,南方诸国"无思不服",都开始向隋帝国朝贡。

大业三年(公元607年),日本摄政派出使者来到隋帝国,希望建立外交联系,这样可以不必再通过百济,而直接引入中国文化。大业四年,隋帝国使者裴清出使日本。而日本也在大业四年、六年、十年再度派来使臣和留学生。这些留学生归国后成为推动日本"大化改新"的生力军。

同在大业三年,隋帝国使者出海,前往赤土(今马来半岛),大业五年,赤土王子访华。其后,赤土多次派出使者前往隋帝国。隋帝国也招徕了东南亚十多个国家的朝贡。

大业三年和大业四年,隋帝国使者两度前往流求(今台湾),这两次出使不怎么成功，于是不久后玉帛变干戈，隋帝国派出一支万人舰队，获胜，虏流求万余俘虏而归。

大业四年，高昌王向隋帝国派出使者朝贡。

大业五年前后，随着杨广的西巡再度打通了丝绸之路，隋帝国的外交也达到了空前的繁荣。西域三十多个国家的使者先后前来朝贡，隋王朝设置了专门机构以招待这些使者。

大业六年，隋帝国派出将军薛世雄西出玉门关，扫荡了仍未彻底臣服的伊吾，以确保通往西域的道路安全。

大业七年，西突厥处罗可汗在隋帝国的威逼下亲自前往隋帝国朝见。上表，称隋皇杨广为"圣人可汗"，语气极尽恭敬："自天以下，地以上，日月所照，唯有圣人可汗。"

大业八年，高昌王下令国民改穿汉人服饰。于是继大业三年东突厥启民可汗之后，又一位"单于解辫"。不同的是，这次杨广欣然接受。

……

那时的隋帝国很强，甚至连《隋书》都承认，炀帝"功在荒外"。

然而，史家认为，正是这种过分的扩张，导致了其后隋的速亡。这也并非没有道理，但要知那时杨坚、杨广父子都是以"汉帝国"自居的。大汉盛世之后，华夏数百年的动荡，很大程度上也是因为北方游牧民族的关系，因此，对外的联系和防御，也是这个重新一统的大帝国，不得不十分重视的事情。

所以，杨广无论是从他本身高傲的个性，还是从现实的需要，都有必要使得周边稳定，以维持帝国的统一。实际上，这种外交政策不是杨广开始的，是从他老爸杨坚那里传承下来的，只不过杨广以他一贯的夸张风格将其实行得更远。

而与此同时，隋帝国的经济也还未到衰落的时候，史书说，当时府库满盈，以至于到了"赤仄之泉，流溢于都内；红腐之粟，委积于塞下"的程度。繁华如沸,遮掩了其后的危机。原本就刚愎自用的杨广,更无法对形势做出正确的判断。而越来越夸张的作风,也使得他的决策越来越失去应有的弹性,实际上已经到了错一步就会全盘崩溃的程度,但是,他当然没有觉察。

让我们先回到燕支山。

万国朝宗,这是隋的极盛顶点,也是杨广的人生顶点。历经几百年的混乱之后,大汉的辉煌终于在大一统的华夏重现,这可能也是杨广半生为之努力的目标,只是盛极之后,衰败也正以不可思议的速度到来。

第八章

没有亲情的亲人篇和也许有爱情的后宫篇

在讲到杨广一脚"掉"下悬崖的经过之前,先来看看他的家庭生活,这历来是最有八卦潜力的话题了。

亲人篇

亲人篇没有什么可多说的,评价起来只有帝王家通常可见的那四个字——缺乏亲情。

杨广家也是人口众多,尤其如果把三叔六伯算上的话,能撑上一整本书还讲不完。本书就不做《隋书》加上《资治通鉴》的全文翻译工作了,只拣比较有意思的几个人列个传。

元德太子昭

杨昭是杨广和萧后所生的长子,诞于开皇四年(公元 584 年)正月。

据《北史》记载,杨坚在开皇三年做梦梦见天神降临,不久就听说在并州的老二媳妇萧妃怀孕,大概生怕小两口年轻没经验出了闪失,所以赶紧把萧妃接回大兴，果然生了个金贵无比的孙子。杨坚夫妇对这个孙子非常宠爱，留在宫中抚养成人。

杨昭死时非常年轻，只有二十三岁。死的原因很吊诡，据说是因为他老爸杨广那时兴冲冲跑去了东都，作为太子的杨昭则留守大兴。大业二年（公元 606 年），杨昭到洛阳探亲，住了几个月该回大兴了，杨昭很舍不得走，拜请无数，希望多待一阵子。杨昭是个大胖子，结果就因为这"拜请无数"，居然把他累病了，不久便死去。更巧合的事情是，他死后的第二天，尚书令杨素也死了。

于是野史中就蹦出一段很离奇的故事，说杨广忌惮杨素，要毒死他，命他赴宴，恰巧杨昭也在席间，结果侍者将毒酒错送给了太子，把太子给活活毒死了。杨广只好又想法儿灌了杨素一杯毒酒，第二天杨素也死了。

真是很有想象力。

当然这只是段很无稽的八卦。杨素当时已经病了许久，不可能赴宴，而杨昭是死于回大兴的路上。

史书对这位元德太子评价很不错，说他能开强弓，脾气也很好，对很厌恶的事，也不过说句"大不是"，臣下家中如果有年迈的父母，他必定亲口问候，逢年过节也总是记得给赏赐。还说他生性俭朴，每天的饭菜很简单，陈设也很朴素。关于这点，如果不是受了他爷爷奶奶的熏陶，那大概就是其父晋王时代的翻版吧。

但他也做过不太厚道的事。

《北史》中有一段记载，说他的王妃是崔弘升的女儿，也是他三叔秦王俊的王妃崔氏的侄女。这位秦王妃是个大醋坛子，那吃醋水平可以令后来的河东狮谁谁都甘拜下风。因为她老公迷上了一个小妾，她一不做二不休，索性下毒把老公给弄了个卧床不起。说起来，这位秦王妃倒是个性情人物，知道招蜂引蝶的主要责任在于那只蜜蜂，而不是那朵花,比起拿着菜刀去找那朵花拼命,她可有水平多了。

之后崔氏又因为巫蛊获罪。这时候杨昭干了一件在古人看来很可以理解,甚至认为是合"大义",可是作为现代八卦爱好者就有点鄙视的事情。

他跑去对他爷爷说,那个罪大恶极的女人是我妻子的姑姑,这怎么行? 我要离婚。

于是他休了崔氏,又娶了另一个名门韦家的女儿为妃。

当然喽,从秦王妃的脾气看来,她侄女的脾气说不定也如出一辙,杨昭正愁找不到机会脱身呢。但是无论如何,从今日我们的眼光看来,这件事做得实在算不上厚道。

对于长子的死,《隋书》和《北史》都记载杨广很难过,"深追悼之"。唯独《资治通鉴》写"帝哭之,数声而止,寻奏声伎,无异平日",看上去杨广薄于父子之情,不知根据什么文献来的。

鹡鸰之痛

杨坚在世的时候,曾经以乐观主义精神宣称:瞧瞧从前的帝王家儿子们为了争夺皇位干了多少血腥事情! 我家就不同啦,五个儿子都是一个妈生的,一定会相亲相爱。

他只说对了一半,他的五个儿子都是独孤皇后生的没错,可是这五兄弟,相亲相爱那是绝对谈不上,更惨的是五个人竟没有一个善终。

长子杨勇,前面说杨广如何夺嫡的时候已经提到这个人,说话没什么顾忌,居然指着独孤皇后身边的侍女对别人说,将来这都是我的女人,真是率直得缺心眼。

杨勇被废,史家多指责杨广矫饰骗取父母欢心,或者批评独孤皇后偏心眼,其实我们都知道,苍蝇不叮无缝的蛋,杨坚和杨勇的父子关系破裂,负主要责任的还是当事人本身。首先是杨坚对杨勇起了猜忌,旁人才有离间的机会。

当初选拔大内侍卫,国务总理高颎提出,应该留几个大内高手护卫东宫,杨坚立刻就变了脸色:"东宫要什么大内高手? 少出这等馊主意!"可见父子间早已没有什么信任可言。

父子之间的关系尚且如此,还能指望那几兄弟相亲相爱?

老三杨俊的下场也很凄凉。秦王杨俊比杨广小两岁,性格呢,说好听是很温和,不好听是有点"面"。他很信佛,一度甚至想要出家,但是被父母拦下。平陈之后他担任江南首任行政长官,但是没多久江南叛乱四起,杨坚果断对调了老二和老三的职位,杨俊便去了并州做总管。其实就当时而言,恐怕这个手握边防军政大权的职位在政治上更有前途,但是,杨俊的志向不是权而是钱。

杨俊迷恋上了制作手工艺品和室内装修。比如他亲自为王妃制作七宝幂罗,还设计装修水殿,用香粉做涂料刷墙,用玉石做台阶,梁柱间用水晶明镜装饰,还嵌上宝珠。如此种种的巨大耗费,他的薪水供应不上,于是他开始发放高利贷赚钱,弄得下属和百姓叫苦连天。杨坚派人去查,惩处了一百多号人,意思也是警告杨俊,但是他仍不收敛。

然而,没等杨坚教训儿子,居然有人抢先下手,把这个纵绔子弟给整倒了。

此人不是别人,正是前面元德太子那一节里提到过的超级醋坛子秦王妃。

说起这位秦王妃,她的哥哥崔弘度是酷吏传里响当当的人物。当时大兴流传着"宁饮三升醋,不见崔弘度"的说法,可见崔弘度的段位。

有这样一段经典事迹:崔弘度经常教育下属"做人一定要有诚信",下属们当然连声称是。有一次他吃甲鱼,身边有八九个侍者,崔弘度一个一个地问:"甲鱼好吃不好吃啊?"侍者们哪敢说不好吃? 都回答:"好吃。"崔弘度问完一遍,突然翻脸:"说了做人要有诚信居然还敢骗人,你们还没吃甲鱼呢,怎么知道甲鱼好吃? 给我打!"于是倒霉的侍者们每人被打了八十大板。

　　秦王俊中毒事件之后,秦王妃被赐死。而她的侄女,当时杨昭的王妃也被废掉。这事儿其实还有个下文,史书上说,杨广继位之后,或许是觉得被贬回家的崔妃太冤,曾打算复立她为太子妃。派人去崔妃的父亲崔弘升家宣旨,崔弘度卧病在家并不知道此事。使者回宫交差,杨广问起崔弘度说了什么没有? 大约这崔弘度人缘也是差极了,所以使者一点儿也不肯为他遮掩,照直回答,他称病没起来。杨广心里很不痛快,没说什么,但是复立的事情不了了之。而崔弘度听说,一气气死了。

　　其实崔弘度此人,严于待人,也严于律己,且很有才干,无论军事还是缉盗都很来得,只是处事太严苛,免不了到处得罪人,自己也落个忧愤而死。

　　再说杨俊,他被毒倒,但是没死。盛怒的杨坚把儿子召回京师,免去一切职务,由老五杨谅接替他去了并州当总管。

　　当时有人认为杨俊的罪名其实不过是过分奢侈,不至于受到免去一切职务的处罚,但是气头上的杨坚认为不可原谅。这个气生得很久,而杨俊在忧惧中一病不起,一年多之后,死了。他死后,余怒未消的杨坚"哭之数声而已",且不让杨俊的两个儿子杨浩和杨湛继承王爵。倒是杨广继位之后,把他的两个儿子重新封了王侯。最后两个儿子都死于宇文化及之手。

　　老三杨俊于杨坚在世时已死,而老四蜀王杨秀,也在杨坚生前被废黜。

　　要说"龙生九子,各有所好"这话还真有道理,和杨俊的"面"正相反,杨秀是个爆竹性格。

　　杨秀招延当时的著名学者刘焯和刘炫,两位老先生不愿意去,杨秀大怒,俩老家伙敬酒不吃吃罚酒,给我抓来! 于是把二人锁拿到成都。

还有更过分的,人到了成都,杨秀又说,不愿意当门客是吧? 那就当门卫吧! 居然真的让两人在蜀王帐内给他当看门的。

杨秀的爆竹性格发展到肆无忌惮,甚至发展出一些十分变态的喜好,比如在打猎的时候以射人为乐,抓当地的僚族男子来阉割当宦官,甚至生剖死囚,以取活人胆为乐。

虽然古人也宣称,王子犯法与庶民同罪,然而王子们的法律却似乎与平民不同。杨秀这等胡闹,杨坚看在眼里,顶多也就是感叹一下"我儿脾气咋就那么差呢",忧虑的也是"这么坏的脾气,有父母在还能镇住他,父母不在了岂不要造反"。之后,杨坚终于决定要整治杨秀的原因,不是为了在杨秀手里无辜遭殃的人们,而是因为杨秀的衣服和用具超出了制度,"拟于天子"。

这还得了? 于是废黜。

据《隋书》上说,当时已经当上太子的杨广还跟着落井下石,在四弟身上狠狠地又踩了一脚。他担心杨秀脾气太坏,对谁也不服管,迟早对自己造成威胁,所以让杨素罗织罪名把他彻底整倒。

杨广继位之后,对杨秀"禁锢如初"(禁锢嘛,就是不让做官掌权)。江都之乱后,老四杨秀及其儿子都死于宇文化及之手。

而老幺杨谅呢,前面已经说过了,他在杨坚死后起兵,可惜两个月就兵败如山倒。此时的杨广,面对百官都认为杨谅应该被处死的奏请,难得地表现了一点亲情:"我已经只剩下两个兄弟了,实在不忍心处死他,法外开恩吧。"于是将之除名为百姓并且从族谱中除去身份,杨谅最后幽囚而死。

应该承认,杨广在大业初年执法上确实比较宽松,谋反历来是头等大罪,杨谅属于"十恶不赦"之列,处死本来是理所当然的事情,因此"屈法恕谅"在当时也是有争议的,认为还是应该把杨谅咔嚓掉才对。

杨谅的儿子杨颢也被禁锢,江都之乱后为宇文化及所害。

　　至此,杨坚的五个儿子全都家破人亡,死于非命,他当年的乐观宣告彻底破灭。

杨皇后丽华

　　周武帝建德三年(公元 574 年),皇太子宇文赟纳隋国公杨坚的长女杨丽华为妃。

　　那一年,杨丽华十四岁。

　　宇文赟从少年时,就显示出超重量级败家子的天赋。偏偏很不幸,他老爹周武帝崇尚家庭暴力,教育儿子的办法就一条:看不顺眼就扁。挨揍的次数多了,宇文赟也只好夹起尾巴来装人样。本来如果周武帝能多活几年的话,宇文赟不是被揍死,就一定憋闷死,也就不会给杨坚可乘之机。所以说历史还是有着很多偶然性的,有的时候一场感冒的作用比一场战争更大——建德七年(公元 578 年)五月,周武帝在亲征途中突然病死。

　　二十岁的新任皇帝简直是欣喜若狂,这里我们可以看出一个在简单粗暴的教育下压抑扭曲的心灵突然爆发可以变态到什么程度:连通常会有的假惺惺的眼泪都没有,他当即冲进殡宫,一边抚摸自己身上的伤痕,一边大骂他爹死得太晚,然后迫不及待地接手了后宫女子。

　　这仅仅是开始。

　　几个月后他发现当皇帝还得上朝,实在不够自在,有什么办法能够既保证皇帝呼风唤雨的权力,又不必履行皇帝枯燥的义务呢?宇文赟虽然沉迷于声色犬马,脑子却还没被彻底烧坏,所以居然给他想到了——当太上皇。于是,宇文赟将还未坐热的龙椅一脚踢给六岁的儿子,自己则改称天元。

　　天元皇帝在尽情吃喝玩乐之外,还对国家的礼仪法规等进行了一系列"改革",例如,只有天元自己可以高大,别人都不能高大,所以姓高的都要改姓姜;粉黛成为宫中女子独享的专利,其他妇女只能黄眉墨妆,等等诸如此类。如果他的"改革"继续,很难想象中国的审美会被引向何方,幸好,就在当太上皇的第二年,他及时地死了。

从建德三年嫁入东宫到大象二年(公元 580 年)宇文赟死去,杨丽华度过了六年的婚姻生活。六年中,她生活得如何呢?从史书记载的她丈夫的丰富多彩的婚姻生活,我们可以窥见一二。

宇文赟在当上周天元之后,不仅改革了中国妇女的化妆潮流,也抽空改革了一下后宫制度。当我们提起后宫的时候会想到什么呢?一般来说会是一位皇后和多位妃子和更多位不知什么封号的女人们……但是宇文赟的后宫开头就与众不同,他有五位皇后!分别是天元大皇后、天大皇后、天左大皇后、天右大皇后和天中大皇后。看起来这位天中大皇后的名号倒更像中宫,其实是因为这位原来被封为天左大皇后,但不巧,宇文赟想把这个位置给别人了,总得安置下原主吧,只好中间再挤挤。那么新任的天左大皇后又是谁呢?说起来,这位天左大皇后倒是家世不凡,是蜀国公尉迟迥的孙女,名叫尉迟炽繁,本来是西阳公宇文温的妻子,据说非常美貌,某年过节的时候,作为宗妇进宫祝贺,不想被宇文赟遇见,哎呀呀口水流满地,于是……(以下省略五千字)。宇文温蓦然发现自己头顶一片绿光,大怒之下,起兵造反,结果迅速被平定,而尉迟炽繁也当上了又一名皇后。相比后世抢人家老婆还得先送去当个尼姑啥的刷白了再转回来,宇文赟可是干脆多了。只可惜宇文赟死得太早,否则再多活个一二年,倒是很令人好奇,左右中都分完了之后,他是不是会干脆用甲乙丙丁来分封皇后……

杨丽华的性格,按照《周书》的记载是"性柔婉,不妒忌",其最大特点是具有泰山崩于前而面不改色的定力。据说宇文赟因此看她不爽,但也许,他主要是看他那个位高权重的老丈人不爽。

史书上说,有一次宇文赟找茬,杨丽华却不肯装出受到惊吓的模样，而是照例面不改色，宇文赟极度不爽之下，下令赐死杨丽华。结果还是岳母了解女婿的心性，独孤夫人冲进皇宫在女婿面前磕头见血，这才救下了女儿。所以说宇文赟是一个脾气火爆的笨伯，既然看老丈人不爽，就应该趁机连女儿带老丈人一起砍了才对，而不是闹腾一下就完，白白引起对手的戒心。

但是也别说，这只随时会炸的爆竹倒也未必没想这么干，只是没来得及，就在他打算打发老丈人去南征的当口，忽然一命呜呼了。这真是天上掉下的大馅饼，正正砸在杨坚的脑袋上。正如我们在前文八卦过的那样，杨坚如此这般地掌握了大权，终于在九个月后踹开碍事的小皇帝，自立为帝。

开皇六年（公元 586 年），隋文帝杨坚册封长女杨丽华为乐平公主。这年她二十六岁，以古人的标准来说已不算年轻，但也足够来得及再嫁。隋文帝巴不得早日彻底摆脱活宝女婿的影子，想想看，有个脑门上写着前朝皇后的女儿老在眼前晃悠，那是什么感觉？所以他极力想促成女儿改嫁。

奇怪的是，杨丽华本人不肯。

在女人不能主动离婚的古代，尤其还戴着一顶皇后的凤冠，即使是五分之一的，也意味着摆脱极品丈夫的唯一办法就是比拼寿命。如果按照现代人的思路想来，好不容易在这场竞赛中获胜，欢天喜地地改嫁还来不及呢，为什么居然还要为那个极品守寡呢？

但杨丽华就是这么令人难以理解地整整守了二十八年寡，直至大业五年（公元 609 年）在跟杨广西巡途中过世，享年四十九岁。而在她死后，又与她的极品丈夫合葬在一起。

或许她是被那一顶皇后的凤冠压住了无法令自己解脱，或许她是如史书中记载的那样忠贞于大义，也或许……像最不可思议的可能那样，她也许爱着她的极品丈夫。

　　史书不会记载这样一个女人究竟怎么想，实际上，杨丽华始终只是史书中一个淡淡的影子。关于她的后半生，我们能够了解的更少，按照史书的记载，杨丽华愤惋于父亲的篡位，始终不能释怀。

　　初，宣帝不豫，诏后父入禁中侍疾。及大渐，刘昉、郑译等因矫诏以后父受遗辅政。后初虽不预谋，然以嗣主幼冲，恐权在他族，不利于己，闻昉、译已行此诏，心甚悦之。后知其父有异图，意颇不平，形于言色。及行禅代，愤惋逾甚。隋文帝既不能谴责，内甚愧之。——《周书·宣帝杨皇后》

　　就是说：杨丽华只希望老爹能够掌握大权，以保全自己和娘家的地位，结果老爹的大权掌握得过于彻底，让她这个皇太后当成了公主，使得她相当愤怒。而杨坚因为心虚，也老觉得在这个女儿面前矮了半截。

　　女儿的坚贞在这里成了篡位老爹的对照组。但是在《隋书·列传·李敏》中，杨坚曾说："公主曾为我立下大功……"而同在这一段中，杨丽华本人的话更加露骨："我将天下给了当今皇上……"这些话未免让人浮想联翩，当日宇文赟死去时，杨丽华是可以左右局势的关键人物，她是否真如《周书》中说的那样置身事外呢？可惜关于这件事史书没有给我们更多可以猜测的事例。

　　那么为什么在李敏传里会有这番话呢？

　　李敏是李穆的侄孙，他和杨坚的关系一句话就说完了：李穆是当初第一个出来支持杨坚的北周大贵族。因为有这层关系，再加上李敏的父亲李崇力战突厥而死，所以李敏小时候隋文帝把他接进宫中抚养了好一阵子。后来李敏长成英俊潇洒的美少年，骑射琴棋，无所不精，就被杨丽华一眼相中了。呃，别想偏了，是丈母娘相女婿相中了。

　　是的，杨丽华有个女儿，也是宇文赟的女儿，名叫宇文娥英。虽然从史书中看不出杨丽华对她那个极品丈夫到底怎么想的，但对女儿却是极尽慈母之心。宇文娥英到了该婚配的年纪，杨丽华把年纪相当的贵介子弟挨个叫来面试，最后选中了李敏。那时李敏有爵位但是还没官职，杨丽华就对李敏面授机宜："我把天下都给了当今皇上，如今我只有一个女儿，替我女婿要个柱国来当当总不过分。待会儿皇帝要封你别的你就别搭理，封你柱国再谢恩。"李敏记下了。果然面对潜在的漫天要价，杨坚先开始落地还钱："仪同！"李敏不言语，"开府！"李敏还是不言语，杨坚想想这个价不好还，只好说："公主曾有大功于我，我也不能小气了，封你柱国吧！"

李敏就这么当上了柱国，后来又得到了刺史之类的官当，不过更主要的职务是当乐平公主的女婿。杨丽华直至临终，还向杨广为女婿求更大的富贵。

杨广起初对李敏信任有加，然而杨玄感叛乱之后，杨广看谁都像长着几根反骨。李敏有个小名叫洪儿，当初隋文帝曾梦见过洪水淹大兴，杨广因此以他丰富的想象力联想认为李敏是个危险人物。不巧李敏的叔叔李浑又得罪了宇文述，全家被诬告谋反下了大狱。宇文述是个狠角色，为了彻底踩扁李家，想出一个釜底抽薪的计划，他跑去对宇文娥英说："夫人你是皇帝的外甥女，还愁以后找不到好老公？何苦来跟着那个已经完蛋的家伙，还是赶紧给自己找个好出路吧。"绣花枕头宇文娥英觉得大有道理，就问怎么办呢，宇文述就教她了："揭发李敏的谋反行为吧。"这样那样地教了她一番话，宇文娥英就这样那样地去上奏给杨广了。已经处于歇斯底里状态的杨广立刻全盘相信，咔咔杀光了李浑、李敏全家，连同举报人宇文娥英也被灌了一杯毒酒。

唉，杨丽华留存于世的最后一个牵挂，也就这么莫名其妙地死于非命。

十四岁入宫为太子妃，十八岁为皇后，十九岁为太上皇后，二十岁守寡，为皇太后，二十一岁，她又成了新皇的女儿。她的人生兜了个大圈子，却兜来兜去兜不出帝王家。而她唯一的女儿，也在她身后不久死于亲人之手。如果她泉下有知,是否会像那个南朝小皇帝刘准那样发出哀叹:"愿身后世世勿复生帝王家!"

兰陵公主事

野史版:

据说这位兰陵公主,是被她亲哥哥杨广逼奸而死的。传言的来历是李密的那篇檄文,就是有著名的"磬南山之竹,书罪未穷;决东海之波,流恶难尽"那篇,里面有一段是:

"而兰陵公主逼幸告终,谁谓鼗首之贤,翻见齐襄之耻。逮于先皇嫔御,并进银环;诸王子女,咸贮金屋。"

啊呀,这大好题材,当然被后来的野史和小说作者们发扬光大。

好,来看正史版:

首先介绍一下兰陵公主,这位天之娇女,是中国历史上著名女权启蒙运动领导人独孤皇后生的第五个女儿,很可能也是最小的一个,十分受宠,估摸地位就跟乾隆的十公主差不多,只不过这位公主的运气不够好,她二哥的脾气实在比不上嘉庆皇帝。于是她就有机会上《隋书》列女传排行榜首位,真是很不幸。

关于这位公主的婚嫁,《隋书》上的记载一团乱,总结下来大概是这样,她先嫁的老公太短命,兰陵公主早早就守寡了。这里的麻烦是,那时她多大呢?兰陵公主去世时三十二岁,那么反推回去,开皇元年她只有八岁,嗯,是的,八岁,很可能当时她已经嫁了……没什么奇怪的,那纯是政治婚姻,杨坚为了拉拢她公公王谊才把女儿塞过去的,所以大约只是段名义婚姻,多半还没真正洞房小公主就守寡了。她公公很识趣,立刻把儿媳妇送回娘家,好让她再嫁。当时隋朝不怎么重守节这套,列女传里就很少是因为守节而上去的,年纪轻轻的兰陵公主当然得再嫁。这时候大概是开皇初年,兰陵公主其实只有十二三的年纪。

当时的晋王杨广想把妹妹嫁给自己的内弟萧玚,杨坚也已经答应了。可是不知道为什么又变卦,觉得侍卫柳述也很不错。这个柳述的老爸是杨坚很宠信的一个大臣柳机。杨坚想来想去想不好,就找了个看相的叫韦鼎的来咨询,韦鼎就说:"这个萧玚面相很好啊,一定大富大贵,可以封侯,可是就是没有贵妻相;这个柳述呢,面相也好,可是做官不得善终。"杨坚就说:"什么不得善终,他有没有善终是我说了算!"就把兰陵嫁给柳述了——杨坚显然没有想到他死后的事情。

柳述出身世家,为人骄横,十分不招人待见。由于背后有兰陵公主这好大一座靠山,对谁都不大买账,连杨素他也公然叫板。杨广本来因为兰陵的事情,心里就有个疙瘩。在仁寿宫之变中,柳述又站在了杨勇那边。于是杨坚死了之后,杨广就立刻把这个妹夫打发去了岭南,然后让妹妹跟他离婚。

兰陵脾气很倔,说我不干,还说要跟柳述一起去岭南。杨广大怒,说:"天下没别的男人了吗?"兰陵回答:"我生是柳家人,死是柳家鬼!所以我说什么也跟柳述一起去。"杨广也拧上了,不答应就是不答应。

兰陵回家之后,不久便忧郁而死。

另有历史学家推测,兰陵公主在夺嫡过程中也站在杨勇一边,因此遭到杨广的记恨。

不管怎么说,这是位很刚烈的女子,隋书给出"质迈寒松"的评价,并不过分。

后宫篇

关于杨广的野史可真不少,真是千年不衰的热门主角,随手列列就一大摞,《迷楼记》《隋史遗文》《隋炀帝艳史》……野史中关于他的后宫描写可谓丰富多彩,由野史得来的普遍印象,杨广绝对是中国历史上数一数二的"花心大萝卜"。

前面聊大美女张丽华的时候说过,中国历史有个特点,凡举亡国君王身边都有祸水。从褒姒、妲己开始,直到李师师、陈圆圆,从来就没断过。从这点上来说,倒是好理解野史中的杨广形象,亡国皇帝嘛,身边哪能没有美女呢?只不过稍有不同的是,杨广身边不是一个美女,而是一大群美女。

可是等翻开正史,却发现杨广的后宫其实乏善可陈,和野史中的精彩天差地远。

按照《隋书》的说法,杨广登基之后改革了后宫的编制。杨坚时代的隋后宫是由女权运动领导人独孤皇后坐镇,当然编制相当简单。萧后是以柔克刚型,表面上看没有独孤皇后强势,所以杨广这方面比他老爸自在多了。因此隋后宫在大业年间有了三夫人、九嫔、十二婕妤等庞大编制。但也应该看到,这个编制的规模本身不是杨广创立的,《礼记·昏仪》谓天子除后外有三夫人、九嫔、二十七世妇、八十一御妻,所以杨广也就是恢复古制。

而且,史书只说杨广设了这些编制,却只字未提这些坑里到底有没有填上萝卜。

统计了一下,关于杨广的后宫,正史中提到的有这么几位:结发妻子萧皇后,从他老爸杨坚那里接手的著名的宣华夫人和容华夫人,《陈书》中提到了一位陈贵人,是陈后主陈叔宝的女儿。杨广小儿子赵王杲的传里提到他的生母萧嫔,另外,还有崔君绰的女儿,不知封号,再然后……没了。

真的,没了。

就这么几个,真是个让吾等八卦爱好者失望的事实。

且宣华夫人老早死了,容华夫人也就提了两句,陈贵人说是很受宠,但是除了《陈书》,别的正史提都不提,至于那位萧嫔,到底是什么人物,史书里一个字都没说。

外戚方面也同样缺乏八卦的素材，别说卫霍级别的没有，连李延年也没混出一个，有名有姓的外戚都姓萧姓陈，与其说是以外戚的身份，倒不如说是以前梁前陈皇室的身份出头了。

杨广的子女数量也少，倒是很符合他乏味的后宫，儿子三个，老大老二是萧后生的，老三是萧嫔生的。至于公主，古代的公主是不上正史的，除非像兰陵公主那样上列女传，不幸杨广还真有个女儿上了列女传，那是萧后生的南阳公主。另外，唐太宗李世民有个杨妃，据说也是杨广的女儿，不知道是谁生的。

也就是说，正史提到过的，总共三个儿子两个女儿，其中至少三个是正牌发妻萧皇后生的。

唉，还真有点让人纳闷，就这杨广也能混出"花心大萝卜"的名声？野史作者们的想象力果然丰富。

隋炀愍萧皇后

杨广的结发妻子萧皇后，是一个不简单的女人。

但是，在一般人的印象中，她是以"桃花命"著称的。而这桃色，其实是一代又一代的野史作者们以丰富的想象力硬给她刷上去的。

很常见的一个版本是这样的：首先呢，要由一个看相的，比如袁天罡之类，未卜先知地道出她的命运："母仪天下，命带桃花。"这相当于故事总纲。然后紧紧围绕着"桃花"，充分展开剧情。

野史版萧皇后的"桃花"那是相当桃色啊。为了让她充分地桃色，野史作者把她的出生年月设置在西梁天保二十年，也就是公元 581 年，这时候她未来的老公杨广已经 13 岁了。等啊等啊，好容易小新娘 12 岁，马马虎虎能嫁人了，终于完婚。可怜天潢贵胄的杨广这时已经 25 岁了。之后杨广夺嫡，登基，变成"花心大萝卜"。随着老公杨广变成"花心大萝卜"，萧后也开始冒出桃色。先是找了宇文化及解闷，江都之变后做了宇文化及的淑妃,接着落到窦建德手里,又做了窦建德的妾,之后被突厥掳走,又跟了颉利可汗,最后,颉利可汗败于唐太宗李世民之手,那时她已 48 岁,可是魅力犹存,李世民一见,立刻也迷倒,又封她为昭容。

注意啊,这一长串掉进桃花坑的男人们,除了最后一位命更强的李世民,剩下的那是掉一个败亡一个,充分证明萧后是不折不扣一超级祸水。

现在来说正史的版本。

萧后,是西梁明帝萧岿的女儿,著名的昭明太子萧统是她的曾祖父。西梁是个傀儡小朝廷,萧岿号称皇帝,其实顶头还有个上司,是北朝派驻的大总管。萧后的生母姓张,是西梁明帝萧岿的皇后,梁侍中张缵的女儿。萧后偏巧出生在了二月。当时江南风俗,认为二月出生的孩子不祥。萧岿对这颗亲生"灾星"的处置办法是送给六弟萧岌去养。结果养了一阵子,萧岌夫妇双双去世,倒似这小公主还真显示出了几分"灾星"潜力。这下子更不能回宫了,于是送得更远,扔给了小公主的舅舅张轲。

史载张轲家日子不宽裕。顶着公主名号的女孩在舅舅家也得操持家务,可能辛苦的生活让女孩养成了温婉的性格,不似一般豪门女子那么任性矫情。不过史书又说,萧后"好学解属文,颇知占候",从《隋书》记载的萧后写的文章来看,文采确实不差。这么看来,张轲只是穷,毕竟还是诗书之家。

总之,小公主在舅舅家里过着贫寒的生活,慢慢长大成人。而她的父亲这时候有的是要关注的事情,大约也早已将这个"灾星"女儿抛到了脑后。世间的事就是这么有意思,风水轮流转,"灾星"也有变成"福星"的时候。

在开皇二年(公元 582 年),小公主否极泰来。

作为傀儡皇帝,萧岿对于北朝的权力更迭当然也是很关注的。当年西梁是由北朝一手扶持建立起来的,而具体执行扶持任务,并且担任过驻西梁首任总管的不是别人,正是杨广的祖父杨忠。据说杨忠是个厚道人,虽然压着梁主一头,但是和当时的梁主,也就是萧岿的老爸萧詧处得很不错。两家的渊源后来演变成两国外交,于是发展出一桩亲事。

话说杨坚篡位之后,萧岿面临二选一的抉择:其一是趁机起兵,争取当货真价实的皇帝;其二是老老实实,继续当隋的傀儡。结果,萧岿选择了后者。

开皇初年,杨坚刚站稳脚跟,国内还没彻底摆平,对于萧岿识时务的举动,当然乐呵呵地表示承情。大约就是这期间,双方商讨决定让当时十四岁的晋王杨广娶萧岿的女儿。

此时,萧岿终于想起了那个让他给扔在妻舅家的"灾星"女儿。

这里,史书的记载是,萧岿当时有好几个未嫁的女儿,隋使者到了西梁,一一合八字,结果居然都不合。萧岿于是把"灾星"女儿接回来,一合八字,大吉,终于配上对了。

不管怎么说,这位出身蒙着一丝阴影的公主嫁入了杨隋皇室。

这里,为了对照野史,来确认一下这位公主当时的年纪。萧后确切的生年史书没有记载,但是很容易推算出来:由于她的六叔萧岌在西梁天保五年去世,这一年发生了著名的南陈和北周、西梁之间的沌口之战,可以确知为公元 567 年。

杨广出生于公元 569 年,萧后比他还大两岁。

两人成婚于开皇二年,当时,杨广 14 岁,萧妃 16 岁。

《北史》记载,开皇四年(公元 584 年)正月,萧妃生下了她的长子杨昭,当时她 18 岁。

两人维持了 36 年的婚姻。大业十四年(公元 618 年)江都之变,萧

185

后 52 岁；贞观四年（公元 630 年）南返长安，64 岁；贞观二十一年（公元 647 年）去世，享年 81 岁。

《隋书》在写到《后妃》一篇时，将独孤皇后、萧皇后放在一起评价道："二后，帝未登庸，早俪宸极，恩隆好合，始终不渝。"——两位皇后，都在皇帝未曾登基时结为夫妇，情深意合，始终不渝。

回想一下文帝杨坚与独孤皇后的感情，如果唐初史臣认为，萧皇后之于炀帝，能与独孤皇后之于文帝相当，那么杨广夫妇的感情似乎无可置疑。

这是正史版本。

所以大业十四年，杨广死于江都之难的时候，萧后已年过半百。宇文化及也好，窦建德也好，那会儿忙着逐鹿还来不及，眼皮子会浅到去沉迷一个五十多岁的老太太？最无稽的是李世民那档子事，贞观四年大败突厥的时候，萧后已经六十开外，凭她怎么驻颜有术，还能迷得住一个刚过三十岁的盛年皇帝？何况这位皇帝还娶了杨广的女儿为妃。

唉，野史作者们为了撮合萧后和李世民这段无厘头的缘分，只得把萧后的年纪一再改小，还真够煞费苦心的。

纠正了萧后的年纪之后，接着说她的经历。嫁入隋皇室的这位西梁公主运气还是相当不错的，她的公公婆婆显然不认为她是什么"灾星"，倒是很喜欢这个儿媳。估计相比其他几个同样出身豪门的儿媳，过惯了贫寒生活的萧妃脾气那是相当好，很讨人欢心。而杨广，对她也是"甚宠敬"。

但是，如果说这一阶段晋王杨广善于矫饰的话，那么无疑这位温婉的萧妃也同样善于矫饰。在杨广的夺嫡过程中，很显然萧妃给予了全面的配合。杨广能够得宠于父母，尤其是得宠于母亲，和他们小两口表现出的恩爱是大有关系的。

而《隋书》对萧后的评价中，也说萧后"有智识"。从所记载的她的言谈中看得出，显然她是一个很聪明的女子，且与锋芒毕露的独孤皇后不同，她是那种不显山不露水的类型。

在杨广登基之后，萧后的地位依旧不可动摇，事情就有点意思了。

野史中最著名的"花心大萝卜"杨广，与结发妻子维持了长达三十多年的婚姻，直到他死于江都为止。从正史的记载中，看不出有任何其他女人能够取而代之的迹象。相反的，正史倒是提到，杨广每次出巡，萧后都会跟随在他身边。萧后也真正充当着后宫女主人，而绝非陈后主沈后那样的摆设。又比如，在《隋书·齐王暕》中又提到，当江都事变发生的时候，杨广并无心理准备，"顾谓萧后曰：'得非阿孩邪？'"可见当时在他身边的也正是萧后。

很明显，萧后稳固的地位不仅仅是表面上的。否则，在"花心大萝卜"杨广的身边，就应该走马灯式地更换美女，而不会总是跟年已半百的发妻在一起。

有意思的是，在《资治通鉴》里，记载杨广在江都醉生梦死的最后时光，有些私下里的话，包括那句著名的"好头颈，谁当斫之？"也都是对着萧后说的。当然喽，对于这些并不见载于《隋书》的帝后私房话，宋朝时候的史家到底是依据什么文献记录下来的，也颇令人狐疑。不过这倒是能说明，史家也承认杨广与萧后携手走到最后的事实。

野史作者们同样面临这个问题，所以他们只好把萧后塑造成一个忍气吞声，对丈夫的花心完全不过问甚至还助长的无奈妻子。这样倒也好，为其后郁闷至极的萧后种种桃色经历制造借口。

但是事实确实如此吗？

很遗憾，在正史里找不出太多证据。

尽管可以做一些推理，比如杨广对江南生活的痴迷，会不会有相当部分来自萧后的影响？但这，今日的我们已无法确证。

我们所能知道的是，在江都之难后，萧后草草安葬了丈夫，即被宇文化及掳走,等到宇文化及败,又落在窦建德手里,期间她一直在照顾着自己的孙子,齐王暕的遗腹子政道。之后突厥处罗可汗派人来接,此举应该是受了义成公主的鼓动,窦建德便派人送了他们去突厥。这里,史书说窦建德是迫于突厥的势力,所以不敢留他们,实是窦建德其人比较君子,他那时候的势力主要在山东河北那一带,离突厥远着呢。何况他当时打的旗号就是为炀帝复仇,当然不便为难孤儿寡妇。

萧后在突厥的生活我们更无法推知,也许她也曾参与过一些义成公主张罗的复国行动,也许她已经万念俱灰,只想平静度日。

十四年后,突厥败亡,她回到长安。

年逾花甲的老妇,重新回到昔日她曾经登上荣耀顶点的地方,她内心有些什么感触?同样不得而知。

总算,她得以与幸存的亲人重逢,或许是她晚年的一丝安慰。

其后,她仿佛从历史中消失了。

贞观二十一年,这位八十左右高龄的前朝皇后走完了传奇的人生。唐太宗李世民以皇后礼送她去扬州雷塘,与她的丈夫杨广合葬。

而她唯一幸存的孙子,和她一同从突厥被接回的杨政道,其后几代都在唐为官。杨广和萧后的这支嫡系一直维持到玄宗朝,杨政道的孙子杨慎矜受当时的国务总理李林甫陷害,几兄弟皆被杀,此后家道零落,渐渐淹没在了历史之中。

第九章

譬如辽东死 斩头何所伤

有史家曾经感慨,隋帝国的历史真是扑朔迷离,它的兴盛仿佛突如其来,而它的衰亡也同样让人猝不及防。

大业五年(公元 609 年),杨广翻过祁连山,在万国朝宗的空前盛况中陶醉得飘飘然。

大业六年(公元 610 年),东都洛阳大陈百戏,整整欢歌了一个月。彼时还是一片太平盛世景象。随后杨广二度南下扬州。《隋书》也好,《资治通鉴》也好,在这一年都没有记录什么特别的事情,显然,这仍是风平浪静的一年。

然而,那时恐怕很少有人想到,这一年正是隋帝国最后的安宁。

在大业七年(公元 611 年),史书上忽然间出现了一长串事件:王薄反、刘霸道反、窦建德反……由此而始,隋帝国突然陷入了一片风雨飘摇,短短数年间,这个曾经不可一世的王朝就彻底崩溃了。

那么,在大业七年,究竟发生了什么事?

无向辽东浪死歌

> 长白山前知世郎,纯着红罗锦背裆。
>
> 长矟侵天半,轮刀耀日光。
>
> 上山吃獐鹿,下山吃牛羊。
>
> 忽闻官军至,提刀向前荡。
>
> 譬如辽东死,斩头何所伤!

大业七年秋,山东王薄作了这支《无向辽东浪死歌》。歌里他自称"知世郎",就是智者,意思也是说得简洁明快:去辽东是肯定没前途的,还不如干造反这一很有前途的行当。

王薄的起义军很快就聚到了数万人,这些人大多是不堪忍受辽东之役的平民。

杨广的折腾也不是一天两天了,从大业元年(公元605年)造洛阳、挖沟开始,始终就没消停过,但是过去并没有引起这么激烈的反抗。

为什么辽东之役这么可怕?

话说早些时候,也就是大业七年二月,杨广颁布了诏书,要求全国各地动员力量,配合次年的远征高句丽行动。杨广的全国动员能力,在之前的挖沟、北巡、西巡等项目实施中我们已经领教过了,而这次,又折腾出了一个亘古未有的新高。

杨广下的命令是"总征天下兵",甭管住哪儿,能服役的就全到涿郡集合。

一时间,"扫地为兵",全国上下一片鸡飞狗跳的场面。

远征的筹备工作当然不光是征兵,兵将都得吃饭啊,那就需要粮食。

征辽东是一次远征,人数多,且那时的涿郡一带还没怎么开发,所以粮食产量有限,靠当地筹集那是不可能的任务,只能运过去。

　　于是，此时的征粮和运粮成为隋帝国有史以来规模最大的一次徭役。是的，征辽东的运粮工程的劳民程度很可能超过了包括洛阳、大运河、西巡等在内的任何一次行动。

　　宋朝的时候，沈括在《梦溪笔谈》里算过一笔账，以出征三十天计算，一个士兵的粮食，需要三个民夫运送才够吃。

　　这里，沈括是按照三十天算的，而大业八年征辽东打了多久呢？正月初三从涿郡发兵，晃晃悠悠走了三个多月才到前线，开战，一直打到了七月！这一战花掉了多少钱？耗费了多少人力？真是难以估算。

　　大业八年（公元612年）初，第一次征高句丽行动中，史载大军人数达到一百一十三万三千八百人，号称两百万。现在的史学家考证，认为不可能有那么多，但是应该也有七八十万，而负责运输的民夫超过了两百万。

　　这是实实在在的数字。

　　在说到基础建设工程的时候，笔者认为，洛阳也好，运河也好，史书所记载的动员人数都有所夸大。但是这里，就算把出征人数降到合理数量级，动员的范围和规模也仍然大到了不可思议。

　　虽然有运河水运缓解了一部分运输压力，但仍然需要大规模的陆运。

　　《资治通鉴》里说，在山东一带发动了六十万民夫用车运粮，两个人推三石米，结果这点粮食还不够路上吃的，等运到那里，米也吃完了，没东西交账必定是死罪，所以民夫都逃亡了。

　　这还不算完，还有兵器、铠甲等。

　　这一时期，史书出现了"征税百端"的记载。很显然，就算当时富到冒油的隋帝国，也无法单靠国库支持这么大规模的行动，"刮地皮"势在必行。

　　穷人刮也刮不出太多来，所以主要的对象似乎是有钱人。

"课天下富室,益市武马,匹直十余万,富强坐是冻馁者十家而九。"（《隋书·炀帝纪》）——下令让有钱人买马,结果马的身价直线上升,飙涨到要十多万钱一匹,十家有钱人里有九家因此破产。

注解一下,当时正常的马价是二十到三十匹绢,按每匹绢一千钱估算,大约是两万到三万钱。

穷人出力,富人出钱,结果是大家都遭了殃。

动员了这么大规模的徭役,很明显已经严重影响了这一年正常的劳作,秋季的收成已经堪忧,偏偏为了凑够粮草,还额外提高了税收。贪官酷吏也出来趁火打劫,粮价被哄抬到离谱的程度。

更雪上加霜的是,在负责运输劳役最重的地方,也就是作为后勤中转站的山东一带,又发生了严重的黄河水患,大约有三十多个郡受灾严重。

当时隋帝国一共有一百九十九个郡,也就是说,近六分之一的郡淹没于洪水。

天灾,人祸,左右都是死,除了造反,已经没有别的出路。

即便如此,也没有影响到杨广按期进行百万人"辽东游行"的兴致。如果说,之前的洛阳工程、挖沟行动、北巡、西巡等都还能找到恝词,那么此时的辽东之役则是不折不扣的暴政。而且,我们都知道,这还只是开头,杨广征高句丽一共征了三次,后两次就算规模稍小,那也是一支大军,其代价足够隋帝国的 GDP 倒退好几年的。在这样的情形下,隋王朝想要不出乱子都很难。

虽然知道杨广一贯刚愎自用,想什么就是什么,但每当读史书读到这里,都不禁想问,难道这厮的脑壳真的已经烧坏了吗?

朝野皆以辽东为意

但是史书上又说,"朝野皆以辽东为意"——当时的隋帝国上下都认为应该去征讨辽东。

当然喽，这"朝"也就罢了，在"野"的估计也都是有钱有闲的人，小民能弄明白高句丽在哪儿就不错了，谁还会去管这档子事情？

但是不管怎么说，有件事却是事实。那就是自杨坚开皇十八年（公元598年）出征高句丽开始，杨广三征，唐太宗也去打了一次，到唐高宗十年里一口气打了四次，最后总算打下来了。

高句丽和中原到底有什么仇什么怨？为什么中原的皇帝们不惜一次又一次兴师动众地去征伐？甚至在杨广以征辽亡国之后，事事以隋为鉴的唐王朝却还要接连不断地去打？

这个问题……咳，说实话，一代又一代的史家争到现在也没争出个统一的结论来。

不过，就算杨广的脑壳烧坏了，总不至于隋唐四位皇帝脑壳都坏了，尤其杨坚和李世民那都是历史评价极高的明君。

比较常见的一种解释是，为了维护帝国的统一和安定，隋唐两王朝都十分在意周边国家的问题（莫要忘记，他们自家出身的北朝就是从周边民族起家的）。在绝大多数周边国家都向帝国称臣之后，态度不够驯服的高句丽，就成了一个典型。

自南北朝之后，不，应该说自西汉之后，实际上中原这是首次又出现了一个以超级大国形态存在的强大帝国，对周边国家而言，无疑是出现了一个巨大的威胁。对这个威胁，反应之一是臣服，而另外还有一种可能，那就是大家携手对付这一个庞然大物。

高句丽这个典型的存在，实际上就是一个暗中的利益联盟的存在。高句丽使者一直在暗中联络突厥等国家，对隋唐帝国构成威胁。隋唐王朝必须去摧毁这个潜在的联盟，以确保不会出现周边联手的情况。

另一方面，当杨广在位的时候，四方来朝，当时的隋帝国俨然就是"国际警察"。接受了人家的朝贡，当然也得为人家出头做主。所以那时候周边哪个国家内乱啊,几个国家打起来啦之类的事情发生,隋帝国都会出面干预。高句丽当时的近邻百济和新罗(高句丽、百济和新罗其实是一个国家分裂成仨)受高句丽侵犯,已经几度向隋投诉,隋王朝当然也得表示表示。

只不过,杨广的表示方式,实在夸张。

一征高句丽

我们已经知道,杨广出门的排场一向是很大的。

大业三年(公元 607 年)北巡,甲兵五十万。

大业五年西巡,至拔延山大猎时,兵士四十万。

而当大业八年正月初三,在涿郡过了个年的大军终于开拔的时候,其人数史载一百一十三万三千八百,号称两百万,明显又大跃进了一个台阶。

连发兵也有着空前的派头:编成二十四个军团和六个皇帝直属军团,总共三十个团,从正月初三开始,每天发一个。两军相隔四十里,角鼓相闻,旌旗蔽日。

真是……大手笔,足以令好莱坞导演们手下的蚂蚁人头场面变得纯属小打小闹。

这支庞大的队伍,看上去就算啥也不干,踩也能把高句丽踩平了。在历史上,能跟这支队伍相提并论的,恐怕也只有当年苻坚派出的那支"投鞭断流"的大军。

不可思议的巧合是,这两支史上最庞大的军队,都打输了。

是的,此战惨败。

对照结局,发兵时的恢宏场面就变成了一场闹剧,显得很可笑。

隋军大败的主要原因,是皇帝陛下在军中的指挥,使得作战一线的将领们无所适从,白白浪费了许多时机。疲惫不堪的隋军久攻不下,在撤退过程中遭到高句丽军队的追击。据《资治通鉴》的记载,渡江作战的大军三十万五千人,一日一夜间丢盔弃甲地狂逃了四百五十里,回到辽东城的时候,只剩下了两千七百人。

这里,出现了第一个问题:一百多万人出征,为什么渡江作战的只有三十万五千人呢?剩下的那八十多万人,就算皇帝需要护卫吧,也不用那么多人啊。

首先,出征的恐怕就没有一百多万人,按照当时的府兵人数判断,七八十万人恐怕更为合理。我们的古人一贯喜欢在人数上夸大一些,所以这也不奇怪。不过七八十万也比三十万五千多多了,剩下的人都在干什么呢?回答是,渡江作战的是真正具有战斗力的隋帝国精锐部队,剩下的恐怕都是以临时招募的,没有经过军事训练的民夫为主,所以上去了也是白搭,就留在江这边吧。

这就引出了第二个问题:既然上去了也是白搭,为什么又要招募那么多没有训练过的民夫,白白浪费财力物力,难道就是为了凑个大队伍来吓唬人的吗?

是的。袁刚先生回答,就是吓唬人用的。

前面几度提到过,杨广似乎对一种不战而胜的方式着了迷。

开皇九年,平陈,他靠招抚搞定了岭南。

大业三年,北巡,他靠展示一下活动宫殿啥啥的,就令"单于解辫"。

大业五年,西巡,展示文物,令四方来朝。

……

种种成果,也许让他已经走火入魔了。这也就可以解释,曾经作为平陈统帅,也曾经击退突厥的杨广,其实并不能算军事白痴,为什么他却会采用这么一种夸张且极度劳民伤财的方式去征伐辽东。

因为,他想实现"不战而屈人之兵"。

杨广行事,总有点理想主义,比如他的种种内政措施,理论上确实大有好处,但其实隐患重重。大业八年的初征辽东也是如此。他的主要目的,在于"威慑",也就是吓唬人,不但吓唬高句丽,也要吓唬其他周边国家,所以极尽夸张之能事。他大约也打过小算盘,认为虽然这么大一支部队去游行一遍确实很劳民伤财,但是和真刀真枪去打一仗相比,还是单纯去游行一趟的成本稍低一点。

只不过,如果对方不怕吓唬呢?

杨广似乎真的没有想过。他陶醉在自己的"理想"里,根本没有朝另一个方向多看一眼。此战他甚至带上了各国使节,就为了再次显摆国威:看吧看吧,这就是我大隋的实力,不顺从我大隋的会有什么下场,睁大眼睛看着吧!

战前的诏书里,他喊出了"臣人归朝奉顺,咸加慰抚,各安生业,随才任用,无隔夷夏"的口号。这"无隔夷夏"四个字。倒真一贯是他的想法,不光说说而已,日后他的孙子皇泰主杨侗评价他时,也用了"混一华戎"四个字。他倒是真心觉得天下都是他杨广的,夷人夏人都是他的子民,他都是爱护的……至于说别人接受不接受他的"爱护",似乎根本没想过。

杨广大概真的以为:什么?我大隋如此强大,顺从我大隋有那么多好处,怎么可能有人不接受?啊?真的不接受?真的?

真的。高句丽人不接受。杨广大怒,于是大阅兵变成了真打。一旦开始真打,无比讽刺的一幕出现了:隋军花了这么大气力组织了一场规模宏大、阵容齐整,让人目眩神迷的游行,却偏偏,根本没有做好真打的准备。

杨广还是不相信高句丽人会不怕隋军、会想要真打,他在每个军团都设置了招抚使,并且下令高句丽只要愿意投降就停战,不要穷追猛打。结果就是这点被高句丽利用,一打到紧要关头就宣布投降,隋军停战,对手修整,喘过气来继续打……

结果，铩羽而归。

这一仗打得惨不忍睹。

隋军不是手里没牌，正相反，隋军有一手好牌，问题在于，皇帝陛下坐镇，数百里遥控，非要自己来打这手牌。战场上军机瞬息万变，相隔数百里，又在通信条件简陋的年代，光消息一来一去要拖延多久？有机会也早磨没了。

正所谓"将在外，君令有所不受"，但隋军将领不敢。杨广的脾气臣下又不是没领教过，说风就是雨，劝得动吗？张衡是他的嫡系亲信，劝了几句，下场怎样？高颎、贺若弼是元勋老臣，就背后说了几句，下场又怎样？这么个皇帝，除非已经背上必死决心，谁敢违背他？

不敢违背，那就只好听皇帝陛下的呗。听皇帝陛下的……这仗还怎么打？

二十年前南下平陈，年轻的晋王杨广作为隋军统帅，其实打得很不爽，因为他的属下就没觉得非得听他的。当初他一进建康城就逮捕了大将贺若弼，为什么？因为贺若弼没按照原来的计划行动，没等他下令，一看有机会就自己先动手了。虽然大获全胜，但杨广很不痛快。现在，他终于有机会完全控制隋军了，可以按照自己的"理想"打这一仗，他没想到，他的"理想"犯了兵家大忌，根本不切实际。

只可怜了数以十万计的隋军士兵。

只可怜了数以百万计扛着天灾顶着人祸将粮草送到前线的民夫。

血流成河，尸横遍野。

不过关于具体的败绩，其实史书上的数据也模糊得很。比如说回到辽东的人数只剩下了两千七百人，那么渡江的三十万五千人显然全军覆没，《隋书》《北史》中也都有很矛盾的记载，写着"九军并陷，师奔还，亡者千余骑"。一般认为"亡者"其实是"还者"，但是这样也有矛盾，因为史书又记载"唯卫文升一军独全"。三十万五千人渡江，分九个军，每个军平均近三万五千人,既然至少有一个军独全,又怎么会只剩下两千七百人呢?

何况,气急败坏的杨广回去之后,连气都没喘匀,第二年就卷土重来,这次是决心真打。如果三十万精锐全部都损失在了辽东,那么他再怎么样也不可能一下子变出那么多训练有素的兵士来。

所以,实际的损失并没有那么大,当然也不会只有"千余骑",否则应当不用招募"骁果",可能介于两者之间吧。

只不过,如此兴师动众,劳民伤财的一次出征,居然没有达到目的,这本身就已经丢人丢到家了。还是当着各国使节的面丢的!

此战之后,无论是杨广本人,还是隋帝国的威信,都在顷刻间直落千丈。

二征高句丽

大业八年七月,隋军从辽东撤退,八月,杨广甚至还没回到家,就已经迫不及待地发布了次年将第二次征辽的诏书。

毫无疑问,他偏执般地急于挽回面子。

为了大业九年的征辽,善于变通的杨广又弄出个新鲜花样:招募骁果,其实就是一种中央直属军队。只不过当时兵制以府兵为主,骁果的出现,也就是出现了募兵。

总之呢,大业九年三月,杨广不顾臣下劝阻,第二次率军攻打高句丽。这次真的是去打仗了。

六月,双方正打得难解难分的当口,忽然传来了后勤部队长官杨玄感兵变的消息。

杨玄感是杨素的长子,因为他老爸的关系,在朝中颇有人脉,这一谋反,还带动了一大批贵族子弟跟着他一起干。后院着火,让杨广大惊,不得不放弃在辽东的战局,撤回关中,先保住后方再说。撤退过程中,还发生了和杨玄感兄弟交情很好的兵部侍郎斛斯政叛逃高句丽事件,让本来就气急败坏的杨广怒到极点。

杨玄感其人,和他老爸杨素一样,文武都来得,但是远不及杨素的才智。

杨玄感有个生死之交的好朋友,这时候来到他身边为他出谋划策,这个人就是后来叱咤一时的李密。

李密是个人物。

不过眼下先说杨玄感。李密给他出了上中下三个策略:上策先断杨广的后路;中策先去打京师大兴,抢了根据地再说;下策先打洛阳,但洛阳最难打,只怕打不下来,等援军一到,反而腹背受敌。

杨玄感很有"明知山有虎,偏向虎山行"的风范,毅然决定从最难啃的骨头入手。

结果可以想象,一个半月后,杨玄感还在洛阳城外晃悠,而隋的援军已经从四面八方包抄过来。

这时候,杨玄感才赶紧调头去打大兴。走了没多远,在弘农宫城外(三门峡附近),又遇到不知从哪里蹦出来的一群"当地父老",劝他先打弘农宫,结果又耽误了三天。等他再上路,追兵已经追到。

八月初,杨玄感大败,冲出重围时,身边只剩下十几个人。眼看追兵又到,杨玄感让弟弟杨积善将自己砍死。

盛怒的杨广下令将杨玄感的尸首剁成肉酱,挫骨扬灰。而此前,杨素的尸骨也早已被增援的隋军挖出来烧了。

前期曾经宽大的法律此时荡然无存,受杨玄感之乱株连,三万余人被杀,六千多人被流放。

然而,平定了一场兵变,却有更多人数也更为广泛的起义发生。

杨广前期的折腾,此时终于显示出后果。

杨玄感之乱点燃了那根导火线,隐藏在隋帝国人民心中的火药爆发了。

一时间，隋帝国狼烟遍地。

三征高句丽

正像所有人都感觉无法理解的那样，在这种情形下，杨广居然还是下令，在大业十年（公元 614 年），第三次征伐辽东。

如果说前两次勉强还能找找理由，那么这回他的脑壳好像真的是烧坏了。

实际上，二征高句丽撤退之后，杨广根本就没回东都，一直驻扎在高阳（河北定县），过了整整一个冬天。

对这个举动，就算他不说，朝臣们也心知肚明他要干什么。但是就算全体反对也没有用，被破碎的自尊烧坏了脑壳的皇帝已经听不进任何劝说，执意要将天怒人怨的征辽进行到底。

于是，大业十年二月，在朝臣们一片尴尬的沉默中，杨广第三次发出了征辽诏书。和以前那些洋洋洒洒，有理有据的诏书相比，这一次简直就像在强词夺理，他拼命在找古人的先例，谁谁也曾亲征，谁谁也曾打过很多次仗，更可笑的是，他自称前两次隋军其实已经大胜，就是可恶的高句丽王出尔反尔，不肯臣服。

总之，大业十年七月，隋军又攻到了高句丽城下。

不同的是，这次隋军实在已经打不起精神陪皇帝陛下玩战争游戏了。逃亡的士兵一批接着一批，严厉的军令都已经无法遏止。

幸好，高句丽方面同样也已经是强弩之末，再也没有实力奉陪。

仗没打几天，高句丽就送回了隋叛臣斛斯政，投降了。

杨广总算挽回了一点面子，班师回家。然而这个胜利窝囊至极，且代价也太大。郁闷之余，杨广一肚子气出在斛斯政身上，下令把他困起来，然后让满朝大臣一起射箭，射成刺猬之后，再煮来吃。

天子既然下令，满朝大臣只好一人一块把这个叛臣给吃了。

至此，三征高句丽的"壮举"以吃人的闹剧暂时收场了。

是的，只是暂时，因为高句丽王并没有按照隋帝国皇帝陛下的吩咐亲自来朝贡，所以，耿耿于怀的杨广在其后几年里还是不断地想要再去征伐高句丽。

这个东北邻国，好像已经引发了杨广的歇斯底里症。

而这时，隋帝国国内已经乱成了一团。到了什么地步呢？当杨广三征高句丽班师的时候，居然有人敢打劫皇帝的马队，抢走了几十匹马。

有人说，看一个人的品性，不能看他在顺境，而要看他在逆境。这句话很有道理。

一征高句丽失败，尽管付出了巨大代价，也失去了人望，但是杨广仍有时间和余地挽回，只要他肯消停一阵子。但他不肯。

其实杨坚征辽东败过，李世民征辽东也败过。但他们出征既没有那么夸张，败后也处理得当，所以没有引起严重的后果。

二征高句丽中途返回，虽然是件很让人郁闷的事情，但此时更重要的是安抚国内，至少还有机会。奇怪的是，此时杨广却表现得全然没有了早年的判断力，连轻重缓急也不分了。

甚至，三征高句丽之后，他也不是完全没有机会，但我们看到，面对残局，杨广选择了破罐破摔，终于让一切无可挽回。

三征高句丽之战，决策是杨广做的，隋军是杨广亲自指挥的，一错再错，当然应由他负全责，无须争议，无可推脱。单凭这一连串的三次战争，足以让杨广在历史上留下恶名，何况事情还没完。

杨广处处效法汉武帝，然而关键时刻，他却并没有后者"轮台悔过"的勇气。

杨广性格上的缺陷此时充分暴露出来：缺乏自制的能力，又不肯听从劝告,甚至连悔过的勇气也没有。所以,当他踩上那块西瓜皮,也就没有任何力量能够阻止他的滑倒。

现在,他只等着掉到悬崖下了。

杨玄感事

杨玄感是杨素的长子。

作为开皇年间的两位国务总理,杨素和高颎在所支持的皇子身上较量出了结果。杨素押对了宝。

于是,在大业初年,杨素家的荣耀达到了顶峰。

在朝堂这个政治大泥潭里翻滚了一辈子,杨素当然也是心有九窍的人物。他知道在皇帝身边混,祸福就隔着一层纸,而且福越大,改天招来的祸也越大。所以,他不惜用求速死的办法来避开祸事。

从表面上看,这办法还是奏效了。

去掉了最大的心病之后,杨广对杨玄感倒是表现得颇为信任。那时候杨玄感的职位是礼部尚书,按照《隋书》的说法,杨玄感当时在朝堂上还是很有发言权的。

除了爵位之外,杨玄感从他老爸手里继承的最大财富还是人脉。

杨素其人,地位既高,识人的眼光也很不错,为人又豪迈倜傥,朝中经他手提拔的将领官吏那是满坑满谷。杨素家又是正宗的名门弘农杨氏后人,为什么强调正宗的呢?因为杨广他们家自称也是弘农杨氏后人,不过他们家的家谱就有点可疑了,不像杨素家的那么明明白白,无可挑剔。世家再加上实际的地位,杨素家当时的声望当然很高。杨素杨玄感父子都是肚子里挺有墨水的人,本人也确实好这口,所以那时候也颇有人投到他们的门下。

但是,尽管杨玄感很有乃父之风,好读书,也善骑射,但除此之外,从他的传记来看,基本上,他还是一个公子哥型的二世祖。有才干,但无法与他老爸杨素相提并论,尤其是在军事方面,虽然他勇猛如项羽在世,但是既没有杨素识人驭下的水准,更没有他机智的权略。

然而,杨玄感的起兵,对于隋帝国的覆灭,却是影响巨大。

根据博弈论,第一个冒头的是风险最大的,而一旦有了先例,跟进则要容易得多。换句话说,"万事开头难",就看哪个人先跳出来啃这只螃蟹了。

杨玄感的兵变,与其说干掉了隋帝国多少实力,倒不说在大贵族中正式发出了一个信号,那就是——杨广折腾得太狠,再加上征辽的失败,已经失却了民心,是时候可以出来抢蛋糕了!

于是,大业九年之后,杨玄感之乱虽然平定,但是隋帝国的壁垒已被打破,之后起兵的人一茬接着一茬。这些人里有受不了暴政而起义的,也有一看是时机就跳出来逐鹿天下的贵族,还有想恢复故国的南方人……强盛一时的隋帝国在短短数年间就烽火遍地了。

所以,这位二世祖在《隋书》中的传记没有按照惯例依附在他老爸杨素的后面,而是单独占据了一席之地。

大业七年,杨广下令全国总动员,进行轰轰烈烈的征兵运动。当时黄河下游水患,山东一带受灾严重,不过丝毫没影响杨广按期举行百万人大游行的兴致。

然而,当大业九年二度征辽,杨玄感叛乱的消息传来,杨广立刻放弃了既定的部署,从辽东撤军。

可见这次起兵的分量。

杨玄感倒是一个演说家,誓师发表演说,很有煽动力,据说因此招揽了不少跟随者。

他说:"我出身上柱国世家,家里钱多得花也花不完,世间的富贵,我根本就不放在眼里。那我为什么还要顶着灭族的风险干这等事情?我图个什么?——我不就是看不惯昏君的所作所为,要为天下受苦受难的百姓找个出路吗？"

当然喽，实际上他这取而代之的算盘已经打了不止一天两天，比如大业五年杨广在西巡途中，杨玄感就有过一次半途放弃的刺杀行动。那会儿隋帝国还是繁华如沸，不至于需要他"为天下解倒悬之急，救黎元之命"。起兵的真正理由，多半还是那自称不放在眼里的"富贵"。可见这动员演说，还是很需要技巧的。

况且他身为大贵族，皇帝、同僚、数十万将士奔赴前线作战，他作为后勤部长在背后点了把火。细想想，这种行径要说得多么光辉，只怕也难。

倒是他所说的"我身为上柱国"，也透露出些许信息。

"上柱国"这个超值钱的名号，在崇尚武力的北朝，不仅是权势，也是一种无上荣耀。但是，如前所述，大业三年杨广大刀阔斧的官制改革，把这个名号给废除了，而用一系列文散官的称号取代。也许有人不理解，不就一个名称吗？玫瑰不叫玫瑰，也是挺漂亮的花儿，又有什么区别呢？这个嘛……也许不十分恰当，不过打个比方就是，品牌创出来不容易啊！如果有个著名品牌，原本大家都知道它标志着什么，都认着它，现在让它换个名称会如何？

就好像这会儿如果说谁谁是国务总理或者宰相，诸位一定明白此人是个什么地位，可是如果说谁谁是"同中书门下平章事"，诸位是不是会愣半天？说不定还以为是个不入品的小职员。

同样的，上柱国是啥大家都知道，武勋卓著的大贵族世家，品秩等同郡王。在那个时代，大家一听某某是上柱国，立马肃然起敬。然后换成光禄大夫，大家一听，呃……那是啥？好像没听说过嘛……

杨广这么做，当然一方面是为了将武勋体系转向文官体系，另一方面也有企图，想将这些大贵族世家与过去的荣耀割裂，以便削弱他们的影响力。

　　显然这引起了不满。

　　所以,在大业末年的混乱中,又冒出了很多早已被废除的"上柱国"们。

　　而另一方面,从跟随杨玄感起兵的那张名单,也能看出当时二世祖、三世祖们的不满:韩擒虎子世谔、观王雄子恭道、虞世基子柔、来护儿子渊、裴蕴子爽、大理卿郑善果子俨、周罗睺子仲……

　　真是颇为诡异的情形——父亲们在辽东征战,儿子们在后方兵变。

　　所以,话得分两面说,杨玄感起兵的本身,归到"正义之师"那是过头了,而杨广的内政措施所得罪的人也可见一斑。

　　但是,杨玄感起兵,无疑是在隋帝国这大象摇摇欲坠的时候,冲上去压了一根稻草,这次起兵的历史影响因而远远超出了其本身。

元弘嗣事

　　杨坚在位末年,幽州省长燕荣是个著名的酷吏。

　　燕荣贪赃、好色,还有个嗜好就是打人。到了什么程度呢? 走在路上看见路边荆棘长得不错,就去砍来当鞭子,有事没事在旁边随从身上打几下热热身。

　　有一次挨打的人喊冤,一查确实冤,燕荣说:"打也打了,这么着吧,下次你犯了错,少打你一回。"过了几天那人犯了个小错,又要挨打了,忙说:"大人您说过的,上回我没犯错您多打了,这回可以抵一次的。"燕荣大怒:"我说打你就打你,没错都打了,有错还不打? 打!"

　　燕荣不但自己打人,还培养了一批壮汉,充当打手,到处找人打。在这样的恐怖治理下,外省的旅客能绕路就绕路,实在绕不开的,也不敢在他的地盘歇脚。

　　后来中央给派了一个秘书长来,此人名叫元弘嗣。他知道燕荣的恐怖作风,跟杨坚说:"陛下啊,我不想去。"杨坚也知道他的顾虑,就发了道旨意给燕荣,说:"要想打元弘嗣十下以上,都要先得到中央的批文。"

这道一看就有逻辑问题的旨意到了燕荣手里,他看后大怒:"元弘嗣你个小样儿的,敢要我?!我跟你玩儿!看谁玩得过谁!"

于是但凡元弘嗣出任何一丁点儿差错,打他没商量。不是说打十下以上要中央批准吗?那就每次打九下,一天打个几次。

元弘嗣这秘书长当得郁闷至极。

就这样燕荣还不肯放过他,一天打几次太麻烦,终于罗织罪名把他下了大狱。在牢里还不给他吃的,可怜元弘嗣饿得掏棉袍里的棉絮充饥。

终于事发,杨坚将燕荣召回京师,赐死。

元弘嗣苦尽甘来,总算熬出了头,接替燕荣成为幽州省长。

百姓气还没喘过来,就发现前门驱狼,后门进虎。元弘嗣居然是个比燕荣还要加三级的酷吏!

元弘嗣的酷,得以史书留名,源于他干下的一桩经典案例:大业初年,《资治通鉴》记为大业七年,元弘嗣奉命前往东莱海口监督造船,为次年的征辽水军提供舰队装备。民工惧怕他的酷刑,不得不昼夜站在水里施工,以至于自腰部以下都长了蛆。

真是难以言述的残忍场面!

天道轮回,此人比他逼死的役工也就多活了两年。大业九年,元弘嗣受杨玄感之乱的株连,被发配,死在路上。

第十章

徒有归飞心 无复因风力

我们的主人公终于从辽东回来了。

前前后后动用了一百多万人次的军队和数百万的役丁,毫不夸张地说,杨广的疯狂征辽行动,把整个帝国都给牵扯进去了。而如此巨额的成本,换来的却只不过是一顿人肉大餐而已。

而此时,隋帝国的各个地区,一拨又一拨的义军正在揭竿而起,隋帝国的根基已经动摇。

大业十年(公元 614 年)十二月,杨广在京师大兴短暂停留之后,回到东都洛阳。这是他最后一次离开京师。他在位期间,在京师大兴的全部时间仅仅只有几个月。随后,在洛阳,仍然以一年一度的盛大庆典迎来了新的一年。二十多个周边国家的使节前来祝贺,答请他们的也仍然是杨广曾经引以为豪的鱼龙戏等诸般奢华的场面。

然而,讽刺般的欢腾背后,《隋书·五行志》在一处不是特别显眼的地方记载着:"大业十一年,炀帝自京师如东都,至长乐宫,饮酒大醉,因赋五言诗。其卒章曰:'徒有归飞心,无复因风力。'令美人再三吟咏,帝泣下沾襟,侍御者莫不欷歔。"——大业十一年,杨广回到东都,在长乐宫喝得酩酊大醉之后作五言诗。诗的最后一句写道:"徒有归飞心,无复因风力。"杨广让身边的嫔妃反复吟唱这首诗,忽然间,他失声痛哭,而周围的宫人们也跟着落泪。

非常鲜活的描写,让人清楚地看出他当时的心情。

史书中有很多地方都说到,大业末年,杨广已经变得神经质,拒绝听到任何坏的消息,只要有人在他面前提到"反贼"之类的词,就距离倒霉不远了。所以,大业末年的杨广稀里糊涂,还以为天下始终太平无事,只顾着在一片谎言的歌舞升平里耗费他的帝国和他自己最后的时光。

但是,从上面的那段话可以看得出来,其实,他心里很清楚局势。

是的,从杨广之前的为人处世可以看得出来,他可能偏执到不可理喻,可能会钻牛角尖,可能会一条道走到黑,但是唯独有一点,他始终很清楚自己在做什么,同样的,他也始终很清楚眼前的状况。

大业十一年(公元615年),杨广还没有完全放弃努力,还在勉强支撑国事,但是很明显,事情超出了他的控制,他已经力不从心。高度集权在前期实现了空前的全国上下齐动员,而此时也以空前的强度反弹——地方没有充分的自主权,本来是为了防止出现割据和地方官称霸一方的现象,然而此时却也显示出一旦出现问题,地方官大多无能为力,所有的后果都要反弹给中央政府。

而中央政府,前面已经说过,由杨广一个人支撑着。

——喂,老大,我们没招儿了,还是你想吧,你说怎么办就怎么办。

但是杨广能怎么办呢?

这种格局,曾经为他最大限度地动员了力量,使得他能够为所欲为,而现在,反过来也最大程度地向他提出了要求。这个因是他自己种下的,他尝过甜头,现在这个苦果他也只好自己吞下去。

所以，在大业十一年初，他就吟出了"徒有归飞心，无复因风力"。

混合效应

隋王朝的历史总让人觉得扑朔迷离。

这倒也不能完全把原因推诿给唐初的史家们或多或少带有偏见的记载，我们的这位主人公本身就具有不可思议的极端个性。

征辽无疑是他一生中最致命的失误，也直接导致了隋帝国的崩溃。

但是，不等于说，征辽是隋亡的全部原因。还是那句话，隋王朝的灭亡，是很多错综复杂的原因交织在一起作用的结果。

前面一直在说，其实杨广的行事，并不像野史里说的那样拍拍脑袋就出一个昏主意，正相反，他做的事大多能找到合理的理由，甚至他所采取的行动，大多也正是解决问题的正确方向。关于这点，由之后的历史发展可以看出来。

那么，到底是什么导致了糟糕至极的结果？

粗略地打个比方，这是一种混合效应——

如果只有氢气存在，那会很稳定，什么都不会发生。

如果只有氧气存在，那也很稳定，什么都不会发生。

如果氢气加上氧气，再加上一点火花的话，那就……砰！炸了。

回顾一下杨广此前所做的事情，如果掰开来看，确实都有合理的理由，但是合理的，不表示没有副作用。世上的事都是双刃剑，就看持剑的人怎么用。

营建东都，开凿运河，兴修驰道，这些基础建设工程对于一个重新恢复统一的帝国而言，确实大有益处，何况以当时隋帝国的富有，也还折腾得起。尽管夸张的行事造成了民众的不满，但是如果杨广就此消停，那么随着时间的推移，基础建设工程的作用显现出来，民众的不满将会自然而然地消弭于无形。

可是他不。他还要做内政改革。当然内政也很重要,因为这正是此前数百年混乱年代留下的弊端,用人唯才,总比用人唯血统更为合理。只不过,双刃剑的另一面是,会得罪很多贵族,这些人影响力巨大,跺跺脚也能让隋帝国哆嗦几下。但是如果杨广专心对付这些人,未尝不能摆平。

可是他不。他还要开拓疆土,向外发展。当然这也没有什么不对。周边国家关系本来就事关隋帝国的安危,当然不能掉以轻心。到处摆阔虽然很烧包,但是如果摆摆阔就能令周边的邻居们羡慕得直想入籍算了,那也是只赚不赔的好事。但是,邻居们也不是那么好唬的,对外扩张本来就是一件冒险的事情,成本极高。而一旦露出破绽,就会给各方面势力乘虚而入的机会。

由此引发的混乱则会在民众心里积压更多的不满,而这些不满很容易就被同样心怀不满的野心家们利用,从而引起更激烈的爆发。帝国威信急剧下降,对外的破绽也越来越大,迅速形成内外交困的局面……变成了标准的恶性循环。

然而,双刃剑挥向何处,其实原本就是个未知数。

在很多关键时刻,杨广若是做出别的选择,也许,历史就会完全不同。比如说,在大业八年之前,如果他喝对了一口凉水噎死的话……但是,一路看下来,总觉得他不是正确的事情选择了错误的时机,就是正确的事情选择了错误的方式,总而言之,他没有做出正确的选择。

为什么他总是选不对呢?

当然一个人的命运也有很多偶然因素,但是一而再,再而三出现同一种情况,那就不是偶然了。

杨广的这个必然,也不是一两个简单原因造成的,同样也是很多因素的混合效应。这些因素,就是杨广特殊个性的方方面面。

如果我们遵从过去史家的正统观念,那么隋帝国败亡的首要原因是杨广的滥用民力、过分奢侈、好大喜功，等等。

概括地说，第一个因素是他极端的好大喜功。

这当然是非常重要的，可以说就是最重要的因素，但是如果光靠这个因素的话，那倒也未必能折腾出这个结果来。为什么这么说呢？因为其实喜好奢侈、好大喜功的皇帝还真不是一个两个，可是有几个真正折腾出这个水平来？所以，他光有那个喜好不够，他还得有那个能力折腾得起来。

为什么他有能力折腾大场面呢？前面已经说过了，除了因为他老爸给留下的家产特别丰厚，主要还是因为他有特别的揽权本事，即他实现了空前的中央集权，或者不如说是帝王集权。但，揽权其实也是皇帝们人人向往的事情，同样是皇帝，明朝万历皇帝斗争了几十年都没能把自己心爱的儿子给立为太子，为什么杨广却能做到？

撇开不同的历史条件，单从他的个性来说，杨广那是极端强悍。

首先他挺聪明，这点大家都不否认。聪明而且好读书，学识丰富，又从小在一个政治圈子里混，实践经验也很丰富，这些都使得他有很敏锐的眼光，看问题看得很准。所以，他有可能采取一系列有效的措施。

也因为自身的优异，造成他极端自负。他曾经说过："如果皇帝这位置是从天下读书人里海选出来，那凭才华，我也一样是皇帝。"何其不可一世！自负造成刚愎自用，既不能够听取不同的意见，更不允许别人分享权力。

换句话说，他有非同一般的权力欲望，又有非同一般的眼光和手段，因此他收拢了极大的权力，造成了一人之下就是万人，而不存在通常的中间层。

所以第二个因素，超级权力欲。第三个因素，具备掌握和运用权力的才能。

极端自负，又使得他格外难以容忍自己的失败，因此一旦出现错误,他必一意孤行。因为他不甘心自己的出错,就好像赌徒赌输了之后的反应往往不是立刻停止赌博,而是压更多的赌注一样。此时他一手造就的体制就显示出了极大弊端:一则没有人能够纠正他的错误,二则也没有人能够分担他的错误。

所以第四个因素,极端脆弱的自尊心。

同样也是这个因素,造成了他先是不肯停止错误的决定,其后又彻底放弃任何努力。

而种种这些综合起来,演变成了:臣下不给力。

臣下不给力,并不是真的不给力,否则那么多隋臣到了唐初怎么就摇身一变成了能臣呢?关键在于,杨广就没给别人给力的机会。

有这么一种管理者,老是觉得员工做事都靠不住,交代下去的事做出来了总是不满意,于是他们索性抓过来自己做。当然他们自己就变得十分辛苦,一面辛苦一面还在抱怨:这些员工怎么就是不给力?做事不认真不努力,什么都做不好,才害得自己这么累。而员工们也很无趣,因为做了事情上司也不满意,如果自作主张后果更严重,那还不如做个算盘珠子拨一下动一下能糊弄过去就行了。

杨广就是这类管理者的极端个案。

这些极端的个性因素混合起来的效应,也是不折不扣的双刃剑。一方面是有出色的个人能力和强悍的作风,另一方面是不能匡正错误和过早地自暴自弃。

《隋书》中说,在大业后期,国家多事,杨广一天必须处理上百件政事,这些事情也不是在朝堂当场拍板,而都是他一个人回宫考虑决定。在这样的巨大压力下,杨广变得越来越神经质,终于在某次事件后崩溃。

这就是雁门之围。

扑朔迷离的雁门之围

大业十一年秋，杨广再度巡视塞北。

原因是隋帝国与东突厥的关系恶化。经过隋帝国多年的扶持，东突厥终于由绵羊给喂成豺狼，渐渐恢复了实力之后，趁着隋的内乱，他们的心眼也开始活动了。于是，杨广率领大队人马再度北巡。

这是他一生最后一次北巡，也是他为国事的最后一次努力。

史书上没有说，他到底率领了多少人，但是当时隋帝国狼烟遍地，兵力分散在各地与义军交战，杨广绝对不可能恢复大业三年甲兵五十万的盛况。

可是，大业三年，东突厥启民可汗对杨广那是毕恭毕敬，心甘情愿地当孙子伺候这位主子。而此时的形势已经完全不同，危险大为增加，兵力却又不如大业三年，可以说，这本来就是一次冒险行动。但是杨广执意出塞。

大概，他很想借这次出巡恢复几分隋帝国和他自己的威风吧。

很可惜，人到倒霉的时候喝凉水也会塞牙。

当杨广到达北方边境，迎接他的是始毕可汗带来的几十万人马。八月十二日，出巡队伍得知消息后，急速退入雁门郡城，齐王杨暕率领后军镇守住退路上的要塞崞县。八月十三日，突厥大军杀到，短短几天就攻占了雁门四十一个郡中的三十九个，只剩下杨广所在的雁门郡城和杨暕所在的崞县在苦苦支撑。

然而雁门当时储备粮不足，突然多出那么多张嘴来，只能维持二十天的生计。杨广差点就想率领几千精锐骑兵冲出去算了，被朝臣们极力劝止。

八月二十四日，杨广下诏令天下诸郡募兵勤王。

不久，各路人马陆续赶到。其中包括当时只有十六岁的李世民，他投身在云定兴帐下,并且据说为云定兴献上了疑兵之计,起了大作用,最后这点恐怕史书多半是有些夸大的。当然眼下也还不是李世民大展宏图的时候。

而起到关键作用的是隋帝国驻突厥大使,也就是已经改嫁给始毕可汗的义成公主,她派人来诓骗始毕可汗说,老公啊,后院起火啦,赶紧回去吧。

九月十五日,始毕可汗退兵。

这是史书上记载的经过,但是其中却有很多疑点。

比如,东突厥哪里变出几十万大军?这么多人简直可以把一个小小雁门郡给铺满,一路行军那是地动山摇,何以杨广他们得知消息那么迟呢?

比如,为什么崞县是由早已废黜的齐王杨暕率军镇守?杨广对这个儿子那是失望透顶,到最后的江都之难发生,甚至直觉反应还是杨暕谋反。可以说身边那么多人他最不信任的就是杨暕,他怎么又会突然想起这个废黜了七年的儿子,让他承担这么重要的军事任务?

比如,雁门郡城和崞县其实是一条峡谷的两端,如果这两处要塞都未曾失守,那么突厥大军又是怎么翻山越岭进入那条峡谷的呢?要知道一旦突厥人进入峡谷,两端又都在隋军掌握中,岂不形成了关门打狗的局面,突厥人会这么冒险吗?而如果突厥军队没有进入峡谷,雁门郡城也就谈不上被围困,杨广的后撤路途就依然通畅。

比如,既然雁门郡城和崞县都没有失守,那么为什么地理位置在这两个县城庇护之下的五台等几个县城反倒先失守了呢?突厥大军怎么打过去的?

比如,号称二十天吃完的粮食,为什么实际上支撑了一个月零三天呢?如果真的二十天就会吃完粮食,又为什么延迟了整整十二天才下诏?

　　比如，从八月二十四日下诏，到九月十五日突厥撤军，中间短短的二十一天里，在河北、山东一带忙着平叛的诸军不提，在江南的也没可能赶到，能赶到的只不过是附近的部分兵力，那能有多少人？为什么就能轻易解开雁门之围？东突厥出动几十万人马，难道就是为了这么来溜达一圈？真是比杨广征辽还儿戏的举动。

　　非常遗憾的是，关于这些疑点，正史里一点线索也找不到。

　　但是作为最后的一击，它似乎彻底粉碎了杨广的意志。此后，他决定做一只彻头彻尾的破罐子，变得完全不能以常理度之。

　　在兵情紧急的时刻，朝臣劝说杨广，眼下最重要的事情是稳固军心，激发战斗力，于是杨广给兵士们两个承诺：第一，以后再不提征辽的事情（是的，三征之后他还想征）；第二，重赏大家，没官的给官，有官的升官，外加每人一大笔奖金。

　　这两个承诺，在回到东都洛阳之后，杨广全赖掉了。

　　他似乎已经完全不在意失信的后果了。

　　其后史书上出现了他的一些古怪举止：

　　大业十二年（公元 616 年）三月，"帝与群臣饮于西苑水上，命学士杜宝撰《水饰图经》，采古水事七十二，使朝散大夫黄衮以木为之，间以妓航、酒船，人物自动如生，钟磬筝瑟，能成音曲"——看不懂做出来的究竟是个什么玩意儿，似乎很像个八音盒。

　　大业十二年五月，"帝于景华宫征求萤火，得数斛，夜出游山，放之，光遍岩谷"——这回是下令捉了很多萤火虫来放在山野里当纯天然霓虹灯。

　　杨广一直都很活络的心思，现在也只肯用在这些地方了。

　　大业十二年七月，杨广一意孤行地决定再下江都。

　　很多人都认为，杨广选择在这个时候下江都很不可理喻。他为什么不重新振作？为什么不肯听从朝臣们普遍的意见，回到京师大兴？

当时隋帝国虽然已经朝不保夕,但是毕竟还没到最后一步。当他舍弃了京师南下,才是真正放弃了希望。

这个嘛……或许是因为杨广此时已经真的脑壳烧坏,但是更多的是一个更明显的理由:很可能他觉得,只有老根据地江南能成为他最后的庇护所。正如同当初夺嫡时候的打算:就算万不得已,还能够依仗长江天险实现划江割据。

他前期一切的努力是为了建立强盛的大一统帝国,为此他一直在设法将权力平均分布出去。他这么做一部分是出于近乎理想主义的帝国蓝图构想,一部分也因为他的根基没有真正地扎在关中。但是现在他已经知道自己失败了。

杨广生性猜忌,他真正信任的只有那些他一手提拔起来的人,比如他的江南藩邸旧臣们,或者是张须陀那样出身寒微,由他亲自提拔的人。这也就不奇怪,在危机四伏的时候,他潜意识里会认为只有江南是最安全的,因为他曾经一手缔造了江南的繁荣。

朝臣们不这么想,他们认为杨广如果回到关中,事情就还可以挽回。关于这点,不仅当时,后来也有很多人这么认为,但是历史没有如果,所以我们不知道如果杨广当时真的回到大兴,事情会怎么发展?我们所能知道的只是,当时这类意见完全淹没在杨广那不可理喻到近乎疯狂的状态中:

右候卫大将军赵才出来进谏,劝他不要去江都,结果被拘留了十几天。

建节尉任宗上书,被当朝杖杀。

奉信郎崔民象在建国门上表谏,被先削了腮帮子,然后处斩。

在汜水,奉信郎王爱仁又上表,力劝杨广回京师大兴,又被处斩。

在梁郡,有百姓出来挽留:"皇上不要南下,还是回去京师吧,去了江都这天下就不是皇上您的啦。"结果,这个忠诚而可怜的百姓也被处斩。

简直是杀出一条血路。

此时的杨广，既昏且暴，对得起后世给他的任何评价。

不久，他终于到达了江都。他是否终于感觉能松一口气？从其后他变本加厉的荒淫举动来看，恐怕也未必。

这是他登基后第三次，也是最后一次去江都。这一去就没有再回来。

他抛弃了大兴，也被历史抛弃，彻底沦落为一个可恨可怜可笑而又可悲的配角。

此时的历史舞台上的主角，已经是各路反王们。

张须陀其人

张须陀何许人也？

如果不是熟悉隋末唐初历史的读者，面对这个问题，也许一片茫然。

但是说到张须陀的两名手下爱将，那可就是无人不知，无人不晓了。

这两名将军，一名秦叔宝，一名罗士信。

如何？够有名吧？

在今日，张须陀要借当年手下的名气才能为人知，但是在隋末，从大业九年（公元 613 年）到大业十二年的四年间，张须陀却是声震天下的隋帝国名将。

大业十二年十月末，当时出任荥阳郡通守的张须陀战死。

荥阳郡地处要害，正是东都洛阳的门户，在军事上举足轻重。赫赫有名的虎牢关就在荥阳，"控东西之咽喉，挟南北之桥梁"，传说里正是三英战吕布的地方，其后唐武德四年（公元 621 年），李世民也是在这里战胜了窦建德的大军,奠定了唐王朝的基业。

荥阳失守,也就斩断了远在江都的杨广回到东都洛阳的退路。

其后不过一年零四个月,江都事变,杨广被想回去北方故园的近卫军所杀。

稍微夸张一点说,张须陀之死,就是从杨广手里抽走了最后一根救命稻草。

可见他当时的地位。

只不过,他效忠于大坏蛋杨广,有的史家将他归为助纣为虐的行列,甚至称之为"刽子手"。但其实,这也不过就是各为其主,而张须陀其人,即便放在整个中国历史中比较,也仍然不失为一位令人敬重的将领。

为什么这么说呢?

张须陀早年的经历很普通,少年从军,以军功慢慢地升迁,到他四十多岁的时候,混了个齐郡丞(齐郡助理市长)的官职。

或许因为出身寒微,张须陀体恤百姓。大业七年(公元 611 年)征辽动员,民间鸡飞狗跳,而齐郡又是黄河水患最重的地方,一时民不聊生。张须陀下令开仓放粮。动用国库是件大事,要等皇帝开口才行,何况杨广是独断专行的典型,张须陀一个小小的助理市长就敢擅作主张,那不是虎口拔牙吗?所以,大家都劝他等等再说。张须陀回答:"皇帝离得那么远,等奏上去再批下来,人都饿死了。获罪?救人要紧,我死而无憾! 开仓吧。"

于是开仓。而杨广倒也没有怪罪。

也就在这一年,王薄反。

山东一带流离失所、走投无路的百姓实在太多了,很快王薄的队伍壮大起来。而杨广的兵制改革弊端也显露出来,因为过于集权,再加上精锐部队远赴辽东,地方军队的实力很弱,王薄连战连胜。

大业九年初，王薄进攻到齐郡，张须陀率军迎击。史书上没提及他当时的军队有多大规模，以小小一个郡丞，能指挥得动多少人呢？这点很让人怀疑。但是王薄没有硬碰，而是转身又奔鲁郡去了。张须陀于是悄悄地跟在后面，一直跟到岱山下。

王薄连胜之下早已得意忘形，忘记了防备，张须陀于是挑选精锐，突然袭击，一举击溃了王薄军。

这还只是开始。

张须陀转而北上，又以两万人马与孙宣雅、石秖阇、郝孝德等所率号称十余万人交手，再度大获全胜。

回到齐郡不久，张须陀遇到惊心动魄的一战。

裴长才突然率两万人攻城。猝不及防间，张须陀甚至来不及集合队伍，只带了五个手下便冲出城去，立刻被团团围住。他以一当百，几处受伤，居然越战越勇，直至援军赶到，重整旗鼓，将裴长才击退。

同一年，秦君弘、郭方预等合军围北海郡，气势冲天。张须陀对手下说："他们离得远，肯定想不到援军能很快到，我们火速前往，必定能够取胜。"于是挑选精锐长途奔袭，果然大胜。

当时，在太平盛世中已经失去了锐气的官军从各地传来的都是节节败退的消息，可以想见，张须陀显得多么鹤立鸡群。

杨广甚至命人去绘制了他的画像，好能一睹这位名将的风采。当然，这对于张须陀也是莫大的荣耀。

转过来年，胜利仍在继续。

大业十年，战左孝友，列"八风营"迎击，又派遣小分队扼住其各个要害，逼得左孝友面缚投降。

之后，再战卢明月。这次是场硬仗，张须陀与对手力战数十日，终于粮尽。撤退之际，定下奇谋，令手下埋伏在芦苇丛中，待卢明月率军追击后方空虚，出其不意地烧了他的大营，张须陀再杀一个回马枪。这招果然奏效,卢明月腹背受敌,大败。

插一句,当时负责奇袭任务的不是别人,正是秦叔宝、罗士信。

此时的张须陀,威震东夏。

从他的几个战例可以看得出,史书评价他"有勇略",不假。史书还说,他作战必冲在最前,又十分爱惜部下,很得军心。所以,他接连获胜,不是没有道理。

他的官职从齐郡丞,升至齐郡通守,又兼任河南道十二郡黜陟讨捕大使,也就是河南十二个郡的监察司长和公安厅厅长。

通守这个官,前无古人后无来者,又是杨广的独创。通守的职位说是次于郡太守(市长),但其实总领地方军政,是实际上的市长。那么为什么要弄出这么个特别的官职来呢?这就是杨广的兵制改革一时改得太过头弄出来的。将政府文职部门与军队分离,这个大方向本来是合理的,但是对地方军队削弱得太厉害,以至于总领地方军队的都尉实际上指挥不动几个人。如此,到大业末年,狼烟四起,身为文官的太守指望不上,身为军官的都尉也指望不上,只好另外挑选人出来总领地方军政,那就是通守。

不过别说,大业末年的通守,大多是杨广亲自提拔的,以实际业绩出头的寒微人士居多,对皇帝陛下的知遇之恩倒也感怀,所以大多数通守都尽忠职守,誓死效命。虽然,也不乏王世充这等阴险狡诈人物。

张须陀在齐郡通守任上,手下败将的名单还在继续延长:吕明星、帅仁泰、霍小汉……

直至转任荥阳郡通守,这时他面对的是翟让率领的瓦岗军。

瓦岗军这时候还没有那么大的名声,正是张须陀成就了他们的声望。

话说那时的翟让与张须陀交手三十多次,输了三十多次,早对张须陀心怀怯意。彼时李密已经入了瓦岗军,极力劝说翟让攻打洛口仓(洛阳配套工程,隋帝国国库),但是翟让觉得自个儿打不过张须陀,不肯去。李密说:"张须陀有什么好怕的?有勇无谋之人,主公你尽管上,我保证打败他!"

于是,翟让先冲上去,而李密则率领几千人在十几里外打埋伏。

说实在的,每次看到这里都很狐疑,以当时瓦岗的实力和张须陀的声望,李密怎么就那么有把握呢?他说张须陀"有勇无谋",实在也不过是长自己志气,口头上占点便宜罢了,张须陀的战绩,哪儿能看出他"有勇无谋"?数千人的伏击,比之当初张须陀以五人应战裴长才军又如何?

而此处,史书没有提到的一件事是,当时张须陀率领了多少人?

作为荥阳郡通守,张须陀能指挥的军队肯定已经超过当年做市长助理时了,然而,是否有可能,当他那次遇翟让的时候,并非全军出战呢?这就不得而知了。

总之,翟让遇张须陀,败了,也许是装的,也许是真败,反正一逃逃出十几里,逃进李密的埋伏圈。

因为和翟让交手太多次,张须陀丝毫没有怀疑,一路追至,于是中计。

事情至此,张须陀的事迹,可以使他称得上是一个骁勇善战的将领。然而,他能成为一个令人敬重的历史人物,那是因为他在最后关头的表现。

以他的勇猛,杀出重围本来不是难事。

可是,当他杀出重围时,却发现那些同生死共患难的部下们仍在包围圈中。张须陀无法抛下他们,于是又杀回重围去救他们。救出一些人,又发现还是有人没有能够跟着出来,于是又回头去救人。

如此四出四进。

这是个隋末版的"长坂坡"。只不过,赵云救的是主君的儿子,而张须陀是去救部下。生死关头,他爱惜部下超过了爱惜自己的生命。

这样的将领,当然令人敬重!

然而,张须陀再勇猛,也无法救出所有的人,众兵士已经四散溃退。眼看败局已定,张须陀仍不肯选择离去,他仰天长叹:事情到了这个地步,我还有什么脸面去见皇上!

他下马,力战而死。

他的部下"尽夜号哭,数日不止"。

罗士信事

罗士信本来不会有那么大名气,但是偏偏,野史作者们看中了他,以他为原型塑造出了一个隋唐超级帅哥形象,没错,那就是罗成。

作为一个家喻户晓的帅哥,罗成的家世也是家喻户晓的,他是名将罗艺的儿子。

可其实呢,罗士信本人跟名门出身的罗艺根本是八竿子打不着的。恐怕他也不是帅哥,而只是个身材粗壮的男子。

罗士信原本只是张须陀身边的一个小侍童。

大业九年,十四岁的罗士信向张须陀请战,张须陀回头看看他,叹气,孩子你太小了,再等几年吧。但是罗士信不肯等,他说,我行我可以。

他上阵,没等对手排兵布阵完毕,就直冲上去,刺死好几个。斩了一人的首级,往空中一抛,穿在长矛尖上,在敌人阵前耀武扬威。对手吓呆,没人敢上前,而张须陀趁机率众冲杀。罗士信再战,每杀一人,就割下那人的鼻子,揣在怀里带回去,好用来算杀敌人数。

这是自古以来就有的论功行赏的计算方式。但是总觉得,这种事还是跟满脸胡茬的彪形大汉更相配一点。

十四岁,就算在古人眼里已经可以结婚生子,但是,毕竟还只是少年。想象一个身材短小的少年,骑马飞驰,手里举着一支穿了人脑袋的长矛……

战争真残忍。

此战之后,罗士信成了张须陀的左右手,每次出战,张须陀一马当先,罗士信紧随其后。杨广让人给张须陀画像的时候,也给罗士信画了一幅。在杨广的眼里,那只是个为他卖命的勇士吧,他一定不会想,因为他的过错,才让乱世降临,而本该带着稚气微笑的少年,变成了恐怖的"蓝胡子"。

张须陀战死之后,罗士信辗转了几个地方,最后带着部下投奔了唐军。

唐武德五年(公元 622 年),罗士信为刘黑闼所擒,被杀。

李密其人

李密是个人物。

大业末年,他本来是最有前途的一路反王,可惜,功亏一篑。

李密的家世很好,在隋末他起兵的时候,给自己准备的宣传资料里,用十五个字简洁明了地描述了显赫出身:"周太保、魏公之孙,上柱国、蒲山公之子。"李密的曾祖父李弼是北周八大柱国之一,说起来比杨广的爷爷杨忠地位还高点儿。当然李密只是"蒲山公之子",因为当大业令下之时,蒲山这个郡公头衔,也就被杨广轻巧一挥抹掉了。但那是个非常重视门第的年代,连当反贼,能在名片上写上"上柱国"啥啥的,也会显得更有气势,更有前途一点。

但是李密的反王事业一开始那是相当不顺利。

作为一个世家子,虽然是一个家道中落的世家子,但是在大业初年,他也曾有过一份很好的职业,那就是当皇帝的侍卫。可是某天,杨广忽然瞥见左列那个肤色黝黑的年轻人,不知怎么总觉得他两眼贼忒兮兮,于是把他解雇了。李密就这么莫明其妙地丢了公职。

不过,其实他本来就不喜欢这份差使,倒是正中下怀。

不久,他遇到第一个伯乐,那就是国务总理杨素。

那天他骑着牛去看朋友(莫以为骑牛怪异,那时候牛才是主要交通工具,相当于富康普桑,马是奔驰级的奢侈品)。李密坐在牛背上边走边读书,正好被杨素看见。生性倜傥又热爱文学的杨素,既有识人的眼光,也有当伯乐的热情,立马对这个好学的年轻人产生兴趣,追上去细问究竟。倾谈之下,大为欣赏,对儿子杨玄感断言:他比你们哥几个有见识多了。杨玄感对老爷子的话还是很信服的,一来二去,和李密结成了莫逆。

于是,在大业九年,李密理所当然地跟着杨玄感上了当反贼这条船。

但是如我们已经说过的,杨玄感在关键问题上没有听李密的,很快就如此这般地败亡。

李密成了通缉犯。

他被抓住,很快就传奇般地逃脱。据说他是拿金银贿赂了差役,中了糖衣炮弹的差役们渐渐放松了警觉性。这里存在不少疑问,一群被捕的通缉犯难道不经过搜身吗?身边怎么还会有很多金银,供他们一路大吃大喝呢?这是否说明有人在暗中帮助他们?可是,又会是谁冒那么大风险帮助几个反贼呢?

且先把诡异的金银搁开,话说某天夜里,李密领着几个哥们凿开了一堵墙逃脱。临走他招呼别的难友们一起跑,但是有几个居然不肯,觉得自己有立功表现,应该会得到从宽处理。可见,大业初年的法律确实一度比较宽松,连谋反的杨谅都逃过了一死,所以才会给那几个人这样的错觉,可惜他们忽视了杨广此时已经变得歇斯底里。

结果,除了跟着李密的几个人,其他人都被处死了。

　　李密开始了东躲西藏的流亡生涯，当过教书先生，走投无路时也啃过树皮。此时的他，郁郁不得志，只能题题反诗发泄。

　　直到他遇见了第二个伯乐，那就是瓦岗 CEO 翟让。

　　翟让的名片写出来和李密差多了，他出身寒微，原先是一个小警长，后来因犯下死罪，选择了当反贼这条道路。他为人很仗义，很快就发展壮大了队伍，成为河南最大的一支义军。

　　作为 CEO，翟让肚子里的墨水不够多，但是他不刚愎自用，而是很信服有墨水的李密。

　　正如前面说过的，翟让听从李密的建议，并且心甘情愿地替他当诱饵，从而终于在和老对手张须陀的对阵中笑到了最后。

　　此役之后，瓦岗的名声大震。

　　而这对李密本人也意义重大，此后李密“建牙，别统所部”，牙就是牙旗，有牙旗也就是有了自己的专属指挥部。换句话说，李密从顾问变成了分公司经理。

　　胜利还在继续。

　　接着，李密奇袭洛口仓，开仓放粮，任百姓取粮。当时河南山东一带接连水患，饿殍遍野，一听有粮百姓们当然蜂拥而至。

　　一开始看史书的时候觉得很纳闷，为什么大业前期杨广顺风顺水的时候连天灾都碰不上，而之后一开始倒霉就成天水患呢？难道冥冥中真的有天意吗？后来想明白了，其实很简单啊，因为顺风顺水的时候，手里头有钱，也顾得上兴修水利。之后，从大业七年起，大家都忙着征辽去了，头等大事是运粮，估计也就顾不上修堤了，而天下大乱之后，就更甭提了。所以局势一旦失控，就会越来越乱，给人感觉正应了那句老话“祸不单行”。

　　这里可以看出，李密确实是有政治手腕的。此举至少有三个好处：获取民心、夺下隋国库的支柱、自家也捞足了军粮。

其后,李密又利用隋大将裴仁基和监军之间的矛盾,招降了裴仁基。

这位裴仁基呢,就是来接替张须陀的人,他也是传说中的"银锤小将"裴元庆的老爸,为什么说是"传说中的"呢?因为裴元庆这个人物就是杜撰的小说人物,所以这段父子关系也就只好属于传说了。

裴仁基当然不是一个人投奔瓦岗的,还带着罗士信、秦叔宝等原张须陀的部下们。

是的,没看错,守着张须陀的尸身痛哭了好几天的部下们转眼就投奔了杀死他们前主帅的敌人。可见,在那个混乱刚刚结束不久的时代,从走马灯般换朝代的日子走出来,"忠义"和其后还是有很大差异的,这其实没什么好奇怪的,就好像春秋战国时期,帮着对手打自己故国也不是什么特别的事情一样。正所谓"良禽择木而栖",跟着谁更有前途就跟着谁呗。所以,这也可以解释,为什么当年杨坚能够比较轻松地篡夺北周的皇位,换成明清倒弄个外戚出来篡位试试看?

得到了这么大的一支补充力量,李密当然乐坏了。

而更让他乐坏了的是,翟让自觉能力不如他,所以主动让出了CEO 的位置。

这里可以看出,虽然翟让的才智不如李密,但他确实是一个有胸襟的人。

然而,李密新任瓦岗 CEO,也像当年的杨玄感一样做出了决策:攻打洛阳。

结果,和杨玄感一样,这一打从大业十三年(公元 617 年)初,打到了大业十四年(公元 618 年)初,李密还在洛阳城外晃悠。只是,和当初不同的是,因为抢下了隋帝国的国库,所以李密笃定得很,倒是被围的洛阳城缺柴少粮,就快支撑不住了。

这一阶段的李密,如日中天。

　　他发布了由祖君彦执笔的檄文，这篇文因为"罄南山之竹，书罪未穷；决东海之波，流恶难尽"而成为名篇。这时他俨然已经是天下反王中的反王，能够真正跟杨广叫板的人物了。

　　由这时的局势看来，天子确实很有可能改姓李——不是李渊的李，而是李密的李。

　　他的春风得意，刺激了瓦岗前 CEO 翟让，准确说，是翟让的亲朋好友们。他们觉得，这等风光本来应该属于翟让的，怎么都让这个家伙摘了桃子去呢？而且，李密这时候犯了一个和杨广如出一辙的错误，那就是他过分地厚待新加入的人。本来这也没错，这样才能让更多人肯加入嘛，但是做得过头，就会引起赖以为支柱的瓦岗老员工的不满。于是，有人劝说翟让，把 CEO 的位置要回来。

　　翟让没有表态。

　　可是李密却十分不安，他意识到自己的地位面临巨大危机，他的家族从北周开始就混"政治大学"，所以他也有足够的决断和手腕来处理。他的办法很简单：先下手为强。

　　在一次欢宴之后，李密杀了翟让。

　　狡兔未死，走狗已烹。何况人家翟让还不是走狗，是在他落魄时赏识过他，信任过他，又以罕见的大度将 CEO 的位置让给他的人。

　　他这一招"恩将仇报"，失去了好不容易聚集的民心。

　　要知道，那时候的人选择的标准是什么？——跟着这位 CEO 是否有前途。一开始，大家觉得李密有气魄，有才智，很有前途，可是现在呢？他连对他有恩的翟让都杀了，这样的人，就算跟着他打天下，前途又在哪里？所以，其后他的部下们有机会就跳槽改奔别处去了。

　　这可以说是李密最大的败笔。

　　结果，翟让一死，就连瓦岗头顶的祥云也被雨打风吹去了。

　　李密很快就走上了下坡路。

大业十四年六月,李密应战北归的宇文化及所率十万骁果。

两败俱伤。

这期间,李密又落下一个败笔:他接受了当时留守洛阳的皇孙杨侗(当时自称为帝,史称皇泰主)招抚,接下了隋帝国尚书令等在内的一系列官位。刚念完慷慨激昂的"罄竹难书",他又从反王成了隋的国务总理。无疑,这又使他失去了一部分的响应者。

事实证明,霉运来了,挡也挡不住。他这个国务总理刚上任,位子还没坐热,洛阳的隋政权就先改朝换代了——王世充逼宫自立。

李密那支损失惨重的部队还没喘匀气,又不得不跟王世充接着干。

由于屡失民心,再加上李密的手段也不足,摆不平当时瓦岗军各种不同成分之间的矛盾,他以更多的兵力和更充裕的粮草,却惨败于王世充。

瓦岗军树倒猢狲散,顷刻间就从名噪一时的大军,成了一支只有万把人的落魄小队伍。

走投无路的李密掂量了一下,只好投奔李渊。

当时的李渊已经抢到关中这个风水宝地,趁着最强大的李密、王世充、宇文化及在洛阳一带相争,渐渐稳固了自己的地盘。

大业十四年,也就是唐武德元年十月,李密到达长安。

李密围攻洛阳十九个月,几度大战,最后却黯然屈身别人的屋檐下。

其实,隋帝国毕竟是以关中为本的,这点,李密当年劝说杨玄感的时候就看得很清楚,那么他为什么要做出和杨玄感同样的选择,留在东部啃硬骨头呢?

这里面的原因很复杂,比如,他舍不得放弃洛口仓;比如,他毕竟依赖瓦岗军,而瓦岗军大多出身山东一带;比如,他担心直攻关中的话,反而会失去在洛阳已经打下的基业。而说到底,逐鹿天下,本来也有很多的必然和偶然。也许他败于王世充有一定的偶然，但必然是，以他的驭下能力和民心所失，早晚会败。

落架凤凰不如鸡，李密的日子可想而知。他从差点当了皇帝的人生顶峰落下来，在长安过得郁闷至极。何况他的个性里，从来也没有安分守己这个说法。过了一阵子，他又开始活动心眼，想要重新拉队伍。可惜，老辣的李渊是不会给他这个机会的。

区区两个月后，也就是大业十四年十二月，李密在叛出唐王朝地盘的途中被杀。

死时，三十七岁。

诡异的大雾

历史虽然有很多必然，但是也有很多偶然。

比如说，在大业十三年七月，中国历史就因为一场神秘莫测的大雾而发生了一次重要的转折。

至少有两个隋末重要的人物因此登上历史舞台，更有不计其数的人改变了命运。

那是怎么回事呢？先要从一个人说起。

——隋末资历最老的反王之一，窦建德。

窦建德从事造反这一行当要从大业七年（公元 611 年）算起，当时他也是山东受灾地区揭竿而起的义军之一。然而一开始他还不是CEO，他只是CEO高士达手下一个经理。

大业十二年（公元 616 年），高士达战死，窦建德接替了他的CEO职位。这是他反王生涯的转折点，可是惨遭打击的队伍实力很弱，新任CEO面临着很大的危机。

与此同时，外敌步步紧逼，危机很快就演变成了生死抉择。隋大将薛世雄率三万人马气势汹汹地杀过来，而窦建德此时手头只有两千人。

十五比一。

以我们的想法，他该怎么做呢？

敌退我进，敌进我退——最好的办法，也许是想办法开溜，然后再慢慢地寻找机会东山再起。

或许，直接缴械投降也算是个办法，虽然投降之后的前途堪忧。

再……似乎就没有什么好办法了。

然而，正像隋末那戏剧般的历史，窦建德偏偏选择了最不可思议的一种：他决定去挑战不可能任务，主动进攻！

他为什么会做出这样的选择呢？

那是因为他知道薛世雄根本没把他们这支小小的杂牌反军放在眼里。正因为双方实力相差太悬殊，所以薛世雄十分轻敌，警惕性不高。窦建德打算利用这点偷袭。当然，这始终是一个十分冒险的计划，只不过反王们从来都是最富有冒险精神的。

偷袭嘛，当然不能正大光明地冲过去，对于窦建德而言，唯一的选择就是月黑风高之夜。

当时，两军相距一百四十里，这个距离很尴尬，窦建德也没有把握能在天亮之前赶到，但是他铁了心要以卵击石，于是率两百八十名敢死队员先冲了过去，并且跟部下约定：如果天亮前赶到，那就打，如果赶到时天亮了，那……只好投降。

可以说，窦建德当时将自己和部下的全部身家都压上了赌桌。

赶啊赶，几乎就在天亮前赶到了。几乎。

是的，按照《资治通鉴》的说法，就差了不到一里路，估计连对方的发型都能看清楚的距离，天亮了。

窦建德功亏一篑。

没办法，他只好准备投降。

然而，就在这个时候，不可思议的事情发生了。

就如同冥冥中真的有命运之神,只不过此前他老人家一直在打盹,这个关键时刻他忽然醒来,心血来潮地准备帮一把为人厚道的窦建德——

天地间忽然起了大雾,片刻之间,雾气阻隔了视线,咫尺不能见人。

窦建德大叫:"天助我也!"率人冲了上去。

轻敌的薛世雄部还没睡醒,迷迷糊糊中了偷袭,一时间判断不出来人究竟有多少,一下子就溃败了。

薛世雄虽然勉强突围,但是输也输得实在太窝囊,不久他就活活地懊恼死了。

此役正如同一根轻弹的手指,引起了一长串的多米诺效应:首先是窦建德使一家濒临倒闭的小公司起死回生,且公司扩大了 N 倍,成为河北一带最强大的一支义军,而且,前面我们已经八卦过了,此后这位生性厚道的 CEO 捎带也改变了萧后、杨政道等人的命运;薛世雄死后,接替他的是王世充,此人阴险狡诈,但也是隋末叱咤一时的人物,正是他终结了李密的美好前途,使得天下从这个李变成了那个李……

这无疑是史上最戏剧的一场大雾,然而,也诡异至极。

为什么说它诡异呢?倒不是说它巧合到离奇,像有的野史说的,是某某巫师招来的。作为有责任心的无神论八卦者,笔者一直疑心的是:为什么一场雾能起那么大作用呢?

窦建德只带了两百八十人的敢死队,这么点儿人冲入三万人中,就像几粒米掉进沙堆里。就算后援军很快就到了吧,和对方的三万人相比,这无疑也只是赌徒般的行径。所以,大胆猜测:窦建德当时不是存心要去挑战那三万人,而是趁着对方不防备,冲过去捞点便宜就跑路的。大获全胜的结果,恐怕连他自己也出乎意料吧。且不论大雾是不是真的能让那么多人全体变成睁眼瞎,十五比一的差别就算在黑暗里也应该是很容易觉察的事情吧。为什么一支小小的敢死队就能把偌大队伍迷惑呢?

再说薛世雄,他也算是隋帝国一员很有才干的大将,能征善战。可是,他的队伍安营扎寨,却连起码的设防都没有,为什么? 这只能是因为,他们确知附近并没有什么能够构成威胁的义军存在。

那么,大雾中究竟发生了什么事呢?

其实《资治通鉴》说得很清楚:"世雄士卒大乱,皆腾栅走。世雄不能禁。"换句话说,薛世雄的队伍根本没弄明白发生了什么,就一个一个都自顾自地脚底抹油,这才造就了窦建德不可思议的胜利。

同样的情形,在淝水之战中也曾发生过。苻坚的几十万大军,只因为有人在后面喊了几嗓子"秦军败了",于是就真的兵败如山倒。

这招说白了就是动摇军心,可是还真管用,王世充和李密决战的时候也用了这么一招,他找了个看着跟李密有几分相似的替身,捆起来示众:"李密被活捉啦!"瓦岗军看清没看清的全都大乱,终于葬送了李密曾经一片光明的前途。

可是,这招其实有点死马当活马医的意思,要是对方的军心十分稳固,其实很容易识破,也就起不到什么作用了。然而,淝水的苻坚大军也好,李密的瓦岗军也好,都已经军心涣散,看似强大,其实一击即溃。

窦建德和薛世雄这场以一对十五的战役也是一样。只有本来就不稳定的军心,才会如此不堪一击。换句话说,薛世雄手下的兵士们早已厌战,所以有点风吹草动就崩溃了。这也难怪,薛世雄的军队是从涿郡过来的,也就是说,这是支参加了征辽东,然后又来四处平乱的军队。当时的兵制是以府兵为主,府兵是平时务农,战时从军的人。当时河北没建几个军府,所以这支军队的主力不是从山东一带,就是从关中一带来的,背井离乡,又没完没了地打一些其实跟自己没什么大关系的仗,谁乐意?

据说第三次征辽的时候,队伍一边在往辽东行进,一边有逃亡者不断地往回跑，可见军心涣散的程度。

这样的军队，战斗力大打折扣也就不奇怪了。

杨广不得不改用募兵的形式招徕骁果，很大程度上也是因为这点吧，毕竟在"一人参军，全家免税"的优厚条件下，还是有了不少自愿参军的人。自愿参军嘛，就不会像已经厌战至极的府兵那样不堪一击了。所以，骁果起初还是具有一定战斗力的，后期更成为杨广身边的亲卫军。只不过，到后来，杨广长驻江都，骁果也就成了又一支背井离乡不情不愿的队伍，最终导致杨广死于骁果之手。

所以，拨开那场扑朔迷离的大雾，背后其实是已经离散的人心和无法挽回的局势。

第十一章

好头颈 谁当斫之

自雁门之围以后，杨广的所作所为其实乏善可陈。

大业十二年（公元 616 年）末，他一溜烟地跑到江都，不管天下如何风云变幻，自管埋头当一只没心没肺的破罐子。

这阶段，关于他的记载开始蒙上了桃色，估计就是后来那些艳史的由来。据说他密令王世充挑选江淮美女，选中的就留下充实后宫，过一阵子送去洛阳，彼时运河航道已经不太平，船也常常失事，因而有不少美人丧生。

又说他每天只是和后宫佳人们一起喝酒，大家一起喝醉。大概，醉到没有知觉是他此时唯一还能够松口气的时候。

还说，他常常拄着拐杖在宫苑中四处游逛，贪恋地顾望美景，不到天黑透了不肯停息，仿佛已知自己来日无多，所以对一切都格外留恋。

诗倒是越写越好，有一首如同谶语般的诗作："求归不得去，真成遭个春。鸟声争劝酒，梅花笑杀人。"还有一首十分有名据说也是他这时写的（但著作权有些可疑）："寒鸦飞数点，流水绕孤村。斜阳欲落处，一望黯消魂。"一面在脂粉堆里荒淫，一面文字越发脱去了铅华，有了点信手捻来的意思。倘若他没有死于江都之难，而是像陈后主似的吃吃喝喝度日告终，也许真的会成为一位大诗人。

国事，他已经完全无心于此了。

史书上在这一年多的时间里记载的都是各地的军情，以及杨广如何的不愿意知道真实的情况，甚至不惜把每个敢于在他面前提到真实情况的人都赶走，或者杀掉。

但是史书上又说，他跟萧后闲聊，安慰萧后，或者不如说是自我安慰："最差的结果，我做陈后主，你做沈后……今朝有酒今朝醉吧！"

又有一次，他照着镜子忽然说："好头颈，谁当斫之？"（这么好的一个脖子，会由谁来砍呢？）萧后吓了一跳，连忙问怎么了，杨广笑答："风水轮流转，富贵苦乐都是交替而来，也没什么。"

帝后的私房话究竟是如何传出去，又记载于史书的，这个就不得而知了。只不过，如果这些近乎玩世不恭的话都是真的，那就表明，在那个时候，其实杨广还是很清楚局势的。

也许，这真是史上最清醒的一只破罐子。

迷楼在哪里？

迷楼在哪里啊迷楼在哪里？

这可真是个问题。

要说这迷楼可是天生的八卦题材，一提起来总让人忍不住联想起无数香艳的场景。据说，杨广有一次让数千佳丽在昭明文选楼迎候，车驾到时，抬头望去，只见微风徐徐，数千美人衣裙轻扬，胴体若隐若现，顿时意乱神迷。受此启发，便建了迷楼。

但煞风景的是，且不提记载这段文字的《大业拾遗记》本身就很可疑，就说文中提到的昭明文选楼也是个无法确证的所在，更何况从那座楼可能的几处遗址来看,那小小一座楼是不是能塞得下数千美人就更值得怀疑。

如果要追根究底,关于迷楼最详细的记载是出自《迷楼记》。这部小说(或称野史)号称是晚唐韩偓所作,但据考证更可能是宋朝写手的作品。

《迷楼记》里说,有个叫项升的匠人献上了一幅楼宇设计图纸(可怜啊,迷楼的设计师倒是编排得有名有姓的,运河的设计师却不知道是谁),于是数万工匠大兴土木,花干净国库之后,建成了一座天上绝无、人间仅有的奢华宫殿。为什么取名迷楼呢?因为这座宫殿"千门万户,复道连绵;幽房雅室,曲屋自通。步入迷楼,令人意夺神飞,不知所在",就算是神仙进去了,也会在里面迷路。

迷楼落成之后,把杨广给乐得哟,整整住了一个多月都不肯出来。而工程师何稠又来锦上添花:献上有特殊用途的机械装置两部,一曰"御女车",一曰"如意车",更让杨广沉迷得从早到晚地行乐。

不过迷楼的下场也挺惨:李世民攻下长安之后,见到迷楼,大怒道,这都是民脂民膏啊!烧了它!于是这座著名楼宇就这么灰飞烟灭了。

不过且慢,为什么是李世民攻下长安的时候烧了迷楼?呃,那是因为《迷楼记》里面白纸黑字这么写着,且监工还是杨素。恐怕,只能是杨素的鬼魂了,因为杨素是大业二年死的,而传说中的迷楼是大业末年造的。至于统共在长安住了没一年的杨广,为什么把迷楼造在长安,那就更加连个解释都没有了。

后来的野史作者们也觉得没办法解释,所以他们沿用了迷楼这个出色的情节,不过把建造地址改到扬州去了,这下子看起来合理了许多。

但是迷楼到底在哪里呢?

唐代诗人包何、李绅的诗中都提到迷楼在扬州,包何诗云:"闻说到扬州,吹箫忆旧游。人来多不见,莫是上迷楼。"李绅诗云:"今日市朝风俗变,不须开口问迷楼。"之后,宋人贺铸词云:"半醉倚迷楼,聊送斜阳三弄。豪纵。豪纵。一觉扬州春梦。"……

总之,之前之后迷楼都是和扬州挂钩,唯一的例外就是《迷楼记》。

如此看来,迷楼在扬州的可能更大,当然前提是,迷楼确实存在过。这后一点才是最让人狐疑的。

事实是,迷楼已经淹没在传说当中,迄今仍无确证。

江都之变

谶语是一种非常有意思的玩意儿,尤其在乱世当中,前途扑朔迷离,人们感觉无所适从的时候,就会出现很多谶语。据说,解读谶语,就能够预知未来。当然前提是能正确读懂。这通常很不容易,因为谶语往往模棱两可,似乎包含了很多意思,又似乎啥也没说。

大业十二年,民间就流传着一首歌谣:"桃李子,皇后绕扬州,宛转花园里。勿浪语,谁道许!"

当时的人是这样解读的:"桃李子",揭示出了一个姓李的人,指的是如日中天的首席反王李密(为什么不是姓陶的呢?这个……大概因为没有著名反王姓陶吧);"皇后绕扬州,宛转花园里",这句话说的是杨广三下扬州,就一去不回头啦;"勿浪语,谁道许",这是个字谜,谜底是"密",连上第一句话,那就是"李密",所以他肯定就是真命天子没错。

历史证明,这种解读错误。

让我们来当一回事后诸葛亮,这首歌谣其实应该这样解读:"桃李子",那就是笑到最后的 BOSS 李渊;"皇后绕扬州,宛转花园里",没错就是指杨广去了扬州就回不来;"勿浪语,谁道许",无疑这是最神秘莫测的一句,其实别的字都没用,真正重要的是最后这个"许"字,指的不是别人,正是杨广的终结者——许国公宇文化及!

可见，正确解读谶语是件多么不容易的事情。

大业十四年（公元 618 年）三月，宇文化及率领思归的骁果杀杨广于江都宫。

但是整件事情远没有这么简单。

话说大业十二年十月末，张须陀战死，其后不久，李密占领了洛口仓。这么一来，杨广回东都的路就被掐断了。

史书上说，杨广看既然已经没有希望回去了，就打算在江南长期定居。但是呢，以他下江南的坚定决心，和他在江南当破罐子的醉生梦死来看，说不定他自从离开洛阳就打着这么一个主意。

杨广始终认为江南才是他的根据地，而且从感情上说，他也真心地迷恋这个留下了他青年时代烙印的地方。他能说流利的吴语，喜好南方的文学，曾经有学士编纂文集的时候写了几句贬低江南的话，他就大发雷霆，他也喜欢江淮女子，正史中提到名姓的后宫女子几乎无一例外都是江南人。

他提拔了很多江南人成为朝中的重臣，这些人当然很乐意他定居江南，纷纷表示支持，因为这么一来，他们将会从朝中的弱势真正变为强势。

大业十三年十一月，杨广下令在南京兴建丹阳宫。

杨广想依长江，割据江南的企图，已经成了司马昭之心。他曾经半生努力要重现大一统的华夏帝国，此时却又完全走向了另一个方向。

真是讽刺。

可惜，他的臣下并非全都是江南人，毕竟还是以北方人为大多数，而且最重要的是，作为近卫军主力的骁果大多是北方人。

骁果虽然是自愿从军的人，但是他们从军，无非为了给家人带来免税的实惠或者荣耀，他们也不曾想到，可能将留在江南，永远不能再与家人见面了。

为了安定骁果的心,杨广甚至采纳了秘书长虞世基的主意,在江都搜罗女人寡妇,给骁果们"安家"。可是看起来也没起到多大的作用。骁果们依旧在私下里商量着偷偷逃回家去。

这种状况被有心人看在眼里,起了别样的念头。

这里有两个关键人物,其一是骁果司令长官司马德戡,其二是已故左翊卫大将军宇文述的儿子宇文智及。

骁果们偷偷策划着反叛,希望达成的结果也就是回到关中老家与家人团聚。这一行动计划到了野心勃勃的司马德戡和宇文智及那里,就上升成了一场政变。

司马德戡有一群赌友,包括宫廷管家元敏、城门看守长官唐奉义,太医院院长张恺,等等。他们的职位不算高,却都管着一个小部门。这些人在赌桌上一来二去成了无话不谈的朋友,而一个政变计划也就在闲聊中渐渐成形。

这里,史书没有解释的一件事是,为什么政变的名义首领会变成宇文化及?

猜测一:因为司马德戡及其赌友们的名片都不太拿得出手,在那个注重门第的年代,身为反王如果有一张诸如"上柱国之子"之类的名片,那是大有益处的。所以,他们还需要一个人,或者不如说,他们还需要一张名片。

于是,他们找到了一位"上柱国之孙",那就是已故左翊卫大将军宇文述的儿子宇文智及。

宇文智及从小就是一个问题少年,打架斗殴,聚众闹事,斗鸡走狗,无所不为。造反这样的事,正对他的本性,一拍即合。宇文智及喊出的口号是:"我们不光要回家,我们还要干场大事业!"

所谓的大事业,当然就是加入到当时轰轰烈烈的逐鹿运动当中去。可是,既然宇文智及是这么野心勃勃,他又为什么把反王的位置拱手让给他大哥宇文化及呢？

猜测二：弑君总是不大好听的一件事，所以他们不仅需要一张名片，他们还需要一个幌子，关键是，必要的时候可以把这个幌子当作"主谋"推出去。当然喽，万一失败也还有个大号的替罪羊。

看来看去，能担当这个任务的，再没有比宇文化及更合适的人选了。因为，和凶勃的弟弟宇文智及不同，宇文化及是个不折不扣的猥琐男，准废物点心。推举他为首领，有以下好处：首先他有足够的家世用来印名片；其次他没什么主意，会很听话；最后，如果哪天他不听话，以他的能耐，废了他也十分容易。

当然喽，鉴于宇文化及的胆子实在不够大，司马德戡和宇文智及他们一合计，直接告诉他的话，只怕就把他当场吓死了。所以，他们很体贴地决定等商量好一切，再告诉他。果然，当宇文化及得知自己已经莫明其妙地成了反王，吓得浑身哆嗦，汗流浃背。可见司马德戡他们还是很有先见之明的。

然而，反叛者们还面临着一个问题，那就是大多数骁果其实只想回家，并不想掺和什么逐鹿的大事业。

司马德戡琢磨了一阵子，想出一个诡计。

他把赌友太医院院长张恺、大内侍从官许弘仁找来，如此这般地教了他们一番话。两人依计，回去散布谣言，告诉骁果："皇上想留在江南，知道你们这拨北方人不可靠，老想背叛他，所以他已经密令我们制造毒药，准备把你们全毒死，只留下南方人，这样他就高枕无忧啦。"

骁果们信以为真，一致决定跟随司马德戡他们把这个狠毒的皇帝干掉。

大业十四年三月十日夜里，司马德戡作为总指挥，发动了政变。

他的赌友们此时充分发挥了"县官不如现管"的作用，负责看守城门的唐奉义打开了所有的大门，数万叛军包围了宫城。而当杨广觉察外面有异响,"正好"值班的裴虔通负责搪塞他:"草场失火了,大家救火呢。"

就在司马德戡悄悄聚集骁果的同时,觉察到叛乱即将发生的江阳长张惠绍连夜飞马赶到江都,告诉了杨广的亲信,当时的总检察长裴蕴。紧急之中,两人尽力制订了一个合理的计划:请皇孙燕王杨倓和外戚萧钜等人一起进宫去通知杨广,而他们负责召集城外的军队,交由大将军来护儿指挥,立刻逮捕叛乱的宇文化及等人。

然而,当他们把计划告诉秘书长虞世基,书生气十足的虞世基却生怕事情没有那么严重,如果人家又不肯造反了,那么自作主张聚集军队的自己岂不倒成了靶子? 在反复的犹豫中,时间一点点地过去。

燕王杨倓的行动也很不顺利。他从宫墙一侧的水洞好不容易爬了进去,却被宦官有意无意地阻挡住。情急之下,杨倓装出一副大病的模样,说:"我忽然发作,病得就快死了,让我见爷爷奶奶一面,我就死而无憾了。"可惜,宦官还是迟迟不肯放行。

终于,骁果攻入宫城,他们失去了最后的时机。

十一日清晨,五更时分,熟悉宫城地形的裴虔通率领骁果在西阁找到了杨广。

对于叛军而言,这当然是最大的好消息。此时,叛乱的"领导人"宇文化及终于露面了。他给吓得连话都说不清楚,低着脑袋不住念叨:"罪过啊罪过啊……"一听说抓住了皇帝,他连忙摆手:"还留着他干什么? 杀了杀了,赶紧杀了!"

已经被"晋封"为国务总理的司马德戡看这位主子实在不中用,就自己去安排了一切。他先让人拉着杨广到宫门外示众,向骁果们展示这个了不起的"战果"。然后,命人把杨广带回寝殿,要杀死他。

十二岁的赵王杨杲抱住父亲失声痛哭,裴虔通听得不耐烦,一刀把这个生错了人家的孩子给砍了。

鲜血溅上了杨广的衣服。

他冷冷地看了一眼，说："天子自有天子的死法——拿鸩酒来！"

鸩酒，是他早就预备好的。他早已知道这一天会到来，所以为自己准备好了死亡的方式。可惜，他没有想到，在混乱中，替他保管鸩酒的宫女早已逃得没影了。

叛乱者把他推倒在地上，举起了刀。

杨广又一次喝止了他们，他解下练巾交给行刑人，于是，被缢杀。

总算，他为自己保住了最后的一点尊严。

死时五十岁。

他似乎从未关心过身后的荣辱。他预备了毒药，却没有为自己安排任何后事，没有挑选过墓地，没有修建过陵墓，甚至连棺木也没有。

萧后和宫人们拆下床板，做了一副简单的小棺材，草草地将他收殓。

从三十六岁登基，短短的十三年零八个月，杨广登上过前所未有的极盛顶峰，又从顶峰一下子摔落，直至粉身碎骨。

他几乎实现了自己的理想，可是又亲手将它毁掉。

在最后的日子里，他是否反思过自己的所作所为？我们不得而知。据说，在最后与叛臣的对话里，他也曾承认："我实负百姓。"

其实他一直都是清醒的。

古惑仔的忠义事

大业十四年三月，杨广死于江都之难。

数日之后，有一群曾受过杨广特别宠信的年轻侍卫，决定为杨广复仇。然而，关键时刻，他们被人出卖，反而遭到暗算，结果，这群年轻人全体战死，没有一个人投降。

这次事件的领导者叫沈光。

沈光这个人,在中国历史中原本只是昙花一现的人物,没有多少影响力。然而,自打被田中芳树写进《风翔万里》,顿时名气大了许多。他指间弹出的那支桃花,想必划过了不少人的记忆,或多或少地在人们心里留下了些痕迹。

读《隋书·沈光传》,会看到一个武侠小说中才有的准完美形象:生性豪爽,快意恩仇,有一手冠绝天下的骑术,一身超群卓绝的武艺,还有不可思议的轻功。

据说,在他少年时代,有一次路过禅定寺,见门口一群和尚正在犯愁。原来庙门口的幡竿上系幡的绳子断了。那幡竿十几丈高(大概相当于现在十几层楼高),没人爬得上去。沈光说:"这有何难?拿绳子来。"于是用嘴咬住绳子一头,噌噌噌就上了竿顶。这也罢了,系好绳子之后,少年心性的沈光又露了一手:他没有顺着竿子滑下来,而是双手双脚都放开,向下凌空直落。眼看就要表演脑袋撞地球,他忽然伸出手,用手掌着陆! 还头朝下地走了几十步。周围看热闹的人下巴掉了一地。后来有人送他个外号"肉飞仙",应该是"有肉身的飞仙"的意思吧。

那个时候,沈光还是一个街头古惑仔。

他的家世其实不差,虽然不能往名片上印个"上柱国之子"什么的,但也不是完全的无名之辈。他的父亲沈君道是个有名的文人,曾经做过陈王朝的吏部侍郎,但是很显然,沈君道跳槽选 BOSS 的水平实在比不上前面提过的郭衍等人。陈亡之后,沈君道投到太子杨勇门下当门客,杨勇倒台之后,他又跳槽到汉王杨谅的门下,杨谅谋反,沈君道彻底失业,连吃饭都成了问题,只好替人捉刀写写文书什么糊口。

虽然出身书香门第,沈光的志向却不在书本上,他喜欢结交江湖人物,镇日和京城一帮问题少年混在一起,凭他的身手,当然粉丝一堆一堆,俨然就是个一呼百应的古惑仔头儿。

其实沈光内心里不满足于市井厮混,他读过书,向往成就一番事业。可以想象,如果他没有在机缘巧合间成为大内高手,他也一定会在隋末的洪流中投身到某个 BOSS 旗下,以他的资质,说不定就会成为名垂青史的大将。

然而,历史给了沈光另外一个机会。

大业九年(公元 613 年),杨广为了二度征辽而招募骁果,沈光决定从军。临行前,他对送行的朋友们说:"不能建功立业,就宁可死在高句丽。"

抱着这样的决心,沈光在辽东奋战。攻城时他攀上十五丈高的冲梯,连砍了十几个对手之后,被击中掉下冲梯。一般人当然这样就玩完了,但是沈光顺手抓住梯子上的一截绳子,纵身又上了城头。

这一幕被远处观战的杨广看在眼里,对这个神勇的年轻人大为惊叹,便把他找来。沈光毕竟是读过书的,举止谈吐也很合杨广的意,于是当场就被封为朝请大夫,这是个荣誉称号,从五品,对于初次受封的人来说官品相当高了。不久,他又被改封了比较实际的官职:折冲郎将,差不多一个营长吧。不过他这个营长是待在皇帝身边的,当然地位又不一样。

沈光具备一切能让杨广看重的条件:

他是一个英勇善战的年轻人,从杨广写的诗《白马篇》就可以看得出来,杨广就喜欢这样的。

他不是单纯的武夫,虽然不爱读书,但毕竟读过,所以气质上也会有所不同。

遇到他是杨广在极其郁闷的征辽过程中少数愉快的事之一。

他是一个普通兵士,是杨广亲自发现和提拔起来的,杨广信任这样的人。

还有,可能也算是一个原因:他是江南人。

所以,他成为杨广的亲信。亲信到什么程度呢？杨广常常脱下自己身上的衣服给他,或者把自己跟前的食物给他。

为了这份解衣推食之情,沈光誓死效忠杨广。

但是江都之难中,沈光以及另外一群特别被杨广看重的年轻侍卫都被人找借口支使开了,所以没有能够挽救局势。

沈光所能做的,只有复仇。

有历史学家谈到这段历史的时候,分析当时参加复仇行动的主要人物,例如沈光,例如大将麦铁杖的儿子麦孟才以及钱杰等人,都是江南人,因此史学家认为,这是杨广一朝南北方人士积怨的总爆发。换句话说,还是杨广急于跳出关中,所以带来了朝中以地域分割的派系矛盾越来越深,最终导致了江都之难。

这么说当然很有道理。

但是具体到麦孟才、沈光的这次复仇行动,也未必那么绝对。因为沈光虽然是江南人,但是他的父亲自从陈亡就到了大兴,从沈光的年纪推算,他很可能出生在大兴,也在大兴长大,他对江南有多少认同呢？很难讲。而麦孟才的老爸麦铁杖也在隋王朝为官多年,麦孟才的江南情结能有多少呢？很让人怀疑。

那么,为什么他们不惜生命也要为杨广复仇？

相比江南人,也许他们的出身更有关系。

杨广一朝受到器重的江南人很多,有的始终效忠杨广,也有的眼见形势不对就跳槽投奔别人,比如后来出卖沈光他们的陈谦就是陈后主的孙子,地道江南人。是否尽忠,跟是不是江南人没有什么绝对的关系。

有绝对关系的是人的品性。沈光是从小厮混于江湖的人,江湖最重义气。麦孟才的老爸麦铁杖也是草莽出身,当年发迹之前是当强盗的,所以麦孟才相比那些大贵族出身的二世祖们,应该更有义气吧。

仗义每多屠狗辈。

麦孟才说："我们受过那样的大恩,却不能够复仇,还要向那个叛徒低头,那还配活着吗?"

这是他们最真实的心情。

然而事未成,先走漏了消息。史书上说,宇文化及一听说沈光要来杀他,吓得哧溜就跑了。沈光觉察事变,甚至来不及穿上盔甲,就冲了出去,被对手团团包围。他斩杀了数十人,没人敢再接近他,只得放箭。沈光没有穿盔甲,所以遇害。

死时,二十八岁。

消息传出,江湖中人一片哀声。

宇文化及其人

本来不想写这个人,因为实在太猥琐。

但是这个人物本身虽然不怎么样,对历史而言倒是很重要,这点和沈光正好相反。在大业十三年李密攻下洛口,掐断了杨广北归的路之后,可以很负责任地猜测,杨广确实打算割据江南。如果他果真这么做了,那刚刚统一的华夏就又回到了永嘉①,开始另一段南北分裂的混乱时期。

当然喽,我们都知道他没干成,而阻止他的,从名义上说,倒正是猥琐男宇文化及。

一千多年来,宇文化及一直被当成是杀死杨广的首席凶手,《隋书》也毫不含糊地将他列于乱臣贼子榜首,诸多野史更是把他写成阴险的枭雄,其实,他冤枉得很。

为什么这么说呢?因为他是个有贼心没贼胆的准废物点心,叛逆

---

① 指西晋永嘉之乱,衣冠南渡,开启五胡乱华的时代。

这么刺激的事情还真不是他想得出来的。事实上江都之难的策划者是司马德戡、宇文化及的弟弟宇文智及以及盼望回家的骁果们。至于他,就是那些真正的策划者抬出来当出头椽子的。

宇文化及这个人,不折不扣的一个纨绔子弟,当年胡作非为得太过头,被人告了,大怒的杨广本来打算一刀砍了他的,都给他换了囚衣,打散了头发,做准备砍头状了,杨广又因为他女儿南阳公主嫁给宇文士及的缘故(估计是宇文述求着儿媳妇出面讨情),放了宇文化及,只是下令让宇文述把这个混账儿子关在家里好好看着。一直到三下江南,宇文述临终时哀求杨广放了他的长子,杨广是个感情用事的人,末年尤其不可控制,心一软就放了宇文化及,还封了他官做。

结果不久,宇文化及就作为名义领导人,策动了江都之变。

说实在的,宇文化及这兵变领导人当得真窝囊,可怜他那脆弱的神经在事变过程中受尽惊吓,据说他当时紧张得直哆嗦,嘴里不停念叨:"罪过啊罪过啊……"

不过事变成功,享福他倒是不落人后,别的不说,先把杨广的后宫全面接手。盔甲行李啥啥的都让手下去背,自己舒舒服服地"率军"北归。

这么个货色,当然也就甭指望他能干出什么惊天动地的事业来。

其实呢,一开始他的"远大理想"也就不过是回老家关中去,只是他作为深受重恩的人,却背负了杀皇帝这笔血债,不容于世。尤其当时在洛阳的皇泰主杨侗那是肯定很想剥他的皮、拆他的骨。于是不惜招降当时的头号反王李密,借刀杀人。李密为了自己的名声更上一层楼,居然也就接受了招降,去攻打宇文化及。

宇文化及手下的这支军队那是相当强啊,骁果的战斗力本来就强于府兵,这十万人马又是皇帝的亲卫军,相比李密的瓦岗军,如果指挥得当,那是只强不弱。当然喽,得指挥得当。正所谓"将熊熊一窝",在宇文化及这准废物点心的指挥下，骁果理所当然地败了。其实李密赢得也不轻松，这一战严重削弱了瓦岗的力量，可见骁果还是很有实力的。

兵败之后，宇文化及更加猥琐，成天喝得醉醺醺，埋怨他弟弟宇文智及："看看你出的好主意！现在落到这个下场！"酒醒之后，宇文化及回过味来："早晚都要死的，临死前我得当回皇帝过过瘾！"于是毒杀了他此前立的伪帝杨浩，宣布自立为帝。

这是宇文化及最后的疯狂。

不久，窦建德用计活捉了人神共愤的此人，并且以"弑君"的罪行将他明正典刑。

结果，杨广死于他无比宠信的臣子之手，却由一个反王替他报了仇。

后事

大业十四年八月，江都太守陈棱将杨广葬在江都宫西面的吴公台下。

或许，我们该把这一年称为大唐武德元年了。

那是一个新纪元的开始。

隋末的动荡给华夏造成了空前的创伤，在持续了几年的战乱之后，唐王朝稳健而又不失朝气的奠基者们接过了满目疮痍的帝国。他们继承了隋王朝的制度，加以改进，并且小心翼翼地避开那些致命的错误……那是另外一段传奇了。

随后，经过几代人的努力和上百年的休养生息，盛世终于再度降临大一统的华夏帝国。

尾　声

君王忍把平陈业 只换雷塘数亩田

唐武德五年八月，也就是公元 622 年，在平定江南之后，唐王朝正式改葬杨广于扬州雷塘。

他被谥为"炀"，意思是说，他这个皇帝当得糟而又糟，不守礼制，又好色荒淫。

其实他的孙子皇泰主杨侗给过他很好听的庙号和谥号：隋世祖明帝。不过没人认这个账，大家都觉得，隋炀帝这三个字才更配他。

经历了那样一场灾难性的变乱之后，当时天下的人谁不想把这个暴君煮了吃呢？

《隋书》激烈地批评他，但是也保留了一部分中肯的记载。

随后，越来越多的野史笔记往他身上抹了各种各样的色彩，尤其是桃色。

再以后，《资治通鉴》将很多《隋书》不载的资料录了进去。因为司马光的威信很高，所以大家总是会认为，《资治通鉴》的记载一定是有可靠根据的。其实，司马光的意图，倒可能真的是为了编写反面教材吧。

　　渐渐地，杨广出现在了越来越多的小说中，他好像成了一位专职的小说人物：《隋史遗文》《隋炀帝艳史》《隋唐演义》……在那些小说里，似乎杨广在位的十四年间唯一干过的事情就是寻找和发现美女，然后带着她们到处玩。

　　最初，我也这么以为。

　　直到有一天，当我走在运河边上，望着静静流淌了千年的河水，忽然想道：如果没有深远的眼光，强有力的动员和组织，怎么可能成就这么一项浩大的工程呢？

　　而后，又受一位我很尊敬的历史老师影响，我渐渐地对这个人物产生了兴趣。

　　起初，只是很惊讶，原来杨广除了玩到亡国，以及挖了一条运河之外，还做过那么多的事情。越读史书，越觉得在这个人身上，似乎聚结着数不胜数的谜题。这些谜题有历史记载的偏差造成的，也有他本身的个性造成的。

　　在杨广的身上，聚集了中国历史中很罕见的两极成分：从好的方面来看，他几乎是最好的之一，从坏的方面来看，他也同样是最坏的之一。

　　他下令修建了洛阳城，开挖了大运河，奠定了中国其后几百年的国土布局，并且影响至今。

　　他确立了科举制度，试图用考试制度取代贵族门阀制度来选拔人才。

　　他不遗余力地改革官制，使之更适合于一个文治时代。

　　他曾经为南北统一起过重要作用，不仅仅是指军事上，更重要的是文化上的融合。

　　他是隋朝最杰出的文学家和诗人之一，他以帝王身份倡导南北诗风的融合，为盛唐诗歌开了先河。

　　他热衷于整理和收藏图书，在一段漫长的乱世之后延续了华夏文化的传承,他所确立的"经史子集"四部分类法沿用至今。

他将青海纳入了中国版图。

他统治下的帝国有着堪比盛唐的国际影响力,曾经出现过万国朝宗的盛况,他本人亦被外邦尊为"圣人可汗"。

他曾经制定过极为宽松的法律,他也是中国历史上唯一废除过"十恶"之条的帝王。

……

甚至,连他的婚姻生活也不像小说里那么荒唐,他与结发妻子感情笃深,携手终生。

然而,他却又为当时的百姓带来了可怕的灾难。

他治下的帝国仅仅只延续了七年的和平,其后便陷入了连年的战乱。

在隋末的大乱之后,唐帝国初时的人口甚至只有隋朝鼎盛时期的三分之一,除了部分隐藏的户口之外,毫无疑问也有大量的人在战乱中丧生。

他就像个二世祖,接手了运营良好的大公司,却又不甘心只做一个守成之主,决心要干一番自己的事业。他四处投资,终于因为投资面过广,透支了母公司的财政,也造成了老员工的不满。最终,他的公司倒闭了。

毫无疑问,他是一个失败者。

做皇帝的本职工作就是治理国家,像杨广那样接手了一个盛世,却做皇帝做到亡国自然一票否决,无可辩白。

然而偏偏,过后他投资的那些项目却又发展得极好,财源滚滚,遗惠后人,似乎又证明他当初的眼光不差。

这么一个人,要如何评价?

其实怎么样评价也好,雷塘那座孤零零的荒墓中,已经化为尘土的杨广本人是不会关心的了。

　　而对我们而言,做出一个自己的评价,除了八卦的乐趣之外,也为了多些借鉴:为什么看准了问题之所在,选择了正确的方向,最终的结果却那么糟糕?实际上,在他之后的唐王朝在许多问题上都沿用了他的做法,为什么结果却完全不同?

　　这些,想必诸位读者心里都有自己的想法。

　　只不过,以往杨广实在被贬得太低,几近一无是处,甚至有诸多无中生有的事情硬栽上去,所以作为八卦者,呃,还算有责任心的八卦者,笔者在矛盾的记载中玩解乱麻游戏之余,总忍不住要为他辩解一二,所以这部八卦看上去倒是说好话的内容更多些。其实,杨广是一个过失与功业同样明显的皇帝,他的过失之大,怎样说他糟糕都不过分。但,即使如此,也仍应承认他的贡献。

　　过是过,功是功,也没必要比较。

　　我想,对于杨广,历史学家们迟早会给他一个相对公正的评价。至于我们,只管吹吹空调,翻翻史书,享受享受八卦的乐趣,也遥听那雷塘的荒草间,悠远的低吟:

　　　　入郭登桥出郭船,红楼日日柳年年。

　　　　君王忍把平陈业,只换雷塘数亩田。

隋炀帝杨广生平大事年表

公元 569 年	杨广诞生,起初他名叫普六茹英,小名阿㜎。
公元 573 年	普六茹英五岁,他的长姐丽华嫁给了周太子宇文赟,后者在未来证明自己是一坨糊不上墙的烂泥。
公元 578 年	普六茹英十岁,周武帝突然驾崩,他那个糊不上墙的儿子宇文赟登基为帝,丽华成为皇后——五个皇后之一。宇文赟不负众望地成为最烂的苹果,国政则落入国丈普六茹坚的手里,危机中,普六茹坚看到了皇位在朝他招手。
公元 581 年	普六茹坚恢复了汉姓杨。杨坚称帝,建立了大隋王朝,炫目的隋唐盛世拉开了序幕。十三岁的杨英,大约在此时改名杨广,被立为晋王,出任并州总管,当然,此时他还只不过是个挂名的少年皇子。
公元 582 年	古人早婚,身为皇子的杨广更不例外,这年他结婚了,对象是比他年长两岁的西梁公主萧氏。这段政治婚姻也许真的培养出了感情,至少,其后它平稳地维持了三十六年,没有任何破裂的迹象。两年后,他们的长子杨昭诞生了,于是杨广在十六岁那年升级为父亲。

公元 586 年	杨广从并州返回京城大兴,参与筹划平陈。
公元 589 年	二十一岁的杨广出任淮南行台尚书令,行军元帅,统领五十一万八千大军渡长江,平陈。 至此,华夏经过数百年的分裂之后再度统一。 杨广在平陈过程中为自己积攒了名望和人气,但是,一片赞誉声中也混杂进了些许有争议的桃色纠葛。
公元 590 年	刚刚平定的江南大乱。 杨坚反思了自己过于强硬的江南政策,果断决定改为怀柔,实施"一国两制"。于是,平陈统帅、南方人的女婿——晋王杨广被调往扬州任总管。自此十年,他在江南度过了青春岁月。杨广对江南的特殊感情日后深刻影响了隋的政治和华夏历史的走向。
公元 600 年	生而排行第二,就这样失去登上皇位的机会,实在让杨广心有不甘。 在与右仆射杨素结成了"两个老二"的同盟之后,杨广成功获取了母亲独孤皇后的全力支持。经过一系列的地下活动,太子杨勇被废,杨广得到了梦寐以求的皇太子之位。
公元 604 年	度过四年沉闷无比的皇太子生涯,杨广终于等来了利好——杨坚晚年沉迷女色,一病不起。 然而,就在杨坚去世的前后,却充斥着桃色、血色和各种流言。仁寿四年七月十三日,在仁寿宫究竟发生了什么事?或已成为千古谜团。 撇开这些,杨广终于登上了皇帝的宝座。此时他正雄心万丈,急不可耐地将他心目中的大一统帝国蓝图化为现实。 就在这年,杨广颁布了著名的《营东都诏》,宣布建设新的东都,从而将帝国的政治核心转移到交通更为便利,地理上也更接近帝国中心的洛阳城。

公元 605 年	三月,东都洛阳工程紧锣密鼓地开工。同时,未来将深刻影响中国政治经济历史的交通命脉大运河,也开始了南段的建设。动用了百余万人,南段千余公里的河渠在短短五个月后完工,同时完工的还有一支超豪华船队。 八月,杨广率领亲朋好友、文武百官,乘坐豪华游船,浩浩荡荡地下了江南。这一让他备受史家批评的举动,其实不乏合理的目的,然而,却使用了极其夸张的形式。而这,只不过是日后一系列夸张行为的开端。 也在这一年,杨广恢复了杨坚晚年废除的各级学校,宣布大力兴办教育,因才选拔官员。
公元 606 年	东都洛阳建成。 皇太子杨昭和尚书令杨素在两天之内先后死去,或许是这一年最重大的事件。这也是"骨灰级驴友"杨广最安分的一年,一直留在东都。
公元 607 年	颁布大业律。这可算中国历史上最宽松的法律,空前绝后地废除了"十恶"之条。 进行官制改革,废九等爵,只留王、公、侯三等。改州为郡,裁减了大批冗官。 动用百万人修长城。 率甲兵五十万出塞,北巡突厥。科技史上的杰出作品观风行殿1.0版即出现在此次出巡过程中。 派遣外交家裴矩出使西域,发展对外贸易。 …… 这一年发生了太多事情。
公元 608 年	动用百万人开大运河北段——永济渠。 二度北巡。 派宇文述出击吐谷浑,以便为出巡西域扫清障碍。

公元 609 年	白龙马,蹄朝西,驮着隋炀帝和三……三千宫眷,外加几十万大军。 杨广自京师出发,翻过六月飘雪的祁连山,至河西走廊,在那里召开了有二十七个国家元首和使节参加的高峰会议。 这一年,也是隋王朝和杨广人生历程的顶峰。
公元 610 年	二巡江南,这一年大部分时间都在南方,为征辽做准备。 这是隋王朝最后的平静。
公元 611 年	下诏征讨高句丽,扫地为兵,隋王朝上下一时鸡飞狗跳。 王薄率先唱出了《无向辽东浪死歌》,揭开了隋末大乱的序幕。
公元 612 年	发一百一十三万大军征讨高句丽。结果却是在随军各国使节的注视下极具讽刺性的惨败。无论大隋王朝还是杨广本人的威信都一落千丈。
公元 613 年	急于挽回面子的杨广,不顾朝臣劝阻,二次征辽。却又因为后勤部长杨玄感的叛乱,不得不紧急撤军返回。
公元 614 年	杨广陷入了征辽歇斯底里症,不知他是没有觉察自己已经踩上了西瓜皮,还是觉察了也不肯承认,他一意孤行地挑起了第三次征辽。 此时的隋帝国已经狼烟遍地,风雨飘摇。
公元 615 年	隋帝国警报四起,杨广却已无力支撑国政。他不清楚自己的处境吗? 不,他清楚,否则,他不会吟出"徒有归飞心,无复因风力"。 这年,杨广第三次北巡,这是他为国事做出的最后努力。他也许想从昔日卑躬屈膝、曾让他感受无限辉煌的突厥人那里,找回一些安慰。然而,突厥早已不是那个突厥。雁门之围,让杨广彻底崩溃,他从登基之初的工作狂,变成了吃喝玩乐的"破罐子"。
公元 616 年	三下江都,一去不返。

公元 618 年	三月,江都之变。他被自己的亲卫军缢杀。 五个月后,他被葬在吴公台下。他永远留在了江南。 唐王朝建立者李渊,给予了他"炀"的谥号,意思是"好内远礼"。十分讽刺的是,这正是数年前他给陈后主叔宝加上的谥号。